韶关市地方性法规导读与释义系列丛书

陈　曦◎主　编

《韶关市农村住房建设管理条例》
导读与释义

刘佩韦◎著

中国政法大学出版社

2021·北京

图书在版编目（ＣＩＰ）数据

《韶关市农村住房建设管理条例》导读与释义/刘佩韦著. —北京:中国政法大学出版社，2021.12

ISBN 978-7-5764-0234-6

Ⅰ.①韶… Ⅱ.①刘… Ⅲ.①农村住宅－住宅建设－条例－法律解释－韶关 Ⅳ.①D927.653.236.5

中国版本图书馆 CIP 数据核字(2022)第 007119 号

出 版 者	中国政法大学出版社
地　　址	北京市海淀区西土城路 25 号
邮寄地址	北京 100088 信箱 8034 分箱　邮编 100088
网　　址	http://www.cuplpress.com （网络实名：中国政法大学出版社）
电　　话	010-58908586(编辑部)　58908334(邮购部)
编辑邮箱	zhengfadch@126.com
承　　印	北京九州迅驰传媒文化有限公司
开　　本	720mm×960mm　1/16
印　　张	17.5
字　　数	300 千字
版　　次	2021 年 12 月第 1 版
印　　次	2021 年 12 月第 1 次印刷
定　　价	69.00 元

"韶关市地方性法规导读与释义系列丛书" 编委会

主　任　凌振伟

副主任　林　岚　陈　曦　沈河民　胡德宁　邓彩虹　钟沛东

主　编　陈　曦

副主编　周正祥　韩登池　曾房兰

编　委　(姓氏笔画为序)

丁钢全　王少敬　刘　迅　刘佩韦　陈　军

陈小雄　吴静江　罗运标　林家坚　梅献中

曾洁雯　雷群安

序
PREFACE

　　2015 年 5 月 28 日，广东省第十二届人大常委会第十七次会议通过了《广东省人民代表大会常务委员会关于确定佛山、韶关、梅州、惠州、东莞、中山、江门、湛江、潮州市人民代表大会及其常务委员会开始制定地方性法规的时间的决定》，这是《中华人民共和国立法法》修改后，我省首批授予设区的市地方立法权。也意味着自 2015 年 5 月 28 日起，韶关市人大及其常委会可以在"城乡建设与管理、环境保护、历史文化保护"等三大领域开始制定地方性法规。拥有地方立法权，为从法制层面解决我市城乡建设与管理、环境保护、历史文化保护等热点难点问题提供了保障，将更有利于促进经济社会在法治的轨道上快速发展。

　　韶关市人大常委会为了顺利开展地方立法工作，加强地方立法理论研究，与韶关学院研究协商，成立"韶关市地方立法研究中心"，并于 2015 年 5 月 29 日，在韶关学院正式揭牌。建立地方立法研究中心，为推动我市地方立法工作，加强地方立法理论研究和实践，提供了强有力的智力支持，对科学立法、民主立法、提高立法水平和质量均具有重要的现实意义。

　　同时，2015 年 8 月，市十二届人大常委会成立了立法咨询专家库，从本市 3965 名具有法律背景的人才中聘请了 27 名立法咨询专家，2017

年4月，新一届人大常委会在原来的基础上对立法咨询专家进行了调整，保留了部分上一届立法咨询专家，新增了城乡建设与管理、环境保护、历史文化保护等领域方面的专家和韶关市拔尖人才库中的部分专家以及语言类专家等，使新一届的立法咨询专家增至48名；同时聘请了我省高校中长期从事地方立法研究的5名专家学者为立法顾问。强有力的立法咨询专家队伍以及立法顾问团队，成为我市民主立法、科学立法的重要智力支撑。

在市委、市人大常委会的领导下，特别是在省人大法工委领导和专家的全力指导和帮助下，通过市政府、市人大法委、市人大常委会法工委、立法顾问、立法咨询专家的共同努力，我市首部地方性法规《韶关市制定地方性法规条例》于2016年4月5日正式实施，"小立法法"的实施必将成为韶关市制定地方性法规的基石。首部地方实体性法规《韶关市烟花爆竹燃放安全管理条例》，经广东省第十二届人大常委会第二十九次会议批准，于2017年1月1日起正式实施，这是韶关市制定地方实体性法规的良好开端。随后，为了更好地适应现实需要，该条例于2018年进行了修正。

在今后的立法工作中，市人大常委会将按照"党委领导、人大主导、政府依托、各方参与"的总要求科学立法、民主立法，进一步完善立法工作制度，提高立法队伍的整体素质，制定更多"有特色""可执行""管用""接地气"的地方性法规，不断推动我市地方立法工作向前发展，为韶关振兴发展作出贡献。

在社会实践中，"徒法不足以自行"，良好的地方性法规并不意味着能够自动地得到有效实施，法律法规的实施，需要执法部门公正执法，需要司法部门正确用法，更需要广大市民自觉守法。要想广大市民自觉守法，首先必须让市民读懂法律法规条文，地方性法规毕竟是专业立法活动的产物，所涉及的法律用语、专业词汇、文本结构、立法意图等，具有较强的专业性，可能会给一些市民准确理解法规的具体内容、立法主旨及法规精神等带来一定的难度，不利于他们在理解、领会法规的基础上，做到知法、懂法、守法。另外，在立法过程中，立法者对社会各方意见的吸纳，以及历史背景、政策背景等不能在法规中充分表述出来，也增加了执法者的理解难度。

鉴此，市人大常委会认为，有必要吸纳市人大常委会立法工作者、法律实务工作者和韶关学院的专家学者，编纂《韶关市地方性法规导读与释义》丛书，对我市出台的地方性法规进行导读性释义工作，方便社会各界人士理解把握，达到自觉知法守法用法之目的，也为今后我市法规的修改、释义备存资料。

"普法""懂法""守法"是本系列丛书的宗旨，是为序。

"韶关市地方性法规导读与释义"编委会　陈曦

2017 年 9 月 30 日

一、《韶关市农村住房建设管理条例》立法背景

立法背景是理解具体立法的起因、任务、制度构造、价值考量等内容的关键。《韶关市农村住房建设管理条例》的立法背景主要有以下几个方面：

（一）坚持并贯彻问题导向原则，发挥立法的引领和推动作用

早在 2013 年 2 月 23 日，习近平总书记在中央政治局第四次集体学习时指出："要完善立法工作机制和程序，……使法律准确反映经济社会发展要求，更好协调利益关系，发挥立法的引领和推动作用。"〔1〕党的十八届四中全会进一步指出："建设中国特色社会主义法治体系，必须坚持立法先行，发挥立法的引领和推动作用，抓住提高立法质量这个关键。"〔2〕法律是治国之重器，良法是善治之前提。建设中国特色社会主义法治体系，必须坚持立法先行，发挥立法的引领和推动作用，抓住提高立法质

───────────────

〔1〕《习近平谈法治理政》（第 1 卷），外文出版社 2018 年版，第 144 页。

〔2〕参见《中国共产党第十八届中央委员会第四次全体会议公报》。

量这个关键。要恪守以民为本、立法为民理念，贯彻社会主义核心价值观，使每一项立法都符合宪法精神，反映人民意志，得到人民拥护。地方立法既是国家法律的具体化，也是地方事务的法制化。[1]地方性立法必须遵循的一个重要指示方针就是坚持以问题为导向，采取有针对性的立法。住房是农村村民安居乐业的基础性物质条件，是一个与农村村民最直接、最现实、最迫切的利益息息相关的重要民生问题。农村的住房建设也是农村社会矛盾和邻里纠纷比较集中爆发的领域。同大多数城市一样，自改革开放以来，韶关市把大量的生产要素投入工业化和城市化发展领域，农村住房建设以及相关的宅基地管理工作缺乏足够的投入和关注，相应的地方立法也是空白，以致农村住房建设与管理领域存在不少问题。概括而言，韶关市农村住房建设与管理存在以下突出问题：第一，农村村民建房缺乏统一的、科学合理的规划，农村住房建设呈现出无序状态。第二，宅基地需求与供给不平衡。一方面，农村村民因分户或因改善居住条件而产生宅基地刚性需求，而一些符合条件的村民却又无法申请到宅基地；另一方面，部分村民的宅基地面积过大超标、一户多宅、宅基地闲置等现象较为常见。第三，农村居民点空心化、住房和宅基地闲置严重。第四，住房建设、宅基地和规划等问题无法可依。第五，相关政策法规落实不到位。经过调研，笔者认为造成上述情况的基本原因有以下几个方面：一是农村土地规划包括土地总体利用规划、乡镇规划和村庄规划的长期缺位；二是城乡二元经济结构导致区域经济发展的不平衡；三是农村劳动力的不断迁出以及农村居民的日益减少。上述农村住房建设领域存在的问题亟须立法解决。

2006 年 3 月 29 日，韶关市人民政府颁布了《韶关市农村宅基地管理暂行规定》。2009 年 6 月 23 日，韶关市人民政府第十二届 36 次常务会议通过了《韶关市农村宅基地管理规定》，同年 7 月 8 日正式颁布施行。

---

〔1〕　参见石佑启、朱最新主编：《广东地方立法蓝皮书：广东省地方立法年度观察报告（2017）》，广东教育出版社 2018 年版，前言第 1 页。

2015 年 5 月 28 日，韶关市作为设区的市正式获得地方立法权。2016 年，韶关市人大常委会召开第一次全市立法工作座谈会时提出要制定《韶关市村庄规划管理规定》，并将此作为 2016 年三项立法事项之一。2017 年，韶关市人大常委会再次把这项立法工作事项列入 2017—2021 年五年立法工作计划之中。《立法法》[1]第 82 条第 5 款规定："应当制定地方性法规但条件尚不成熟的，因行政管理迫切需要，可以先制定地方政府规章。规章实施满两年需要继续实施规章所规定的行政措施的，应当提请本级人民代表大会或者其常务委员会制定地方性法规。"从 2009 年颁布施行《韶关市农村宅基地管理规定》（政府规章）至今，已经有十余年之久，在这十余年里，韶关市在农村住房建设和管理领域积累了较多的工作经验。因而现在将《韶关市农村宅基地管理规定》（政府规章）上升为地方性法规的时机已然成熟。虽然目前国家层面的中央立法和省级层面的地方立法尚未制定专门法律法规来规范调整农村住房建设这一问题，但是有两个地级市已经在这一领域进行了先行先试，迈出了设区的市在农村住房建设方面的立法步子，出台了两部地方性法规：即《上饶市农村居民住房建设管理条例》和《益阳市农村村民住房建设管理条例》。2019年初，韶关市人大常委会将《韶关市农村住房建设管理条例》列入本年度重点立法工作计划。2019 年 6 月，韶关市人民政府召开专门会议，制订《2019 年市政府规章制定和立法调研起草项目工作进度安排表》，倒推时间，要求有关部门抓紧时间，加快推进《韶关市农村住房建设管理条例》的立法调研和起草工作。通过立法，有利于整顿理顺农村住房建设这一领域的无序状况，缓解农村建房矛盾和冲突问题，强化农村住房建设管理，落实管理职责，促进乡镇规划和村庄规划工作及其管理行为的规范化和法治化，推进依法行政，把农村住房建设管理纳入法治化轨道，从而推动韶关市农村经济发展和社会事业全面进步。《韶关市农村住

---

[1]《立法法》，即《中华人民共和国立法法》，本书涉及中国法律、法规省去"中华人民共和国"字样，直接使用简称，全书统一，后不赘述。

房建设管理条例》从立项、调研、起草等整个过程都始终紧紧把握地方立法工作的问题导向原则，积极贯彻问题导向原则的精神，把解决地方治理中的突出问题作为立法工作的出发点和归宿。立实法、干实事，不做无用功，不摆虚架子。所立之法，能够真正地派上用场，能管用，能在地方治理过程中发挥法律的作用，把法律调整的领域和社会关系纳入法治轨道，形成良好的法治氛围和秩序，这才是地方立法的意义和价值所在。因此，《韶关市农村住房建设管理条例》的立法工作反映了韶关市在依法行政和地方治理工作中的新情况、新问题。这一立法工作遵循了立法的科学规律，积极回应了新时期对地方立法的特殊需求。《韶关市农村住房建设管理条例》的出台非常及时，适应了农村住房建设管理的需要。

（二）政策背景

2019 年 1 月 3 日发布实施的《中共中央、国务院关于坚持农业农村优先发展做好"三农"工作的若干意见》提出："扎实推进乡村建设，加快补齐农村人居环境和公共服务短板……（五）强化乡村规划引领。把加强规划管理作为乡村振兴的基础性工作，实现规划管理全覆盖。以县为单位抓紧编制或修编村庄布局规划，县级党委和政府要统筹推进乡村规划工作。按照先规划后建设的原则，通盘考虑土地利用、产业发展、居民点建设、人居环境整治、生态保护和历史文化传承，注重保持乡土风貌，编制多规合一的实用性村庄规划。加强农村建房许可管理……全面推开农村土地征收制度改革和农村集体经营性建设用地入市改革，加快建立城乡统一的建设用地市场。加快推进宅基地使用权确权登记颁证工作，力争 2020 年基本完成。稳慎推进农村宅基地制度改革，拓展改革试点，丰富试点内容，完善制度设计。抓紧制定加强农村宅基地管理指导意见……"该意见明确指出：要研究起草农村宅基地使用领域的法律法规。

2019 年 7 月 10 日，中共广东省委农村工作办公室向全省各有关单位印发《广东省农村宅基地和农房建设管理的指导意见（征求意见稿）》，并广泛征求意见。该指导意见提出：坚持问题导向。聚焦广东省农村宅基地和农房建设中存在的难点问题，分类研究，强化制度建设，推动农村用地建房管理程序规范化、事项标准化、审批便捷化。总的来说，该指导意见对广东省农村宅基地管理和农村住房建设提出了 25 个方面的详细而具体的指导。2019 年 12 月 26 日，为贯彻落实 2019 年中央一号文件和《国民经济和社会发展第十三个五年规划纲要》等文件精神，加快落实《中共广东省委、广东省人民政府关于对标三年取得重大进展硬任务扎实推动乡村振兴的实施方案的通知》关于全面加强宅基地管理的任务要求，力争 2020 年底前基本完成"房地一体"的农村宅基地、集体建设用地确权登记发证任务，有效保障农民合法财产权益，广东省自然资源厅牵头起草了《广东省加快推进"房地一体"农村不动产登记发证工作方案》。2020 年 8 月 1 日，广东省人民政府发布《广东省人民政府关于乡镇街道综合行政执法的公告》。2019 年初至 2020 年底以来，广东省密集出台了一系列关于农村宅基地管理和农村住房建设方面的政策文件。

为了推进韶关市的乡镇规划和村庄规划工作，加强农村建房规划管理和宅基地规范管理，推动粤北秀美宜居乡村建设工作，适应新形势下社会主义新农村建设发展的需要，做好《韶关市农村住房建设管理条例》的立法，韶关市委市政府积极响应并深入贯彻中央、国务院以及广东省委省政府所确定的相关政策方针，在农村宅基地管理和农村住房建设方面开展了卓有成效的工作，也取得了显著的成绩。《韶关市农村住房建设管理条例》就是在这一政策背景下出台的。

（三）法律背景

2015 年，第十二届全国人大第三次会议表决通过了《全国人民代表大会关于修改〈中华人民共和国立法法〉的决定》，增加了有关"设区的市"的规定，删除了原《立法法》有关"较大的市"的规定。同年 8 月，全国人大常委会根据《立法法》的修改内容，对《地方各级人民代表大会和地方各级人民政府组织法》（以下简称《地方组织法》）进行了第五次修正，相应地将《地方组织法》中的"较大的市"修改为"设区的市"。2018 年修正的《宪法》对设区的市的地方立法权作出了规定。至此，设区的市的地方立法权获得了明确的宪法依据。[1] 设区的地级市成为地方立法权力主体。韶关市成为广东省首批正式获得立法权限的地级市。

　　《宪法》《地方组织法》和《立法法》是设区的市的地方立法权的法律渊源。其中，《宪法》第100条第2款规定："设区的市的人民代表大会和它们的常务委员会，在不同宪法、法律、行政法规和本省、自治权的地方性法规相抵触的前提下，可以依照法律规定制定地方性法规，报本省、自治区人民代表大会常务委员会批准后施行。"《地方组织法》第7条和第43条规定了设区的市人大及其常委会在不抵触原则下制定地方性法规的立法权。即设区的市人大及其常委会在不同上位法相抵触的前提下，可以制定和颁布地方性法规。《地方组织法》第60条规定设区的市人民政府在"根据"原则下制定地方政府规章的立法权，即设区的市的人民政府可以根据上位法制定规章。《立法法》规定设区的市的地方立法权限的条款主要有第72条、第73条、第76条、第77条和第82条。其中第72条和第82条分别规定了设区的市的地方立法权限范围；第73条规定了设区的市人大及其常委会制定的地方性法规的三种类型，即城乡建设与管理、环境保护、历史文化保护；第76条、第77条规定了地方性法规中专属于地方人大的立法权。[2]《韶关市农村住房建设管理条例》其内容主要是依据新修正的《土地管理法》所确立的"一户一宅，户有所居"的重要原则，细化并落实这一宅基地分配原则，规范农村住房建设活动，保障农民的基本居住权，抑制农村住房建设活动的无序状态，依法打击非法占有宅基地行为，加强宅基地管理，做到集约用地和节约用地，提高土地利用效率，推进美丽乡村建设工作，建设社会主义和谐宜居农村。这是属于乡村建设和管理方面的工作内容，从立法权限来看，完全符合《宪法》和《立法法》赋予的设区的市的地方立法权限范围。

----

〔1〕　马竞遥："设区的市地方立法权限的实践问题"，载《地方立法研究》2019年第5期。
〔2〕　马竞遥："设区的市地方立法权限的实践问题"，载《地方立法研究》2019年第5期。

2019 年 8 月 26 日，第十三届全国人大常委会第十二次会议作出《关于修改〈中华人民共和国土地管理法〉的决定》，将原《土地管理法》第 62 条第 2、3、4 款修改为："人均土地少、不能保障一户拥有一处宅基地的地区，县级人民政府在充分尊重农村村民意愿的基础上，可以采取措施，按照省、自治区、直辖市规定的标准保障农村村民实现户有所居。农村村民建住宅，应当符合乡（镇）土地利用总体规划、村庄规划，不得占用永久基本农田，并尽量使用原有的宅基地和村内空闲地。编制乡（镇）土地利用总体规划、村庄规划应当统筹并合理安排宅基地用地，改善农村村民居住环境和条件。农村村民住宅用地，由乡（镇）人民政府审核批准；其中，涉及占用农用地的，依照本法第四十四条的规定办理审批手续。农村村民出卖、出租、赠与住宅后，再申请宅基地的，不予批准。国家允许进城落户的农村村民依法自愿有偿退出宅基地，鼓励农村集体经济组织及其成员盘活利用闲置宅基地和闲置住宅。国务院农业农村主管部门员责全国农村宅基地改革和管理有关工作。"

韶关市常住人口 285.51 万人，市区常住人口接近 100 万人。韶关市地形以山地丘陵为主，河谷盆地分布其中，平原、台地面积约占 20%。地势北高南低。韶关市地域广阔，但地形上多为山地，土地面积约为 1.84 万平方千米，其中耕地资源约为 331 万亩，常用耕地约为 200 万亩。韶关市虽然人均土地资源和耕地资源在广东省地级市中位居前列，但是由于农业人口约为 209 万人，所以农村宅基地数量仍显不足。粤北地区农村住房建设和宅基地管理领域的法治秩序还有待于构建，违法违规建房、一户多宅、违法不究等现象还比较多。主要是一些基层干部群众的土地国策意识和法治观念比较淡薄。在宅基地管理方面，有些农村基层干部对集体所有土地非法处理，不依法办事。在土地执法方面，土地执法队伍的建立还不普遍，执法人员的培训有待加强，制度仍需完善和规范。中国的乡村是一个熟人社会，[1]在中国传统社会里，人际关系织成

---

[1] 瞿同祖：《中国法律与中国社会》，中华书局 2003 年版，第 9 页。

了一张张庞大而复杂的关系网，或血缘、或地缘、或姻亲，人与人多多少少会有蛛丝马迹的关联，因彼此熟悉，就彼此关照。大家可以通过熟人织就的网络，沟通关系、打通关节、解困排忧。[1]行政执法权改革之前，基层国土管理部门对违法用地行为无强制执行权，申请法院强制执行难；对触犯刑律者，追究刑事责任难；对违法用地的地方领导，追究行政责任难。这些都是违法用地难以禁绝的重要原因。农村住房建设管理和宅基地领域的法治秩序需要从以下几个方面去构建：①通过设区的市的立法工作，将《土地管理法》和《土地管理法实施条例》进一步细化、落实。②进一步加强《土地管理法》的宣传学习，提高干部群众对土地基本国策的认识和法治观念。只有民众都知法、懂法，才能更好地贯彻法。要积极宣传和推广各地实施《土地管理法》的好典型和好经验，努力在全社会营造一种学法、知法、守法的良好风气，严格实施《土地管理法》。③进一步加大土地执法力度，强化土地执法队伍建设，完善和建立各项执法制度，从而构建起农村住房建设和宅基地管理的法治秩序。

（四）立法目的

立法目的是法律的灵魂。立法究竟要解决什么问题，要达到什么目的，必须明确。加强农村村民住房建设管理，规范农村住房建设活动，改善农村人居环境，促进美丽乡村建设，是《韶关市农村住房建设管理条例》所要解决的基本问题及所要达到的总体目标，也是法理根据及灵魂所在。没有明确的立法目的，法律制度的设计就会无的放矢，就会因失去准星而杂乱无章。如果缺少立法目的的明确规定，《韶关市农村住房建设管理条例》其他条文将因失去法律文本的"统帅"而变得凌乱、堆砌，缺乏系统性。

美国著名法学家罗斯科·庞德认为，"目的之于法律，犹如理性之于

---

〔1〕 张永谊："从熟人社会走向法治社会"，载《领导科学》2013年第27期。

法律，是法律的灵魂，是法律活动的主宰"。[1]法律目的在法律研究和实践中头等重要，"长期以来，人们一直认为，有关法律目的——亦即有关社会控制的目的以及为作为社会控制之一种形式的法律秩序的目的——以及从这种法律目的来看法律律令应当是什么的哲学观、政治观、经济观和伦理观，乃是法官、法学家和法律制定者工作中的一个具有头等重要意义的要素"。[2]

《韶关市农村住房建设管理条例》开宗明义将其立法目的规定在第1条，其具体内容为："为了加强农村村民住房建设管理，规范农村住房建设活动，改善农村人居环境，促进美丽乡村建设，根据《中华人民共和国土地管理法》《中华人民共和国城乡规划法》等法律法规，结合本市实际，制定本条例。"当然，一部法律的立法目的通常不是唯一的，往往包含多个目的。立法者希冀达到的目的有多个。就本条例第1条来看，立法目的至少有三个层面的要求：其一，加强农村住房管理，规范农村住房建设行为，改变和整顿农村住房建设混乱现象。这是本条例最直接、最首要的目的。其二，改善农村人居环境，促进美丽乡村建设。建设社会主义新农村是本条例最重要的立法目的。其三，节约和集约用地。土地资源是人类社会赖以生存和发展的重要基础，是一个地方经济可持续发展的重要物质保障。土地乃是生存之本、发展之基、财富之母，是一个极为重要的民生问题。韶关市属于典型的山区和丘陵地区，山多地少，耕地资源十分珍贵。当前，韶关市城镇化、工业化快速推进，发展经济与保护耕地的矛盾越来越突出，珍惜国土资源、节约集约用地，推进韶关经济社会持续科学发展，是肩负在我们身上不可推卸的责任。但为了立法上的简洁，《韶关市农村住房建设管理条例》第1条所规定的立法目的，并没有对此作出表述。

---

〔1〕[美] 罗斯科·庞德：《法理学》（第1卷），邓正来译，中国政法大学出版社2004年版，第368页。See Rudolphvon Jhering, *Law, asaMeanstoanEnd*, NewYork, 1924, p.4.

〔2〕[美] E.博登海默：《法理学：法律哲学与法律方法》，邓正来译，中国政法大学出版社2004年版，第109页。

综上所述，《韶关市农村住房建设管理条例》的出台，不仅符合韶关地区经济社会发展的实践需要，有利于美丽乡村建设工作的扎实推进，也顺应了加强土地资源保护的时代要求。同时，也是贯彻和执行新修正的《土地管理法》的重要表现。因此，将立法目的设定于上述三个方面是合理的，也是恰当的。

（五）人民群众的呼声

立法工作者在新的时代条件下，如何更好地做好立法工作是一个值得深入研究的课题。习近平总书记提出："人民群众对立法的期盼，已经不是有没有，而是好不好、管用不管用、能不能解决实际问题；不是什么法都能治国，不是什么法都能治好国；越是强调法治，越是要提高立法质量。"[1]作为立法工作者，不仅要做到不辱使命，有所作为，而且要在立法中体现以人为本，践行为人民立法。为人民立法，在提高立法质量的同时，也要加强与人民群众的联系，两者相互作用、相互促进。为人民立法，体现立法的人民性，这对于立法机关而言，是挑战，也是责任。人民群众的呼声是地方立法的指针，立法权在根本上属于人民，由人民行使。在立法过程中应贯彻群众路线，让人民群众能够通过有效的途径，积极地参与立法，在地方立法过程中表达自己的意愿。为此，我们的地方立法必须反映民意，回应民声，关注民情，保护民生，立人民群众需要的法，立人民群众喜爱的法。最为重要的是，立人民群众信仰的法，这样的立法才是有生命力的法，这样的立法也才是真正地贯彻了问题导向原则。

二、关于《韶关市农村住房建设管理条例》的立法合法性问题

韶关市人民代表大会是否有权制定一部涉及农村住房建设管理问题的地方性法规呢？这是《韶关市农村住房建设管理条例》立法立项之初

---

[1]　中共中央文献研究室编：《习近平关于全面依法治国论述摘编》，中央文献出版社2015年版，第43页。

争议较大的问题，也是立法的合法性问题。地方立法的合法性问题主要涉及三个方面的内容：①是否属于设区的市的立法权限？②是否符合《立法法》和其他上位法的规定？③是否存在减损公民权利、增设公民义务的规定？

关于立法的权限问题。党的十八届三中全会提出，逐步增加有地方立法权的较大的市数量；党的十八届四中全会提出，依法赋予设区的市地方立法权。2015 年 3 月 15 日，第十二届全国人民代表大会第三次会议修改《立法法》，将原来享有地方立法权的 49 个较大的市，扩大到所有设区的市，并将《立法法》中"较大的市"修改为"设区的市"。《立法法》第 72 条第 2 款规定："设区的市的人民代表大会及其常务委员会根据本市的具体情况和实际需要，在不同宪法、法律、行政法规和本省、自治区的地方性法规相抵触的前提下，可以对城乡建设与管理、环境保护、历史文化保护等方面的事项制定地方性法规，法律对设区的市制定地方性法规的事项另有规定的，从其规定。设区的市的地方性法规须报省、自治区的人民代表大会常务委员会批准后施行。省、自治区的人民代表大会常务委员会对报请批准的地方性法规，应当对其合法性进行审查，同宪法、法律、行政法规和本省、自治区的地方性法规不抵触的，应当在四个月内予以批准。"第 73 条第 1、2、3 款规定："地方性法规可以就下列事项作出规定：（一）为执行法律、行政法规的规定，需要根据本行政区域的实际情况作具体规定的事项；（二）属于地方性事务需要制定地方性法规的事项。除本法第八条规定的事项外，其他事项国家尚未制定法律或者行政法规的，省、自治区、直辖市和设区的市、自治州根据本地方的具体情况和实际需要，可以先制定地方性法规。在国家制定的法律或者行政法规生效后，地方性法规同法律或者行政法规相抵触的规定无效，制定机关应当及时予以修改或者废止。设区的市、自治州根据本条第一款、第二款制定地方性法规，限于本法第七十二条第二款规定的事项。"当然，设区的市的地方性法规仍须报省、自治区的人大常委会批准后施行。根据《立法法》这一规定的精神，2016 年 5 月 28 日，广东省第十二届人民代表大会常务委员会第十七次会议决定赋予韶关、佛山、惠州、梅州、湛江、东莞、中山、江门和潮州地方立法权。韶关有幸成为第一批获得地方立法权的设区的市。自即日起，韶关市可以根据实际客观情况制定相适应的地方法规，可以有针对性地解决城乡建设发展、环境保护和历史文化传承领域中的热点难点问题，把地方治理纳入法治轨道，做到依法行政，提升地方竞争力。但是，必须注意到的是：韶关市作为设区的市，其立法权限是有限的，即局限于城乡建设与管理、环境保护以及历史文化保护等三个领域。

乡村建设在内容上少于城市建设，但随着新农村建设的普及和开展，建设内容也会越来越多。至于城乡管理，其内容更是庞杂，基本上涵盖了城市建设的方方面面。从城乡建设的内容上看，土地管理、住房建设和安全管理也属于城乡建设和管理的基本内容。由此可见，制定《韶关市农村住房建设管理条例》是《立法法》授予设区的市的立法权限之一。

另外，从立法目的来看，制定《韶关市农村住房建设管理条例》的主要目的是加强农村村民住房建设管理，规范农村住房建设活动，改善农村人居环境，促进美丽乡村建设。毫无疑问，这是属于设区的市所享有的在城乡建设和管理方面的立法权。

关于《韶关市农村住房建设管理条例》立法权限问题，我们有必要弄清当前我国一般地方立法的范围。"地方立法的范围涉及的问题有：(1) 有关地方立法可以立和不能立什么形式的法；(2) 有关地方可以就和不能就哪些事项立法；(3) 地方立法与中央立法和地方行政的界限如何确定、各种类别和层状的地方立法之间的界限如何确定，明确地方立法的范围，才能明确地方立法的形式和地方立法调整、规范的对象和领域。"[1]只有把这些问题都解决了，达到权限清晰，才能避免出现在这几种关系中要么互相争权、越权，事无巨细都想包揽；要么互相依赖推脱，

---

[1]　周旺生：《立法学教程》，北京大学出版社 2006 年版，第 314 页。

立法懈怠，立法不作为，都不去解决的情况。实践中由于地方立法范围不清带来的结果，更多的是地方越权或侵权。近些年来，许多地方已认识到某些事项应由立法调整，但不知是应当由法律、行政法规调整还是应当由本地的地方法规、政府规章或自治条例、单行条例调整，举步踌躇，贻误法治事业。许多应该由地方性法规或自治条例、单行条例调整的事项，往往由政府以行政规章调整。[1]

在农村住房建设管理领域，目前，《上饶市农村居民住房建设管理条例》已由上饶市第四届人民代表大会常务委员会第九次会议于 2017 年 12 月 29 日通过，江西省第十三届人民代表大会常务委员会第三次会议于 2018 年 5 月 31 日批准，自 2018 年 7 月 1 日起施行。《益阳市农村村民住房建设管理条例》已于 2018 年 8 月 31 日由益阳市第六届人民代表大会常务委员会第十二次会议通过，2018 年 9 月 30 日经湖南省第十三届人民代表大会常务委员会第六次会议批准，自 2019 年 1 月 1 日起施行。该条例已于 2021 年进行了修正。上饶市和益阳市的成功立法为韶关市制定《韶关市农村住房建设管理条例》提供了启示和经验。

综上所述，韶关市作为设区的市，可以制定《韶关市农村住房建设管理条例》。

三、关于《韶关市农村住房建设管理条例》的立法原则及其相关立法问题

（一）立法原则

一般来说，立法原则主要包括：合宪性原则、科学性原则、民主性原则以及适时性原则。合宪性原则是指立法以及所立之法应当符合宪法规定，包括权利义务的设置、行政职权安排、立法程序和立法内容等。科学性原则是指立法应当符合科学规律，依照理性科学的方式方法来制

---

[1] 周旺生：《立法学教程》，北京大学出版社 2006 年版，第 315 页。

定法律。所制定的法律在内容上应该是科学合理的，而不是违背自然规律和人类社会常理的，且该法出台后具有可行性。法律作为国家意志的体现，要为国家、社会组织以及公民确立一种合理的组织结构、一种确定的指引、一种规范的行为模式、一种正确的价值选择，这就决定了法律必须建立在科学的基础之上。立法的民主性原则是指立法机关的立法活动过程以及立法机关的立法场所（议会）向社会公众公开、开放，立法活动让人民直接参与以及立法平等地保护社会成员权益。立法的民主性是"现代民意政治的题中应有之义。民意政治要求国是决于民意，政策归本于民心，对于人民来说，他们是国家和社会的主人（主权在民），享有充分的知情权，有权利了解和知道立法机关及其人员的所作所为，以此作为参证议政的前提。对于立法机关来说，它最集中地体现并代表着民意，它的一切活动要能够得到人民的支持和理解，受到人民的监督和制约"。[1]"立法的民主参与就是为了创制符合最大多数人利益和愿望的'良法'，这样才能使法律成为为大众所认同的、能够身体力行的行为规范。"[2]适时性原则是指立法工作者必须不断地顺应历史发展和时代的变化，及时地、适时地根据这种变化，去制定出符合时代需要的法律。适时性原则建立的依据，是由法律本身的社会属性所决定的。

（二）立法工作问题

《韶关市农村住房建设管理条例》的制定过程自始至终都坚持和贯彻了地方立法工作的基本原则和科学立法工作格局。2015年9月7日，全国人大常委会时任委员长张德江同志在地方立法研讨会上明确指出，"要建立健全党委领导、人大主导、各方参与的统筹协调、各司其职、各尽其力、分工合作的立法工作格局，努力形成立法合力，共同推进立法工作"，首先提出了地方立法应当坚持的工作格局和工作方针。2016年2月

〔1〕 刘佩韦："论立法的民主性"，载《山西大同大学学报（社会科学版）》2009年第5期。
〔2〕 范愉：《法律怎样被信仰——谈法律与宗教及法律与道德的关系》，广西师范大学出版社2003年版。

印发的《中共中央关于加强党领导立法工作的意见》明确指出，要完善党委领导、人大主导、政府依托、各方参与的科学立法工作格局。韶关市委和市人大常委会对《韶关市农村住房建设管理条例》的立法起草工作均非常重视。市委就起草工作多次召开专题会议进行研究和部署，并作出了具体指示。

四、《韶关市农村住房建设管理条例》的主要内容、特点和创新之处

（一）《韶关市农村住房建设管理条例》的主要内容

本条例共五章40条，除总则和附则外，还包括规划和用地、建设和管理、法律责任等内容。

1. 关于本条例的名称和基本原则的规定

本条例的主要立法目的是规范和调整韶关市农村集体经济组织成员使用宅基地建设住房的行为以及相应的行政管理活动。无论是在城镇规划区内还是在规划区之外，都存在这一普遍情况，故将本条例的名称定为《韶关市农村住房建设管理条例》是比较合适的。本条例第3条规定：农村住房建设和管理遵循规划先行、先批后建、一户一宅、绿色环保的原则。

2. 关于政府职责的规定

本条例用两个条文规定了政府职责和部门职责。即第4条规定：市、县（市、区）人民政府负责本辖区内农村居民住房建设的管理和监督工作。镇、民族乡人民政府负责本辖区内农村村民住房建设的具体管理和监督工作。第5条规定：市、县（市、区）人民政府自然资源主管部门负责本辖区内农村村民住房建设的规划、用地管理和监督工作，并对镇规划、乡规划和村庄规划工作提供业务指导。市、县（市、区）人民政府住房和城乡建设主管部门负责本辖区内农村居民住房建设的建筑指导、管理和监督工作。市、县（市、区）人民政府财政、农业农村、生态环保、林业、水利、交通运输、公路等部门，按照各自职责，配合做好农

村村民住房建设管理和监督工作。

3. 关于农村住房建设的选址的规定

本条例第 15 条规定：农村住房建设应当优先利用原有宅基地和空闲地、荒山、荒坡等未利用地。但不得在下列区域规划选址：①永久基本农田和高标准农田；②地下有矿床的区域；③公路建筑控制区、铁路建筑界限范围和电力路线保护区；④河道管理范围、水利工程管理范围；⑤自然保护地核心保护区范围、一级保护林地、饮用水源一级保护区等生态保护线内区域；⑥崩塌、滑坡、泥石流、地面塌陷等地质灾害容易发生的危险区域；⑦其他法律法规和国家规定不适宜住房建设的区域。

4. 关于分户和重新申请宅基地的规定

本条例第 17 条明确了独立或重新申请宅基地的情形：符合下列情形之一的，农村村民可以重新申请住房建设：①已依法登记结婚或者本户中已达法定婚龄的未婚子女需要分户，原有宅基地不能安置的；②房屋因自然灾害倒塌或成危房的；③住房因国家建设项目征收或政策性搬迁的；④退出原有宅基地异地建房的；⑤其他依法可以重新申请宅基地的。

5. 关于宅基地申请不予批准的情形的规定

本条例第 21 条对不予批准的情形作出了如下规定：①不符合一户一宅原则的；②不符合村庄规划的；③削坡建房存在安全隐患的；④建房用地存在权属争议的；⑤原有住房和宅基地被征收已依法安置的；⑥将住房出卖、出租或者赠与他人的；⑦将现有住房改作非生活居住用房的；⑧法律法规规定不予批准的其他情形。

6. 关于法律责任等其他问题的规定

此外，本条例还对法律责任、农村住房建筑面积和宅基地用地面积等问题作出了规定。

(二)《韶关市农村住房建设管理条例》的特点

1. 鲜明的首创探索精神

制定《韶关市农村住房建设管理条例》是韶关市作为广东省设区的

市在城乡建设与管理领域的立法首创，是韶关市在农村住房建设和农村宅基地管理法治化方面的积极探索。《韶关市农村住房建设管理条例》在立法内容上也体现了创新。

2. 力求立法的民主性和科学性[1]

本条例在起草过程中，始终坚持并贯彻民主立法和科学原则，实行开门立法，广泛吸纳社会各界的立法建议和意见。《韶关市农村住房建设管理条例》草案稿形成后，2019 年 6 月至 8 月，韶关市人大常委会法工委召开立法研讨和论证会，对草案内容的合法性和具体条文进行了全面的论证和修改。之后就草案稿再次征求韶关市自然资源局、市农业农村局、市住建局等部门以及各（县、市、区）机关单位、立法顾问和立法咨询专家的意见。截至 2019 年 4 月 20 日，收回各部门、各立法顾问和各立法咨询专家的书面意见 54 份，共计 138 条。在汇总、整理和吸纳合理建议及意见的基础上，2019 年 4 月 23 日，韶关市人大常委会法工委在韶关市地方立法研究中心召开立法专题研讨会，再次对草案稿进行了逐条研讨、增删和修改，最终形成了《韶关市农村住房建设管理条例（草案）》。广泛征求意见和建议，反复修改反复研讨之后，韶关市人大常委会委托广东省人大常委会法工委法规审查指导处聘请有关专家对草案进行了专家论证。2019 年 6 月初，韶关市人大常委会法工委再次向政府各部门以及社会各界征求意见和建议，并将上述意见和建议连同专家论证会的意见以及广东省人大常委会法工委法规审查指导处的指导意见进行了梳理、研究和讨论，在此基础上对草案进行了相应的修改和调整。本条例的立法起草、研讨和审议完全实现了开门立法和民主立法，尊重了民意，反映了民情，倾听了民声，保证了立法的民主性。

除了发扬民主之外，本条例在制定过程中，十分注重立法的科学性，注重深入实际，深入调研。为了推进立法工作，加快立法工作进程，2019 年由韶关市人大常委会有关领导率领韶关市法制局、市自然资源局

---

[1] 侯东德主编：《我国地方立法协商的理论与实践》，法律出版社 2015 年版，第 123~127 页。

以及韶关市地方立法研究中心等单位的相关负责人，组成调研组，通过召开座谈会、研讨会和实地考察等方式对江西上饶等地的立法实践展开调研。这一系列实地考察和调研工作，为本条例的科学性奠定了坚实基础。

3. 体现地方特色

体现地方特色是地方立法所遵循的一个基本原则。地方立法要坚持实事求是、从实际出发的原则。精准立法、体现本地特色是设区的市行使立法权的正当性基础。立法活动是一个系统工程，既涉及宏观的体制与机制，又体现为微观的各个环节与细节，任何一个环节的不适当均可能影响整部法规的实际效能。[1]根据本行政区域的具体情况和实际需要制定地方性法规，依照当地民族的政治、经济和文化的特点制定自治条例、单行条例，是法律确定的地方立法的基本条件。而坚持实事求是、从实际出发的原则，对地方立法来说，很重要的便是使地方立法体现地方特色。

立法界对地方特色内涵的理解，主要有三种观点：第一，地域论。即认为地方立法的地方特色，体现在法规调整范围的特定地域性和规范内容的当地独有性。第二，针对论。即认为地方立法体现地方特色就是要求地方立法反映本地的特殊性，应具有较强的针对性，能够解决本地的实际问题。第三，制度论。即认为地方立法体现地方特色应探索制度设计的创新性和领先性。[2]

本书采取针对论，即认为所谓"体现地方特色"，主要指地方立法能充分反映本地的特殊性。具体地说，就是要求：第一，地方立法能充分反映本地经济、政治、法治、文化、风俗、民情等对立法调整的需求程度，适合本地实际情况；第二，地方立法要有较强的、具体的针对性，

---

〔1〕 卢护锋："设区的市立法的精准化路径：基于立法选题的思考"，载《政治与法律》2019年第3期。

〔2〕 涂青林："论地方立法的地方特色原则——以立法法修改后广东立法为例"，载《地方立法研究》2017年第6期。

注意解决并能解决本地突出的而中央立法没有或不宜解决的问题，把制定地方规范性法律文件同解决本地实际问题结合起来。

地方立法之所以要体现地方特色，是由地方立法的特性决定的。没有地方特色，地方立法就失去了其存在的价值。

地方立法坚持"体现地方特色"的原则，须秉持问题导向，注重契合实际情况进行精细立法。[1]同时需要注意：第一，防止地方保护主义或本位主义作祟；第二，消除不必要的照抄，如照搬法律、行政法规，转抄外地规范性法律文件等；第三，地方立法的各种形式都有体现特色的问题，虽然自主性地方立法的地方特色应当更浓些，但不能仅注意自主性立法的特色，执行性、补充性和其他形式的地方立法也要坚持体现地方特色的原则；第四，既不要抵触，又不要越权。[2]

地方立法不仅要尽量避免重复立法，而且更不能出现与上位法相冲突的现象，应重点在"地方特色"和"可操作性"上下功夫，力求针对性强、明确具体、便于执行，坚持"量力而行"和"少而精"，实现"一事立一法、一法管一事""立小法，立管用的法"；同时要加强立法学人才的培养、优化地方立法人员素质，特别要注意立法技术的提高，在体例、结构与表达上注意规范性与统一性。这不仅是法治中国建设中法制统一性的要求，更是使相关法律制度在地方能得到现实的适用、使上位法落到实处的现实要求。[3]

本条例第12条规定：村庄规划编制工作应当保护历史文化资源，尊重农村村民意愿。农村住房建筑高度、体量、材料、色彩应当与环境相协调，体现绿色环保、民族特色和岭南农村建筑风格。本条规定的体现"岭南农村建筑风格"就是本条例体现地方特色的具体化。

---

〔1〕 周旺生：《立法学》，法律出版社2004年版，第305页。

〔2〕 周旺生：《立法学》，法律出版社2004年版，第306页。

〔3〕 屈茂辉："我国上位法与下位法内容相关性实证分析"，载《中国法学》2014年第2期。

4. 确保本条例的可操作性和质量

进入新时代，人们对于民主、法治、公平等价值追求正在不断增加，而这些都需要通过法治加以实现，为了更好地满足人们日益增长的美好生活需求，必须充分发挥设区的市的立法作用，抓住提高立法质量这个关键，以形成完备、高效、严密的地方法治体系。[1]本条例是在立法调研、专家论证、广泛征集社会各界的意见与建议基础上，经反复修改、补充、完善之后形成的比较成熟的地方性法规，适应韶关市的市情和实际情况，具有客观可行性。

法律是治国之重器，良法是善治之前提。建设中国特色社会主义法治体系，必须坚持立法先行，发挥立法的引领和推动作用，抓住提高立法质量这个关键。要恪守以民为本、立法为民理念，贯彻社会主义核心价值观，使每一项立法都符合宪法精神，反映人民意志，得到人民拥护。地方立法既是国家法律的具体化，也是地方事务的法制化。[2]

衡量立法质量的唯一标准就是看法律法规是否符合客观规律，符合广大人民群众意愿，解决实际问题，重在管用、重在实施。因此，着力提高立法质量，是当前和今后一个时期立法工作的重中之重。十二届全国人大以来，全国人大常委会把提高立法质量作为新形势下加强和改进立法工作的重中之重，强调努力使制定和修改的法律能够准确体现党的主张和人民意愿，立得住、行得通、真管用，切实增强法律的针对性、及时性、系统性、可执行性。[3]

5. 不抵触原则

"不抵触"是地方立法必须遵守的一项基本原则，也是依法立法的前提所在。这一原则强调地方立法权既是中央立法权的延伸，也是国家立

---

〔1〕　彭振："设区的市立法抵触问题研究"，载《河北法学》2019 年第 7 期。

〔2〕　参见石佑启、朱最新主编：《广东地方立法蓝皮书：广东省地方立法年度观察报告（2017）》，广东教育出版社 2018 年版，前言第 1 页。

〔3〕　喻泽芳：《〈韶关市制定地方性法规条例〉导读与释义》，中国政法大学出版社 2017 年版，第 8 页。

法权的重要组成部分。[1]中央立法和地方立法的关系，可以概括为整体和部分的关系，中央立法和地方立法都属于国家立法，都具有强制性；但地方立法从属于中央立法，受中央立法的统领。设区的市立法权是一种有限权，极大程度上受到上位法的制约。如果一旦被认定为"抵触"，则面临着被更改甚至被撤销的结果。没有明确的抵触判定标准，就会导致地方"避免立法抵触"和"突出地方特色"之间的矛盾；"过于小心"往往不会导致抵触但却没有特色，而突出特色又往往面临"抵触"的危险，这也会影响地方立法的积极性。[2]

"不抵触"原则至少应当从三个层面进行理解：

（1）法权不抵触，即地方立法机关不能僭越自身立法权限，超范围开展立法活动。一是地方立法机关不能涉足中央保留的专属立法事项；二是地方性法规不能行使法律和行政法规专享的立法权限；三是"设区的市"不能行使应当由省级享有的地方立法权；四是"设区的市"不能在城乡管理与建设、环境保护、历史文化保护等事项之外制定地方性法规。

（2）法条不抵触，即地方立法不得违反上位法的具体规定，同一立法位阶的地方性法规也不能彼此矛盾。具体表现在：宪法、法律、行政法规等已有明确规定的，地方立法不得作出相反的规定，或者变相限缩、扩大上位法的既有内容；"设区的市"制定的地方性法规，应当符合所属省级地方立法机关制定的地方性法规，不得背离省级法规确定的调整范围或者调整力度；尽可能做到同一位阶之间相互协调，特别是避免同一立法机关制定的地方性法规在内容上相互矛盾冲突。

（3）法意不抵触，即地方立法不得同上位法的立法目的、立法原则和立法价值相抵触，不得违反上位法的立法精神，限制公民、法人和其他组织的权利或者增加其义务。[3]

---

〔1〕彭振："设区的市立法抵触问题研究"，载《河北法学》2019年第7期。

〔2〕彭振："设区的市立法抵触问题研究"，载《河北法学》2019年第7期。

〔3〕牛振宇："地方立法创新空间探析——以'不抵触'原则的解读为视角"，载《地方立法研究》2017年第6期。

地方立法同其他立法一样，必须坚持法制统一原则。坚持这一原则就是要做到在不与宪法、法律、行政法规相抵触的前提下制定地方性法规。制定某一地方性法规必须以宪法、法律或行政法规对某一事项已有相关规定为前提，以这种相关规定为根据。另一种观点认为，不相抵触，就是地方性法规不得作出与宪法、法律或行政法规已有的明文规定相冲突、相矛盾、不一致甚至相反的规定。[1] 法定有权解释的机关是全国人大常委会。单有宪法、法律、行政法规，不可能解决所有应当由立法解决的问题。从立法本意看，不是要把地方性法规的内容限制在宪法、法律、行政法规的既有内容的范围内，而是根据本行政区域的具体情况和实际需要制定地方性法规。

鉴于上述理由，可以认为，所谓"不同宪法、法律、行政法规相抵触"，一是指"不得与宪法、法律、行政法规相冲突、相违背"；二是不得与宪法、法律、行政法规的具体条文的内容相冲突、相违背（即直接抵触）。[2]

在地方立法层面，则应注意到：属于中央专属立法权方面的事项，地方为便于实施进行细化立法不属于越权；属于中央和地方均可以立法的事项，应当允许地方通过现行立法进行创新。[3] 实现设区的市立法不抵触的有效路径是：转换设区的市立法抵触判定模式，明确不抵触的判断标准；发挥地方立法备案审查、立法责任追究的监督作用；契合地方立法需求，用足用好本级立法空间；实现立法有特色和可操作，做到"有突破"但不"冲突"。[4]

地方立法主体在立法过程中，必须结合立法规律和立法实际，进一步提升质量、解决问题、完善机制、整合资源，确立立法抵触的构成要件理论，形成统一的判定标准，以解决地方立法中相抵触和有特色之

---

〔1〕 周旺生：《立法学》，法律出版社2004年版，第306页。

〔2〕 周旺生：《立法学》，法律出版社2004年版，第307页。

〔3〕 牛振宇："地方立法创新空间探析——以'不抵触'原则的解读为视角"，载《地方立法研究》2017年第6期。

〔4〕 彭振："设区的市立法抵触问题研究"，载《河北法学》2019年第7期。

间的矛盾，不断提高中央和地方两个积极性，以应对立法需求同质化与差异化日益复杂交织矛盾以及立法要求不断提高和立法资源相对有限的现实。[1]1979年《地方组织法》规定省级人大及其常委会行使地方性法规制定权。后经1982年《宪法》确认省、直辖市人大及其常委会行使此项职权，并重新确认民族自治地方行使自治条例、单行条例制定权。[2]

（三）《韶关市农村住房建设管理条例》的创新之处

1. 本条例是广东省内第一个地级市制定有关农村住房建设管理的地方性法规，是该领域的地方立法首创，同时也是韶关市作为地级市取得地方立法权之后在农村住房建设领域方面的立法探索。本条例的制定可以为其他地市积累经验，提供借鉴，同时也为广东省新农村建设趟出新路子，是韶关市农村乃至广东省农村治理法治化的重要实践。

2. 用地方性法规落实"一户一宅"原则

2019年修正的《土地管理法》严格确立了农村宅基地实行一户一宅原则。但这一规定比较抽象和原则，对如何确定和实施一户一宅没有详细的规定和指引。现实中，农村大量的闲置房已经造成了土地资源浪费的情况，如果不规范制度，那么随着农村人口不断转移城镇，闲置下来的宅基地和农房会大幅增加。这样的话，新生代农民想申请宅基地盖房就会面临无地可批的情况。多占宅基地的人多了，其他村民想建房也就难以实现户有所居，这些人又该何去何从？所以，从长远来看，农村实施"一户一宅，建新必拆旧"的政策是有利于村庄发展的。本条例第13条、第17条以及第26条等对一户一宅原则进行了详细的规定，增强了该原则的可实施性。其中，第13条规定：农村村民一户一宅规划面积按照省规定的标准执行，各县（市、区）人民政府可以结合本地实际作出规定，并向社会公布。人均地少，不能保障一户拥有一处宅基地的地区，

---

[1] 彭振："设区的市立法抵触问题研究"，载《河北法学》2019年第7期。

[2] 周旺生：《立法学》，法律出版社2004年版，第308页。

在充分尊重农民意愿的基础上，县级以上人民政府可以通过集体建房等方式，按照本地区规定的标准保障农村村民实现户有所居。第 17 条规定：农村村民一户只能拥有一处宅基地。具有农村集体经济组织成员资格的农村村民，已依法登记结婚或者本户中有已达法定婚龄的未婚子女需要分户，原有宅基地不能安置的，可独立申请宅基地。符合下列情形之一的，农村村民可以重新申请宅基地：①房屋因自然灾害倒塌或成危房的；②住房因国家建设项目征收或政策性搬迁的；③退出原有宅基地异地建房的；④其他依法可以重新申请宅基地的。第 26 条规定：农村村民可以在原址上按村庄规划要求新建住房。农村村民异地建设住房或者购买本村村民住房的，应当与集体经济组织签订拆除旧房和退还原有宅基地协议书，并明确拆除旧房和退还原宅基地的时间。

3. 关于城市居民到农村买地租地等方式建房问题的规定

农村宅基地归农村集体所有，具有一定的身份属性和福利性质。城市居民以购买、租赁等方式在农村建房，侵犯了农村村民的土地权益，这对农民而言是不公平的。故本条例在地方立法中首次作出规定：禁止城市居民在农村购地建房。本条例第 31 条规定：城镇居民不得以购买、交换、抵债或者其他非法形式使用农村宅基地建设住房。

4. 关于建新拆旧问题的规定

一户一宅是《土地管理法》所确定的基本原则。建了新房子，应当及时拆除旧房子。地方立法应当从实际出发，尊重农业生产客观规律，尊重历史和现实情况，不能简单地一刀切。对农民退出多余的宅基地采取引导方式，通过激励机制，推进和落实一户一宅原则。本条例既坚持原则，又尊重了民俗习惯，体现了地方立法的灵活性。

目 录 CONTENTS

上 篇

《韶关市农村住房建设管理条例》
立法文本

韶关市第十四届人民代表大会常务委员会

公　告

（第 16 号）

　　韶关市第十四届人民代表大会常务委员会第三十七次会议于 2020 年 8 月 28 日表决通过的《韶关市农村住房建设管理条例》，已经广东省第十三届人民代表大会常务委员会第二十六次会议于 2020 年 11 月 27 日批准，现予公布，自 2021 年 3 月 1 日起施行。

韶关市人民代表大会常务委员会

2020 年 12 月 7 日

韶关市农村住房建设管理条例

(2020 年 8 月 28 日韶关市第十四届人民代表大会常务委员会第三十七次会议通过 2020 年 11 月 27 日广东省第十三届人民代表大会常务委员会第二十六次会议批准)

目　录

第一章　总　则

第一条　为了加强农村村民住房建设管理,规范农村住房建设活动,改善农村人居环境,促进美丽乡村建设,根据《中华人民共和国土地管理法》《中华人民共和国城乡规划法》等法律法规,结合本市实际,制定本条例。

第二条　本市行政区域内的村庄规划、农村村民住房建设及其监督管理等活动,适用本条例。

第三条 农村住房建设和管理遵循规划先行、先批后建、一户一宅、绿色环保的原则。

第四条 市、县（市、区）人民政府负责本行政区域内农村住房建设的统筹管理，将农村住房建设和宅基地管理工作纳入乡村振兴考核内容。

镇、民族乡人民政府负责本行政区域内村庄规划的编制及农村住房建设工程质量、安全生产的监督管理。

第五条 市、县（市、区）人民政府自然资源主管部门负责本行政区域内国土空间规划编制和村庄规划的管理工作。市人民政府自然资源主管部门具体负责组织编制韶关市城镇开发边界内的国土空间规划。

市、县（市、区）人民政府农业农村主管部门应当建立宅基地基础信息数据库和管理信息系统，建立宅基地分配、使用、流转等管理制度，指导宅基地合理布局、闲置宅基地和闲置农房利用。

市、县（市、区）人民政府住房和城乡建设主管部门负责农村村庄风貌管控，农村住房单体设计、建设安全和质量管理，会同本级人民政府人力资源和社会保障主管部门对农村建筑工匠提供专业技能、安全知识等培训。

市、县（市、区）人民政府生态环境、林业、水务、交通运输等主管部门，按照各自职责，配合做好农村住房建设管理和监督工作。

第六条 市人民政府可以依照省人民政府的决定，在实行综合行政执法的领域，将本条例规定的由县级行政执法部门行使的行政处罚权以及与之相关的行政检查权、行政强制措施权确定由符合条件的镇、民族乡人民政府和街道办事处行使。

第七条 村（居）民委员会应当协助、配合镇、民族乡人民政府开展农村住房建设管理工作。

第八条 村庄规划编制、农用地转用等经费由市、县（市、区）人民政府纳入本级财政统筹安排，予以保障。

第九条 任何组织或者个人对农村住房建设管理工作依法享有监督权利,对农村宅基地使用、住房建设中的违法行为有依法举报、投诉的权利。

县(市、区)、镇、民族乡人民政府应设立举报电话、信箱和网上举报平台等,受理农村宅基地使用、住房建设等违法行为的举报和投诉。

第二章 规划和用地

第十条 城镇集中建设区内的农村住房建设执行国土空间总体规划及详细规划。城镇集中建设区外城镇开发边界内的村庄,尚未编制详细规划的,可以编制村庄规划。城镇开发边界外的村庄应当编制村庄规划。

第十一条 镇、民族乡人民政府应当组织编制本行政区域内村庄规划,并报上一级人民政府审批。村庄规划在报送审批前,应当经村民会议或者村民代表会议讨论同意。

经批准的村庄规划应当向社会公布,确需修改的应当报原批准机关审批。

第十二条 村庄规划编制工作应当保护历史文化资源,尊重农村村民意愿。农村住房建筑高度、体量、材料、色彩应当与环境相协调,体现绿色环保、民族特色和岭南农村建筑风格。

第十三条 农村村民一户一宅规划面积按照省规定的标准执行,各县(市、区)人民政府可以结合本地实际作出规定,并向社会公布。

人均地少,不能保障一户拥有一处宅基地的地区,在充分尊重农民意愿的基础上,县级以上人民政府可以通过集体建房等方式,按照本地区规定的标准保障农村村民实现户有所居。

第十四条 城镇集中建设区外的农村村民一户一宅建设一般符合下列要求:

(一)建筑层数不超过3层;

(二)首层不高于4.5米,其余每层不高于3.5米;

（三）建筑总面积不超过 300 平方米。

第十五条 农村住房建设应当优先利用原有宅基地和空闲地、荒山、荒坡等未利用地。但不得在下列区域规划选址：

（一）永久基本农田和高标准农田；

（二）地下有矿床的区域；

（三）公路建筑控制区、铁路建筑界限范围和电力线路保护区；

（四）河道管理范围、水利工程管理范围；

（五）自然保护地核心保护区范围、一级保护林地、饮用水源一级保护区等生态保护红线内区域；

（六）崩塌、滑坡、泥石流、地面塌陷等地质灾害容易发生的危险区域；

（七）其他法律法规和国家规定不适宜住房建设的区域。

第三章 建设和管理

第十六条 县（市、区）人民政府住房和城乡建设主管部门应当无偿提供农房设计图集供村民选用。农房设计图集应当含有中国元素，体现岭南特色、民族风格和新时代广东乡村风貌。

第十七条 农村村民一户只能拥有一处宅基地。具有农村集体经济组织成员资格的农村村民，已依法登记结婚或者本户中有已达法定婚龄的未婚子女需要分户，原有宅基地不能安置的，可独立申请宅基地。

符合下列情形之一的，农村村民可以重新申请宅基地：

（一）房屋因自然灾害倒塌或成危房的；

（二）住房因国家建设项目征收或政策性搬迁的；

（三）退出原有宅基地异地建房的；

（四）其他依法可以重新申请宅基地的。

第十八条 农村村民住房建设应当取得宅基地批准书。

农村村民申请宅基地，村民小组、集体经济组织或者村民委员会应当受理，对公示无异议的，按规定提出审核意见，由镇、民族乡人民政府依法核准。申请的宅基地涉及占用农用地的，应当依法办理农用地转用审批手续，涉及占用林地的依法办理林地使用审批手续。

第十九条　城镇开发边界内的农村村民住房建设应当依法申请办理建设工程规划许可证，城镇开发边界外的农村村民住房建设应当依法申请办理乡村建设规划许可证，并按照许可证的内容建设。

农村村民住房建设未取得建设工程规划许可证或者乡村建设规划许可证和农村宅基地批准书的，不得施工建设。

第二十条　镇、民族乡人民政府应当设立宅基地和农村住房建设管理集中审批窗口，实行一站式限时办结。

涉及市、县（市、区）人民政府有关主管部门办理的事项，由市、县（市、区）人民政府相应的主管部门受理，限时办结。

第二十一条　有下列情形之一的，农村村民宅基地申请不予批准：

（一）不符合一户一宅原则的；

（二）不符合村庄规划的；

（三）削坡建房存在安全隐患的；

（四）建房用地存在权属争议的；

（五）原有住房和宅基地被征收已依法安置的；

（六）将住房出卖、出租或者赠与他人的；

（七）将现有住房改作非生活居住用房的；

（八）法律法规规定不予批准的其他情形。

第二十二条　农村村民取得建设工程规划许可证或者乡村建设规划许可证和农村宅基地批准书后，不得擅自变更许可证和批准书所记载内容进行建设。确需变更的，应当依法向镇、民族乡人民政府申请办理变更手续。规划许可证的变更，由镇、民族乡人民政府报上级人民政府自然资源主管部门审批。

第二十三条　镇、民族乡人民政府应当加强农村住房建设过程中的监督管理，组织有关单位和人员对农村村民住房建设进行规划验线和核实。

农村村民在取得建设工程规划许可证或者乡村建设规划许可证和宅基地批准书后，应向镇、民族乡人民政府申请验线，镇、民族乡人民政府应当自受理申请之日起十个工作日内组织验线。未经验线，住房建设不得开工。

城镇开发边界外的农村村民住房竣工后，应当向镇、民族乡人民政府申请核实，镇、民族乡人民政府应当自受理申请之日起十个工作日内组织核实。符合规划和建设要求的，出具农村宅基地和建房规划许可验收意见材料，并报县（市、区）人民政府自然资源主管部门备案。城镇开发边界内的农村村民住房竣工后，应当办理竣工验收手续。

第二十四条　农村村民取得竣工验收证明或者农村宅基地和建房规划许可验收意见材料后，可以依法向不动产登记机构申请办理不动产登记。

第二十五条　镇、民族乡人民政府应当指导农村村民选用政府提供的农村住房设计图样建设，引导农村村民委托具有相应资质的施工企业或者建筑工匠施工，鼓励农村村民委托具有相应资质的第三方机构对住房施工进行监理。

第二十六条　农村村民可以在原址上按村庄规划要求新建住房。

农村村民异地建设住房或者购买本村村民住房的，应当与集体经济组织签订拆除旧房和退还原有宅基地协议书，并明确拆除旧房和退还原宅基地的时间。

第二十七条　有下列情形之一，应当撤销农村宅基地批准书或者注销不动产权属证书，由集体经济组织收回宅基地：

（一）实施旧村改造，已迁入新村居住的原宅基地；

（二）非本村村民因房屋倒塌或灭失的宅基地；

（三）使用权人死亡，且未有合法继承人的宅基地；

（四）其他应当收回的宅基地。

第二十八条　县（市、区）人民政府应当制定退出宅基地奖励办法，对进城落户、移居国外、拥有多处宅基地等自愿退出农村宅基地的农村村民进行奖励。

第二十九条　农村住房建设应当注重传统村落和历史建筑及生态环境的保护，减少对森林植被、山水景观、乡村风貌等的破坏。

鼓励和支持农村村民建房使用节能环保的新技术、新工艺和新材料。

第三十条　农村住房建设应当遵循有利生产、方便生活、团结互助、公平合理的原则，不得影响相邻住户的通行、通风、采光等，不得给相邻的房屋安全造成危害。

第三十一条　城镇居民不得以购买、交换、抵债或者其他非法形式使用农村宅基地建设住房。

第三十二条　县（市、区）、镇、民族乡人民政府应当建立巡查机制，加强对农村用地建房动态巡查，及时查处宅基地使用和住房建设的违法行为。

第四章　法律责任

第三十三条　有关行政机关工作人员违反本条例规定，不履行或者不正确履行农村住房建设管理职责的，依法给予处分；构成犯罪的，依法追究刑事责任。

第三十四条　违反本条例第十九条规定未依法取得建设工程规划许可证、乡村建设规划许可证、未按照规划许可证许可的内容建房的，由有关部门依法责令停止建设，限期自行拆除或采取改正措施；逾期不拆除或不改正的，依法拆除。

第三十五条　违反本条例第二十六条第二款规定，不按约定自行拆除原有房屋并退还宅基地的，由有关部门依照《中华人民共和国土地管理法》第七十八条的规定进行处理。

第三十六条　违反本条例的规定，法律法规已作出处罚规定的，从其规定。

第五章　附　则

第三十七条　本条例所称农村住房，是指农村村民在其宅基地上建设的住宅房屋。

第三十八条　城镇开发边界是在国土空间规划中划定的，一定时期内因城镇发展需要，可以集中进行城镇开发建设，完善城镇功能、提升空间品质的区域边界，涉及城市、建制镇以及各类开发区等。城镇开发边界内可分为城镇集中建设区、城镇弹性发展区和特别用途区。城市、建制镇应划定城镇开发边界。

第三十九条　有农村宅基地管理职责的街道办事处参照本条例关于镇、民族乡人民政府职责的规定执行。

第四十条　本条例自 2021 年 3 月 1 日起施行。

《韶关市农村住房建设管理条例》
立法文本导读与释义

第一条　【立法目的和依据】

为了加强农村村民住房建设管理，规范农村住房建设活动，改善农村人居环境，促进美丽乡村建设，根据《中华人民共和国土地管理法》《中华人民共和国城乡规划法》等法律法规，结合本市实际，制定本条例。

【主旨】　本条旨在明确本条例的立法目的和依据。

［导读与释义］

本条是关于《韶关市农村住房建设管理条例》（以下简称《管理条例》）立法目的和依据的规定。

德国著名法学家耶林在其著作《法的目的》中指出："目的是全部法律的创造者。每条法律规则的产生都源于一种目的，即一种实际的动机。"他宣称，法律是根据人们欲实现某些可欲的结果的意志而有意识地制定的。根据他的观点，法律（包括地方性法规）在很大程度上是国家为了有意识地达到某个特定目的而制定的。[1]立法目的的确定是立法起草者对立法决策者立法目的和公众需求的法律表达，是对立法决策的动因和公众的立法需求通过法律条文表述出来的过程，一般在法律文本中通过指导思想、立法目的条款和原则条款等作规定，格式为"为了……依据……制定本……"等立法技术模式。立法活动的开始是以立法目的这一前提的存在为基础的，立法目的可以为立法行为指明开展活动的方向，所以，

---

〔1〕　［美］E. 博登海默：《法理学：法律哲学与法律方法》，邓正来译，中国政法大学出版社 2004 年版，第 109 页。

法规起草者首先要明确立法决策的立法目的。[1]

制定《管理条例》的目的是加强农村村民住房建设管理，规范农村住房建设活动，改善农村人居环境，促进美丽乡村建设，推进农村经济可持续健康发展。把维护广大农民群众的合法权益、加强村镇规划管理、加快推进新农村建设、打造和谐秀美乡村等一系列的农村工作与韶关市本地的实际情况相结合，从地方实情出发，从实际出发，实事求是，根据《土地管理法》《城乡规划法》等有关法律、法规的规定，制定本条例。

本条从内容上可以划分为两个方面：一是制定《管理条例》的目的；二是制定《管理条例》的依据。制定《管理条例》的目的包含以下几个方面：第一，加强农村村民住房建设管理，把农村住房建设行为纳入法治轨道，使之有法可依，执法必严。使得农村住房建设行为规范化，通过制定地方性法规，改变以前村民随意建设房屋的状况，减少村民为建设房屋产生的纷争，强化对农村房屋建设的监督与管理。无论是农村规划建设，还是农民各自的房屋建设，都要控制在法律框架内，做到依法建设。第二，改善农村人居环境。通过地方立法规范房屋建设行为，能够在很大程度上改善农村人居环境，改造农村村容村貌。第三，保护广大农民群众的合法权益。居住权是一项基本人权，法律应当保障居者有其屋。通过立法保障合法建房，满足农村村民住房刚需，这是国家和政府的基本职责。制定《管理条例》的最终落脚点还是要注重维护广大村民的合法权益。第四，促进美丽乡村建设。当前农村住房建设面临的最大的问题是：随心所欲，缺乏科学合理的规划。住房散乱，不整齐、不合理、不美观，影响了农村整体风貌。

立法依据是指立法活动和立法内容必须遵循宪法、立法法以及其他上位法的基本原则和基本规定。下位法必须遵守和保持国家法制的统一

---

[1] 余俊："从长三角湖泊保护立法看地方性法规的起草技术"，载《地方立法研究》2019年第2期。

性，不能违背上位法的规定，不能突破上位法的范围和界限。地方性法规要以宪法、立法法和相应的上位法为基本依据，也就是不抵触原则。制定《管理条例》的主要依据有《土地管理法》《城乡规划法》《立法法》《地方组织法》《土地管理法实施条例》等。鉴于立法技术上的需要，本条仅列明了主要的上位法依据。

本条具体而直接的立法依据如下：

（1）《土地管理法》第1条。该条规定："为了加强土地管理，维护土地的社会主义公有制，保护、开发土地资源，合理利用土地，切实保护耕地，促进社会经济的可持续发展，根据宪法，制定本法。"

（2）《城乡规划法》第1条。该条规定："为了加强城乡规划管理，协调城乡空间布局，改善人居环境，促进城乡经济社会全面协调可持续发展，制定本法。"

"本市实际"是指韶关这个独特的粤北山区城市所具有的与众不同的实际情况。这一特殊实际主要包括以下几个方面：第一，韶关是一个典型的山城，山多地少，可利用的宅基地资源较少；由于缺乏合理规划，农村宅基地的申请、使用以及住房建设活动较为混乱，呈现无序化状态。这一领域亟须法律法规加以规范和整治。这体现了《管理条例》出台的必要性。第二，韶关市是一个重要的旅游城市，需要在全国乃至全世界游客面前展现城市和乡村的良好形象。但是，在韶关市的一些重点景区，例如环丹霞山周边地区，村民乱搭乱建乱堆、随心所欲地建造房屋、非法占用土地的情形屡禁不止。农村住房的建设随意性较大，风格迥异，缺乏特色。这些行为和现象已经严重影响了韶关的整体形象和相关管理工作。第三，韶关市农村的房屋规划与建设更应该备受重视。2017年以来，韶关市以省级新型农村示范工程为引领，加强村居建设，保护粤北的人居环境，强化韶关的农村房屋建设管理，且已取得了一定成效。这些工作成效需要法律来确认和巩固。此为《管理条例》的立法出发点。《管理条例》将整个韶关农村区域管理划分为本市行政区域内的村庄规划、农村村民住房建设、农村住房建设的监督管理三个方面。本地的实际是设区的市的立法工作的基本出发点之一，也是地方立法应当高度重视的问题。一切立法都要立足于实际，解决实际问题，不可盲目照搬照抄。在立法工作中，要充分调查研究本地区的实际情况或特殊情况，如在立法起草过程中要有针对性地设计合理制度，构建合理法律规范，适应地方特殊情况，解决主要矛盾。这样，地方立法才真正管用，才能真正发挥自身的引领作用。地方立法最宝贵的价值就是它的地方特性，如果不考虑本地区的地方特性，那么地方立法就会失去其生命力和适宜性。

"本市实际"要求根据本行政区域的具体情况和实际需要的原则来立法。地方性法规的特性之一是具有地方性，也就是说，第一，制定地方性法规的主体只能是地方国家权力机关，而不是其他国家机关；第二，地方性法规的内容应适应地方的实际情况，解决本行政区域的实际问题；第三，地方性法规的效力只限于本行政区域，超出本行政区域即没有约束力；第四，地方立法的一个重要功能是把上位法规定不甚明确的地方进行细化或明确。从立法类型上细分，地方立法可分为执行性立法与自主性立法。执行性立法是指地方立法主体为了执行中央立法的规定，需要根据本地的实际情况作具体规定的事项所进行的地方立法活动。自主性立法是指地方立法主体在不违反国家立法的前提下，就地方性事务所进行的地方立法活动。实践中，也有学者将地方立法分为实施性地方立法、自主性地方立法、先行性地方立法三种类型。地方立法，贵在有地方特色，反映本地的特殊性，地方立法的生命力全在于此。在制定地方性法规的过程中，无论是制定执行性的地方性法规，还是在中央尚未立法而先行自主性立法的情况下，都要注意根据本地方的具体情况和实际需要，有针对性地立法。[1]

《管理条例》第1条从结构上可以划分为三个层次：第一，指明了本

---

[1] 喻泽芳：《〈韶关市制定地方性法规条例〉导读与释义》，中国政法大学出版社2017年版，第10~11页。

条例的立法目的和意图；第二，用列举的方式列明了本条例的上位法；第三，明确了本条例在制定过程中要注重韶关本地的实际，从实际出发，立有用之法，立实用之法。

农村人居环境建设是一项复杂的社会系统工程，涉及方方面面。有乡村规划、分户宅基地申请与审批、建筑安全等，这些都需要通过立法来加以规范和指引。因此，全面整顿农村的房屋建设，整治农村人居环境是本条例的立法目的之一。

通过立法加强对宅基地农村房屋建设的监管，推动乡村规划的制定实施可以有效地规划农村住房建设布局和减少房屋建设的无序性，从而有效保障村民的合法权益，为农村村民创造一个统一和谐的生活环境，促进韶关市美丽乡村建设，这是本条例立法的另一目的。

韶关是广东的"北大门"，也是珠三角重要的生态屏障。为落实党的十九大报告提出的绿色发展理念，广东省委省政府研究决定，要在粤北地区，重点在清远和韶关地区，建设粤北生态特别保护区，深入落实绿色发展理念，加强生态环境保护，加大古村落保护和修复力度，建设珠三角后花园。近几年，随着社会经济的发展，农村生活条件越来越好，很多农民家里都盖起了小洋房，不少在城里的农村人也回老家建房。而乱象也随之出现：农村住房建设缺乏合理规划、村庄建设布局散乱、村容村貌较差、宅基地闲置浪费、一户多宅等问题较为突出。长期以来，由于缺乏政策指引和监管措施，韶关市农村整体规划不完善、不合理，农村和城镇周边违建、抢建、乱建情况较多，造成房屋不适用、村貌不美观、发展不文明等问题，制约了美丽乡村建设进程。

为合理利用农村土地，规范农房建设，韶关市人大常委会将《管理条例》列为 2019 年立法计划项目，拟通过地方立法规范我市农村建房乱象，推动韶关美丽乡村建设。2020 年 11 月 27 日，广东省第十三届人大常委会第二十六次会议在广州举行第二次全体会议，表决通过了《管理条例》。《管理条例》共五章 40 条，分别对立法目的和依据、适用范围、工作职责、规划和用地、建设和管理、法律责任等内容进行了规定，于2021年3月1日起正式施行。

2019年以来，韶关市按照中央和广东省实施乡村振兴战略、推动农村人居环境整治和美丽宜居乡村建设的决策部署，扎实做好农村破旧泥砖房拆除整治工作，改善村容村貌。当前，由于国家层面的中央立法和省级层面的地方立法尚未对农村住房建设作出专门的规范，韶关市农村住房建设存在缺乏合理规划、村庄建设布局散乱、村容村貌普遍较差、宅基地闲置浪费、一户多宅等突出问题。

为了优化农村人居环境，提升农村村民的幸福指数，韶关市迫切需要制定一部地方性法规，以推动农村住房建设的规范化和法治化。在国家立法层面，国务院于2021年新修订了《土地管理法实施条例》；在地方立法层面，广东省人大常委会于2012年便颁布了《广东省城乡规划条例》。具体到土地管理方面，也已经有相应的法律法规进行调整和规范。但是，就农村村民建设房屋这一问题，目前，无论是国家层面立法还是广东省的地方立法均没有具体的法律法规作依据，属于立法上的空白。不过，国内已有部分设区的市开始先行先试，在该领域进行了开创性立法。截至2021年8月，全国已有8个设区的市出台了有关农村住房建设管理条例的地方性法规。它们分别是：江西省的上饶市，湖南省的益阳市、岳阳市、常德市、郴州市、衡阳市、娄底市以及浙江省的衢州市。

因此，坚持和贯彻问题导向原则，通过地方立法分类管理和规范农村住房建设行为，促进韶关市美丽乡村建设是十分有必要的。

第二条【适用范围】

本市行政区域内的村庄规划、农村村民住房建设及其监督管理等活动，适用本条例。

【主旨】本条明确了本条例的适用范围，是关于《管理条例》适用范围的规定。

［导读与释义］

本条属于法的效力条款，是关于《管理条例》效力范围的规定，包括《管理条例》的空间效力、对象效力和时间效力。

本条的立法依据是：《立法法》第72条第2款。该款规定："设区的市的人民代表大会及其常务委员会根据本市的具体情况和实际需要，在不同宪法、法律、行政法规和本省、自治区的地方性法规相抵触的前提下，可以对城乡建设与管理、环境保护、历史文化保护等方面的事项制定地方性法规，法律对设区的市制定地方性法规的事项另有规定的，从其规定……"村庄规划和农村住房建设是韶关市城乡建设与管理工作中的大事，事关农民的切身利益，同时也是建设社会主义新农村的重头戏。这是《立法法》赋予设区的市在城乡建设与管理领域方面的立法权限。

法的效力范围，又称法的适用范围，是指任何法都有明确的调整对象与调整范围。因此，从根本上讲，任何一个法律文本都会有法的效力条款设置。法的总则中的"法的效力"条款是指规定法的适用对象范围、适用的空间范围以及适用的事项范围的条款。[1]

---

［1］　汪全胜、张鹏："法的总则中的'法的效力'条款设置论析"，载《理论学刊》2013年第2期。

一般来说，法律效力至少包括三层含义：第一，法律的效力，即法律规范本身的有效还是无效以及法律的拘束力；第二，法律规范对人、事、物的拘束力和强制性；第三，法律上的效力，即法律上的合法性。一般是指实施了作为或者不作为的行为后果，或者某种物或某种关系的存在经过法律的判断和评价予以确认后在法律上具有合法性，因而产生法律上的效力。[1]

德国学者伯恩·魏德士认为法的效力有三个方面的意义：一是应然效力，即法应当有效。因为法是由国家制定并实施的。二是实然效力，即如果法得到真正的遵守，那么它就存在。现实效力与守法者的动机无关。三是道德效力（认可效力或确信效力/接受），它表明了遵守法律的道德基础。如果法律规范是出于法律确信而被人们自愿遵守，那么它就具有了道德效力。[2]

从法律文本角度看，法的效力是指法律规范对人、事、物的拘束力或强制性。由此可见，法律对人、事、物的拘束力或强制性是有一定的范围的。也就是说，任何一个部门法只是对一定的人、事、物产生拘束力或强制性，这就是法的效力范围。这个效力范围是由各个方面组成的有机整体，而由各个方面所构成的法的效力范围便是我们称之为的"法的效力维度"。[3]

法的效力这一概念，通常有广义和狭义之分。[4]广义的法的效力，指法的约束力和强制力，即凡是国家制定和颁布的法律都对人的行为具有一种普遍性的法律上的约束力和强制力。这是规范性法律文件的效力。

法的效力范围，即指法对任何种人、在何种空间范围、时间范围内有效，从而发挥法的约束力和强制力。具体而言，法的效力范围一般包

---

〔1〕 李林：《立法理论与制度》，中国法制出版社 2005 年版，第 390~391 页。

〔2〕 [德] 伯恩·魏德士：《法理学》，丁小春、吴越译，法律出版社 2003 年版，第 151 页。

〔3〕 张根大：《法律效力论》，法律出版社 1999 年版，第 28 页。

〔4〕 张文显主编：《法理学》（第 3 版），法律出版社 2007 年版，第 143 页。

括三个方面的内容：①法的对象效力范围；②法的空间效力范围；③法的时间效力范围。[1]

　　本条例把法的调整范围划分为三个领域：一是韶关市区域内的村庄规划；二是韶关市范围内的农村村民住房建设；三是农村住房建设的监督管理工作。

　　村庄规划是指通过规划来完善农村生产生活、交通居住条件和基础设施。1989 年印发的《广东省乡（镇）村规划建设管理规定》（已失效）第 7 条规定："乡（镇）、村规划分总体规划和建设规划。建制镇、乡应编制总体规划（建制镇总体规划应以镇区为中心，乡总体规划应以乡人民政府所在地为中心）和建设规划，集镇、村庄应编制建设规划。"依据该条规定的精神，考虑到韶关市特殊的历史文化环境，故《管理条例》在对农村住房管理建设时创造性地使用分步骤管理并且将村庄规划放在第一步的位置，以加大对未来农村住房建设的管理力度。相对而言，村庄规划和农村村民住房建设的概念和范围比较容易界定和划定，而对农村住房建设行为的监督管理就不那么容易定义。此处，《管理条例》借鉴了我国《民法总则》关于动产和不动产的立法技巧，先圈定村庄规划和农村村民住房建设，然后实施对其的监督管理。从实践上看，这完全是科学合理的，也是行得通的。

　　总体上讲，本条是最能体现《管理条例》的立法技术和立法智慧的。理由有以下三个方面：第一，首先提出了农村住房管理这一概念术语。农村住房建设管理作为生活用语和文学术语偶有所见，使用频率并不高，且在国内作为法律用语尚属首次。本条例规定的农村住房管理是指对韶关市内农村建房的管理与监督，而在城市建设的房屋，不属于本条例所称的农村住房管理与监督的范畴。农村住房管理作为法律术语或法律概念，这在全国地方立法中属于首创。第二，从立法的精确性上讲，本条将"农村住房建设活动"划分为三大块，即对村庄规划、农

─────────────

〔1〕　张文显主编：《法理学》（第 3 版），法律出版社 2007 年版，第 145 页。

村村民住房建设和农村住房建设行为的监督管理，这三个步骤拥有着相同的法律效力。之所以这样表述，目的是创设分步骤管理制度，并且在《管理条例》的起首埋下伏笔，起到提纲挈领的作用，能够与后面的条文互相呼应，避免后面的制度设计突兀。在我国立法实践中，无论中央立法还是地方立法，涉及法的效力范围时，这种用具体的步骤划分来取代整体行为的做法并不多见。这体现了地方立法的技术创新。第三，在立法层面上，《管理条例》把管理步骤具体化，提出了对村庄规划、农村村民住房建设和农村住房建设行为的监督管理三位一体的概念，并由此创制三位一体的农村住房建设管理制度，这在全国尚属首次。

制定《管理条例》的目的是保护粤北特别生态发展区、保护韶关农村的生态环境，保护有限的土地资源，保障农村村民的居住权益，实现户有所居，从地方立法权限上讲，这属于《立法法》授权设区的市的立法权限。韶关市行政区内农村一切住房建设都适用本条例。

本条在文义上虽仅仅是对空间效力的表述，但实际上还暗含对象效力的内容。法律对人的效力，又称对象效力，一般是指法律对何人有效，法律适用于何人。各国的法治实践中先后出现过四种对人的效力的适用原则，它们分别是属人主义、属地主义、保护主义和以属地主义为主，与属人主义、保护主义相结合的原则。属人主义，即法律只适用于本国公民，不论其身在国内还是国外，非本国公民即使身在该国领域内也不适用。属地主义，即法律适用于该国管辖地区内的所有人，不论是否是本国公民，都受法律约束和法律保护，本国公民不在本国，则不受本国法律的约束和保护。保护主义，即以维护本国利益作为是否适用本国法律的依据，任何侵害了本国利益的人，不论其国籍和所在地域，都要受该国法律的追究。以属地主义为主，与属人主义、保护主义相结合，即既要维护本国利益，坚持本国主权，又要尊重他国主权，照顾法律适用中的实际可能性。在司法实践中，我国采用的是第四种原则。另外，根据我国相关法律规定，法的对象效力包括两个方面：一是对中国公民的效力。中国公民在中国领域内一律适用中国法律。在中国境外的中国公民也应遵守中国法律并受中国法律保护。但是，这里存在着适用中国法律与适用所在国法律的选择问题。对此，应当根据法律区分情况，分别对待。二是对外国人和无国籍人的效力。外国人和无国籍人在中国领域内，除法律另有规定外，适用中国法律，这是国家主权原则的必然要求。就《管理条例》的对象效力而言，主要适用于所有在韶关市申请使用宅基地进行农村住房建设活动的单位和个人。

关于《管理条例》与《广东省实施〈中华人民共和国土地管理法〉办法》的效力和适用问题。从法的效力位阶来讲，广东省人民代表大会制定的法律与韶关市人民代表大会制定的法律，属于同一级别的地方性法规，它们不是上位法与下位法的关系。但是，在实践中，由于颁布的时间不同，内容不同，制定的主体不同，两者在适用方面可能出现不一致的情形。那么，对此，我们应该如何确定适用原则呢？有学者主张优先适用省级地方性法规。即当设区的市地方性法规与省级地方性法规出现不一致时，应当优先适用省级地方性法规。[1]主要理由是：一是省级地方性法规由省级人大及其常委会制定，设区的市地方性法规由设区的市人大及其常委制定，按照制定主体的行政层级关系，省级地方性法规的效力当然高于设区的市地方性法规。二是设区的市地方性法规制定后须报省级人大常委会批准才能施行，批准过程中通常都将省级地方性法规作为对设区的市地方性法规进行合法性审查的依据。三是《立法法》规定设区的市地方性法规不能与本省、自治区的地方性法规相抵触，"不抵触"的规定说明省级地方性法规是设区的市地方性法规的制定依据，二者本不应发生冲突。[2]也有学者主张优先适用设区的市地方性法规。

---

〔1〕　丁祖年："试论省级人大常委会对较大市地方性法规的批准权"，载《法学评论》1990年第6期。

〔2〕　陈源婷："论设区的市地方性法规与省级地方性法规的效力及其适用"，载《贵阳市委党校学报》2016年第5期。

主要理由是：一是法律法规并未明文规定地方性法规有效力大小之分，如《立法法》第五章"适用与备案审查"也只是规定"地方性法规的效力高于本级和下级地方政府规章"，而没有规定省级地方性法规效力高于设区的市地方性法规。二是设区的市地方性法规须经省级人大常委会批准，也就是说，设区的市级人大及其常委会并不具有完整立法权，设区的市地方性法规的部分立法权事实上由省级人大常委会行使，因此其效力自然应当与省级地方性法规相同。当二者出现冲突时，根据"特别法优于普通法"的原则，应当优先适用设区的市地方性法规。三是省级人大常委会在批准设区的市地方性法规过程中都对其合法性（包括与省级地方性法规不抵触）进行了审查，如果出现冲突，说明省级人大常委会也是认可的，当然应当优先适用。[1]

上述两种不同观点，各有其理，但也各有局限性。对于省级地方性法规和设区的市的地方性法规的效力比较问题，应当区分情况而定。其一，当设区的市地方性法规出现内容不相抵触的合法情形时，按照"特别法优于普通法"的效力原则适用。《立法法》规定省级人大常委会对设区的市地方性法规仅进行合法性审查，在法定范围内出现不一致情形时，若设区的市制定地方性法规在前，省级地方性法规生效后，设区的市地方性法规不一致的内容仍继续优先适用。设区的市制定地方性法规在后时，省级人大常委会审查时更应严格按照法律规定，对合法的不一致内容予以批准通过，生效后优先适用设区的市地方性法规。[2]其二，当两者内容存在相抵触的违法情形时，设区的市地方性法规出现了内容相抵触的违法情形，按照"上位法优于下位法"的效力原则适用。如果设区的市地方性法规制定在前，省级地方性法规生效后，优先适用省级地方性法规，设区的市人大及其常委会应当及时废止该法规或者修改相抵触的内

---

〔1〕 陈源婷："论设区的市地方性法规与省级地方性法规的效力及其适用"，载《贵阳市委党校学报》2016年第5期。

〔2〕 陈源婷："论设区的市地方性法规与省级地方性法规的效力及其适用"，载《贵阳市委党校学报》2016年第5期。

容。如果设区的市地方性法规制定在后，按照《立法法》的规定，省级人大常委会对报请批准的地方性法规不予批准。已经批准的，应由省级人民代表大会改变或者撤销。[1]

---

　　[1]　陈源婷："论设区的市地方性法规与省级地方性法规的效力及其适用"，载《贵阳市委党校学报》2016年第5期。

第三条 【基本原则】

农村住房建设和管理遵循规划先行、先批后建、一户一宅、绿色环保的原则。

【主旨】 本条确立了农村住房建设和管理遵循的基本原则。该原则既是农村村民建房活动应当遵守的原则，也是政府职能部门管理农村建房事务应当坚持和遵守的原则。

［导读与释义］

本条是关于管理原则的规定。本条的立法依据是：

（1）《土地管理法》第62条第1款。该款规定："农村村民一户只能拥有一处宅基地，其宅基地的面积不得超过省、自治区、直辖市规定的标准。"

（2）《城乡规划法》第4条。该条规定："制定和实施城乡规划，应当遵循城乡统筹、合理布局、节约土地、集约发展和先规划后建设的原则，改善生态环境，促进资源、能源节约和综合利用，保护耕地等自然资源和历史文化遗产，保持地方特色、民族特色和传统风貌，防止污染和其他公害，并符合区域人口发展、国防建设、防灾减灾和公共卫生、公共安全的需要。在规划区内进行建设活动，应当遵守土地管理、自然资源和环境保护等法律、法规的规定。县级以上地方人民政府应当根据当地经济社会发展的实际，在城市总体规划、镇总体规划中合理确定城市、镇的发展规模、步骤和建设标准。"

（3）《中共中央国务院关于坚持农业农村优先发展做好"三农"工作的若干意见》。该意见指出："强化乡村规划引领。把加强规划管理作为乡村振兴的基础性工作，实现规划管理全覆盖。以县为单位抓紧编制或修编村庄布局规划，县级党委和政府要统筹推进乡村规划工作。按照先规划后建设的原则，通盘考虑土地利用、产业发展、居民点建设、人居环境整治、生态保护和历史文化传承，注重保持乡土风貌，编制多规合一的实用性村庄规划。加强农村建房许可管理。"

《管理条例》在立法起草阶段公开征求意见时将此原则放在第 4 条，而最终决定放在第 3 条，体现了原则提纲挈领的重要性。

管理原则是本条例的总括性和纲领性的条款，是《管理条例》的指针，它起着纲举目张的统帅作用，在整部法律中居于核心地位。它既是条例立法创制的指导精神，是制度构建和权利义务配置的总规定，也是未来执法的指导原则。本条例的管理原则分为四个，即规划先行、先批后建、一户一宅、绿色环保。

（1）规划先行原则。规划先行是指乡村规划和乡镇规划要走在一切工作的前面，要预先制定规划。规划先行原则包含三层含义：第一，首先要制定乡村规划和乡镇规划，并把规划作为农村住房建设管理工作的基石。涉及农村住房建设的管理工作都要以规划为指针。第二，农村住房建设的选址、批地、放线、建造以及验收等均须符合乡村规划或乡镇规划。不符合规划的一律不予批准，不符合规划的一律不准建设。第三，农村住房建设的宅基地选址等要先审查是否符合相应的规划，也就是说，要在农村住房建设前实行对农村住房的建设规划。建设规划即基本建设长远规划，是基本建设计划的组成部分。

（2）先批后建原则。先批后建是指农村村民在申请宅基地建设住房活动中应当先遵循规划的要求。先批后建原则包含三层含义：首先，农村住房建设活动管理工作中规划优先。也就是说，各乡镇要先行规划，规划工作要做在最前面。其次，农村住房建设用地审批中要严格审查是否符合已有的规划要求，不符合规划的一律不予批准。最后，农村村民申请建房的，必须提出规划申请，并取得规划许可证。没有规划许可证，一律不得开工建设。也不得先开工，后申请规划。与先批后建相反的原则为"未批先建"，即指农村住房建设单位在建设项目未经规划审批或未依法重新获批时，擅自开工建设。

（3）一户一宅原则。根据《土地管理法》的规定，宅基地一户只能申请一处，然后在该地块上建房。由于土地资源的稀缺性，规定一户只能拥有一处宅基地，以确保每户农民都能拥有一处安身之所，无论贫富，结果均等。这在很大程度上顺应了民心，符合人们朴素的公平观念，同时也实现了农村基本的社会保障。[1]"一户一宅"是对农村村民拥有宅基地处数的规定，法律依据为《土地管理法》第62条第1款："农村村民一户只能拥有一处宅基地，其宅基地的面积不得超过省、自治区、直辖市规定的标准。"但该部法律并未对户应当如何界定予以明确规定，参照各地实际操作："户"是指具有本村常住户口且享受集体资产分配的集体经济组织成员家庭。确立一户一宅原则，一方面是为了保障农民的居住权，另一方面是为了避免个别农户多占。随着农村新增人口数量的增加，不对农村村民拥有宅基地处数加以控制，就会出现没有宅基地可分的情况。在农村土地已经固定的情况下，一户一宅的意义便十分重大，只有明确法律条文规定后，人们才会重视此项规定，才能更好地关注农村的房屋建设，否则农村建设容易变得杂乱无章。"一户一宅"原则仅限制原始取得，并不限制继受取得，因此其他家庭成员存在通过继承、转让等方式取得宅基地使用权的余地。《土地管理法》第62条第5款规定："农村村民出卖、出租、赠与住宅后，再申请宅基地的，不予批准。"该条款规定了农民出卖、出租、赠与住宅的法律后果，但并未禁止农民向同一集体经济组织成员出卖、出租、赠与住宅。结合"房地一体"原则，可以得出，法律并未禁止同一集体经济组织成员间出卖、出租宅基地使用权。无论是原始取得还是继受取得，均须遵循"一户一宅"原则。就

---

[1] 高圣平：《中国土地法制的现代化——以土地管理法的修改为中心》，法律出版社2014年版，第298页。

继受取得而言，如果在同一集体经济组织内的村民之间发生转让房产行为，其法律后果是：其一，转让的一方将不再具有申请宅基地使用权，不得再次向本集体申请宅基地建造住房；其二，受让方如果原来已有住房的，则必须将原有房屋拆除并把相应的宅基地交回集体。"一户一宅"原则是对农村村民居住权的基本保障，具有较强的身份特性和福利性。所以，任何村民不可多占。每一户只能有一处宅基地。多余的宅基地应当交回本集体。

（4）绿色环保原则，是指在农村住房建设活动中，崇尚绿色，保护环境，尽可能减少对环境的破坏与污染。绿色环保原则应当体现在农村住房建设活动的各个方面。就规划而言，绿色环保原则要求规划的制定一定要符合环保要求，减少对原有的土地、森林、植被等的破坏；就建造房屋而言，绿色环保原则要求村民在建设活动中，要保护现有的生态不被破坏，尽可能减少对自然环境的污染物排放；在房屋的设计方面，尽量做到节能减排；在建筑材料的使用方面，尽量选用节能、节水、节电以及对环境无害的产品。

法律中的原则是法律的核心要素，是法的精神。绝大多数法律或者立法，其内容中需要有一个对整部法具有统领性、纲领性的内容。法律中的原则是"法的纲领、关键之所系"。一部法，有了原则就有了中心，全法就易于成为一个有内在联系的整体。法的原则，是法所要坚持的最基本的东西。[1]立法活动中，要恰当而准确地拟定法律原则。①法的原则作为法的纲领、关键、中心，一般来说是法所必备的组成部分。在我国立法实践中，有些法的总则中写有法的原则，如《婚姻法》《民事诉讼法》《刑事诉讼法》《行政诉讼法》等；也有许多法的总则中没有写法的原则，特别是大多数有关国家机构的重要法律，无论其是否设置总则，都没有写法的原则。后一种情况需要改变。②在规模大的法的结构中，如在诉讼法典中，法的原则可以在法的章或节的标题中表现出来。在其他法或一般法中，法的原则可以在总则中以条文的形式表现出来。其格

---

〔1〕　周旺生：《立法学教程》，北京大学出版社 2006 年版，第 522 页。

式可以为："本法坚持以下原则：（一）……（二）……"采取这种表达形式，可以使人对法的基本原则一目了然。③法的原则的位置不定，一些排在立法目的和依据之后，更多的是排在其他位置，如《刑事诉讼法》的法的原则排在"任务"之后，《民事诉讼法》的法的原则排在"任务、适用范围"之后。这种不统一、不规范的状况应当改变。④法的原则如有多项，应当按其内在逻辑顺序来排列。⑤起草人务必正确把握立法目的和全法的主要内容，把所要坚持的真正重要因素形成原则，从中提炼出原则，而不能随意确定某项原则。[1]

多数法的总则有必要确定有关法定制度。如果说法的原则是全法的纲领、关键和中心，那么法定制度便是全法具有统领性的实体性内容。创设法定制度应当注意：①总则中确定的有关法定制度或基本法定制度，必须是对全法具有统领性的制度，如果是属于法中某一部分或某一方面所要确定的制度，便不应写入总则。②这种制度一般来说主要是有关体制问题的总的制度。例如，《文物保护法》第8条确定的制度即属于这种制度："国务院文物行政部门主管全国文物保护工作。地方各级人民政府负责本行政区域内的文物保护工作。县级以上地方人民政府承担文物保护工作的部门对本行政区域内的文物保护实施监督管理。县级以上人民政府有关行政部门在各自的职责范围内，负责有关的文物保护工作。"有一些将总则作为杂则来写的法，其总则确定的制度中有许多不是基本制度，这种状况应当改变。③这种制度应当排在法的原则之后、法的效力之前。④总则中需要确定的法定制度或基本制度，内容如有多项的，也要按其内在的逻辑顺序，依照各项内容的重要程度排列。[2]

本条例的四个管理原则，共16个字，浓缩了整部法律的精华和核心内容，简洁精炼、明白易懂。

---

〔1〕 参见周旺生：《立法学教程》，北京大学出版社2006年版，第524页。
〔2〕 参见周旺生：《立法学教程》，北京大学出版社2006年版，第524页。

第四条【政府职责】

市、县（市、区）人民政府负责本行政区域内农村住房建设的统筹管理，将农村住房建设和宅基地管理工作纳入乡村振兴考核内容。

镇、民族乡人民政府负责本行政区域内村庄规划的编制及农村住房建设工程质量、安全生产的监督管理。

【主旨】本条确定市、县（市、区）人民政府以及镇、民族乡在农村村民住房建设管理和监督工作中所应当承担的职责和基本分工。韶关市人民政府以及县（市、区）人民政府负责本行政区域内农村住房建设的统筹管理，并将农村住房建设和宅基地管理工作纳入乡村振兴考核内容，进行绩效考核。镇、民族乡人民政府负责本行政区域内村庄规划的编制及农村住房建设工程质量、安全生产的监督管理。

［导读与释义］

本条是关于市、县（市、区）人民政府及其职能部门有关农村住房建设方面管理活动中的组织领导和财政支持并确定镇、民族乡人民政府的职责的规定。

《管理条例》第3条确立了农村住房建设和管理实行规划先行、先批后建、一户一宅、绿色环保的原则。各级人民政府应当加强对农村住房建设管理的组织领导，建立农村住房建设管理制度和联合执法机制，实行行政负责制，政府主要负责人是农村住房建设管理工作第一责任人，承担主要领导责任。分管负责人是主要责任人，承担直接领导责任，并将农村住房建设管理工作纳入年度工作职责考核范围，建立责任追究制度，倒追责任，落实各项管理制度和管理职责。为了保障农村住房建设管理工作的正常开展，必须要有政策保证。故，《管理条例》规定县级以上人民政府应当将农村住房建设管理工作纳入工作考核内容。

本条的直接法律依据是：

（1）《城乡规划法》第 4 条第 3 款。该款规定："县级以上地方人民政府应当根据当地经济社会发展的实际，在城市总体规划、镇总体规划中合理确定城市、镇的发展规模、步骤和建设标准。"

（2）《地方组织法》第 59 条。该条规定："县级以上的地方各级人民政府行使下列职权：（一）执行本级人民代表大会及其常务委员会的决议，以及上级国家行政机关的决定和命令，规定行政措施，发布决定和命令；（二）领导所属各工作部门和下级人民政府的工作；（三）改变或者撤销所属各工作部门的不适当的命令、指示和下级人民政府的不适当的决定、命令；（四）依照法律的规定任免、培训、考核和奖惩国家行政机关工作人员；（五）执行国民经济和社会发展计划、预算，管理本行政区域内的经济、教育、科学、文化、卫生、体育事业、环境和资源保护、城乡建设事业和财政、民政、公安、民族事务、司法行政、监察、计划生育等行政工作；（六）保护社会主义的全民所有的财产和劳动群众集体所有的财产，保护公民私人所有的合法财产，维护社会秩序，保障公民的人身权利、民主权利和其他权利；（七）保护各种经济组织的合法权益；（八）保障少数民族的权利和尊重少数民族的风俗习惯，帮助本行政区域内各少数民族聚居的地方依照宪法和法律实行区域自治，帮助各少数民族发展政治、经济和文化的建设事业；（九）保障宪法和法律赋予妇女的男女平等、同工同酬和婚姻自由等各项权利；（十）办理上级国家行政机关交办的其他事项。"

（3）《地方组织法》第 61 条。该条规定："乡、民族乡、镇的人民政府行使下列职权：（一）执行本级人民代表大会的决议和上级国家行政机关的决定和命令，发布决定和命令；（二）执行本行政区域内的经济和社会发展计划、预算，管理本行政区域内的经济、教育、科学、文化、卫生、体育事业和财政、民政、公安、司法行政、计划生育等行政工作；
（三）保护社会主义的全民所有的财产和劳动群众集体所有的财产，保护
公民私人所有的合法财产，维护社会秩序，保障公民的人身权利、民主
权利和其他权利；（四）保护各种经济组织的合法权益；（五）保障少数
民族的权利和尊重少数民族的风俗习惯；（六）保障宪法和法律赋予妇女
的男女平等、同工同酬和婚姻自由等各项权利；（七）办理上级人民政府
交办的其他事项。"

　　本条在草案第二次审议期间，本为分散的法条来确定各级人民政府
对韶关市农村住房建设管理的职责。后经研讨，吸收社会各方的意见和
建议，将其整合为一条，并分为两款。两款组合起来，确定了以韶关市
人民政府负总责的农村住房建设管理目标管理责任制，明确了各级人民
政府的农村住房建设管理领导责任及责任追究制度，并将其作为考核政
府工作的重要内容之一。本条确定市、县（市、区）人民政府以及镇、
民族乡人民政府在农村村民住房建设管理和监督工作中所应当承担的职
责。目前韶关市尚存省内唯一的一个少数民族乡——深渡水瑶族乡，其
余基层政权组织均为建制镇。故在条文表述上为：镇、民族乡。本条的
内容较为丰富，涉及市、县（市、区）人民政府负责本行政区域内农村
住房建设的统筹管理，镇、民族乡人民政府负责本行政区域内村庄规划
的编制以及农村住房建设工程质量、安全生产的监督管理等。

　　《管理条例》将农村住房建设管理加入乡村振兴的考核内容无疑是对
乡村振兴工作的重视，也是落实相关责任的体现。

　　本条第 2 款规定镇、民族乡人民政府都有相关负责村庄规划的编制
及监督的责任。

　　编制是指组织机构的设置及其人员数量的定额和职务的分配，由财
政拨款的编制数额由各级机构编制部门制定，财政部门据此拨款。《管理
条例》中的编制是指狭义上的编制，即政府在农村住房管理方面所拨发
的政府人员的职位以及根据职位而给予相应的财政拨款。

深刻认识加强村镇建设工程安全监管的重大意义。当前，随着韶关市社会主义新农村建设的推进，建筑安全事故的因素逐渐增多，安全监管难度和任务更加艰巨繁重。

农村住房建设管理中安全监管工作对政府相关责任人员的具体要求包括：第一，要提高思想认识。近年来，韶关市农村住房建筑施工领域存在一定的监管盲区，生产安全事故易发多发。因此，加强农村住房建筑施工领域安全监管，消除监管盲区迫在眉睫。各镇（区、街道）、各部门务必要提高思想认识，切实认清织密村镇建设工程安全监管网络的紧迫性、重要性和必要性。第二，要压实各级责任。各镇（区、街道）镇长（主任）作为本市内村镇建设工程安全监督管理的第一责任人，要亲自抓、亲自管，一级抓一级、层层抓落实，要区分农村建房、工业企业零星工程、政府投资项目，分别明确一名党政领导挂帅，整合建设服务中心、经济服务中心、安监、城管、村居力量，组建巡查监管队伍，完善监管网格，明确工作职责，形成齐抓共管合力，压实建筑施工领域安全生产网格责任，切实压降建筑施工领域安全事故。市各行业主管部门要按照"管行业必须管安全、管业务必须管安全、管生产经营必须管安全"的原则，加强督促指导考核，推动镇区部门认真履职，加强村镇建筑施工领域安全监管。第三，要强化问题整改。要切实加强安全监管，坚持问题导向，对于在检查中发现的问题，迅速督促整改落实到位；对于问题严重、一时解决不了的，要及时上报，要求停工并限期整改，做到问题不解决，不允许施工；对于存在违法违规行为的，要依法查处并坚决追究相关责任人责任。

将政府人员的监管制度写入《管理条例》可以看出韶关市对农村住房建设管理的重视程度。

本条在文字表述上需要指出的是：一般来说，立法用语涉及基层政权时，通常表述为：乡（镇）人民政府或者乡、镇人民政府。但由于目前韶关市尚存广东省内唯一的一个少数民族乡——深渡水瑶族乡，其余基层政权组织均为建制镇，故在条文表述上为：镇、民族乡。

第五条【部门职责】

市、县（市、区）人民政府自然资源主管部门负责本行政区域内国土空间规划编制和村庄规划的管理工作。市人民政府自然资源主管部门具体负责组织编制韶关市城镇开发边界内的国土空间规划。

市、县（市、区）人民政府农业农村主管部门应当建立宅基地基础信息数据库和管理信息系统，建立宅基地分配、使用、流转等管理制度，指导宅基地合理布局、闲置宅基地和闲置农房利用。

市、县（市、区）人民政府住房和城乡建设主管部门负责农村村庄风貌管控，农村住房单体设计、建设安全和质量管理，会同本级人民政府人力资源和社会保障主管部门对农村建筑工匠提供专业技能、安全知识等培训。

市、县（市、区）人民政府生态环境、林业、水务、交通运输等主管部门，按照各自职责，配合做好农村住房建设管理和监督工作。

【主旨】本条规定了韶关市、县（市、区）政府部门的职责。其中，最主要的是明确自然资源主管部门、农业农村主管部门以及住房和城乡建设主管部门等三个部门的职责。第1款规定市自然资源主管部门具体负责组织编制韶关市城市规划区国土空间规划，是因为韶关市浈江区和武江区的国土空间规划都是由市级来编制的。

［导读与释义］

本条是《管理条例》中的"主管机关"条款，共4款，是关于政府及其职能部门在农村住房建设管理工作中的职责的规定。前三款，明确了自然资源主管部门、农业农村主管部门、住房和城乡建设主管部门以及人力资源和社会保障主管部门作为农村住房建设主要管理部门所应当承担的职责。最后一款，规定了生态环境、林业、水务、交通运输等主管部门，按照各自职责，配合做好农村住房建设管理和监督工作。这样规定体现了责任有主次之分，轻重分明。

第1款是关于市、县（市、区）人民政府自然资源主管部门的职责。此处有两个"市"，前者是指韶关市，后者是指县级市。目前韶关共有乐昌和南雄两个县级市。

本款有两个层面的规定：其一是市、县（含市、区）两级人民政府自然资源主管部门负责本行政区域内国土空间规划编制和村庄规划的管理工作。其二是韶关市人民政府自然资源主管部门具体负责组织编制韶关市城镇开发边界内的国土空间规划。具体内容包括：①贯彻执行国家和省有关土地、矿产资源、测绘管理的方针政策和法律法规，组织起草有关规范性文件并组织实施。②承担保护与合理利用土地、矿产资源的责任。编制实施全市土地与矿产资源规划，参与涉及土地与矿产资源相关规划的审查、审核，指导和审核县（市、区）的土地利用总体规划和矿产资源规划。③承担规范国土资源管理秩序的责任。监督检查下级人民政府及其国土资源主管部门执行国土资源管理法律法规情况，依法保护土地、矿产资源所有者和使用者的合法权益，调查处理国土资源的重大违法违规案件。④承担耕地保护的责任。拟订未利用土地开发、土地整理、土地复垦和开发耕地措施并进行指导监督，组织实施土地用途管制，承担全市耕地面积占补动态平衡和基本农田保护工作。⑤组织实施地籍管理工作，负责提供土地利用各种数据，组织土地资源调查、地籍调查、土地统计和动态监测，负责土地确权、定级、登记发证和城乡地籍管理等工作，承担市人民政府调处重大土地权属纠纷工作。⑥负责组织开展节约集约利用土地工作。拟订建设用地使用权流转、计划、供应等措施，指导基准地价、标定地价的制定与公布，对土地使用权价格进行备案，规范土地市场秩序，承担上报国务院、省人民政府审批的各类用地的审查、报批工作。⑦负责矿产资源勘查、开发管理工作。组织矿产资源调查，负责矿业权市场和矿产资源储量监管工作，监督管理地质勘查行业，调处矿业权纠纷，负责矿产资源补偿费的征收管理。⑧负责地质环境保护和地质灾害防治工作，组织编制并实施全市地质环境保护、地质灾害防治和地质遗迹保护规划，指导、监督古生物化石、地质遗迹等重要保护区的管理工作，监督管理水文地质、工程地质、环境地质等勘查和评价工作，监测、监督防止地下水过量开采引起的地面沉降与地下水污染造成的地质环境破坏，承担国土资源应急管理工作。⑨负责基础测绘和测绘市场管理工作。编制基础测绘工作规划和计划并组织实施，监督管理测绘行业，负责测绘成果、基础地理信息数据管理和公共信息提供，监督执行测量标志的保护工作。⑩负责下一级国土资源主管部门领导干部双重管理主管方工作。⑪承办市人民政府和省国土资源厅交办的其他事项。〔1〕

早在 2010 年底，国务院就印发《全国主体功能区规划》，首次提出国土空间规划概念，取代此前的土地规划等概念。国土空间规划是对一定区域国土空间开发保护在空间和时间上作出的安排。作为中国第一个国土空间开发规划，《全国主体功能区规划》是战略性、基础性、约束性的规划，是国民经济和社会发展总体规划、人口规划、区域规划、城市规划、土地利用规划、环境保护规划、生态建设规划、流域综合规划、水资源综合规划、海洋功能区划、海域使用规划、粮食生产规划、交通规划、防灾减灾规划等在空间开发和布局的基本依据。同时，编制《全国主体功能区规划》要以上述规划和其他相关规划为支撑，并在政策、法规和实施管理等方面做好衔接工作。2019 年，中央人民政府颁布《中共中央、国务院关于建立国土空间规划体系并监督实施的若干意见》。该意见指出："国土空间规划是国家空间发展的指南、可持续发展的空间蓝

---

〔1〕　具体参见韶关市自然资源局网站的介绍，网址：https://nr.sg.gov.cn/，最后访问时间：2021 年 5 月 19 日。

图，是各类开发保护建设活动的基本依据。建立国土空间规划体系并监督实施，将主体功能区规划、土地利用规划、城乡规划等空间规划融合为统一的国土空间规划，实现'多规合一'。"各级各类空间规划在支撑城镇化快速发展、促进国土空间合理利用和有效保护方面发挥了积极作用，但也存在规划类型过多、内容重叠冲突，审批流程复杂、周期过长，地方规划朝令夕改等问题。建立全国统一、责权清晰、科学高效的国土空间规划体系，整体谋划新时代国土空间开发保护格局，综合考虑人口分布、经济布局、国土利用、生态环境保护等因素，科学布局生产空间、生活空间、生态空间，是加快形成绿色生产方式和生活方式、推进生态文明建设、建设美丽中国的关键举措，是坚持以人民为中心、实现高质量发展和高品质生活、建设美好家园的重要手段，是保障国家战略有效实施、促进国家治理体系和治理能力现代化、实现"两个一百年"奋斗目标和中华民族伟大复兴中国梦的必然要求。[1]

　　第 2 款是关于市、县（市、区）人民政府农业农村主管部门的职责。《广东省农业农村厅、广东省自然资源厅关于规范农村宅基地审批管理的通知》规定："农业农村部门负责建立健全宅基地分配、使用、流转和宅基地违法用地查处等管理制度，完善宅基地用地标准，指导宅基地合理布局、闲置宅基地和闲置农房利用；组织开展农村宅基地现状和需求情况统计调查，及时将农民建房新增宅基地需求通报同级自然资源部门；参与编制国土空间规划和村庄规划。自然资源部门负责国土空间规划、土地利用计划和规划许可等工作，在国土空间规划中统筹安排宅基地用地规模和布局，满足合理的宅基地需求，依法办理农用地转用审批和规划许可等相关手续，依法办理宅基地及其地上房屋的不动产确权登记。各级农业农村、自然资源部门要建立部门协调机制，做好国土空间规划、村庄规划、宅基地用地规模指标、农村地籍调查数据、宅基地确权登记颁证等信息共享互通，推进管理重心下沉，共同做好农村宅基地审批管

---

　　〔1〕　参见吴次芳等：《国土空间规划》，地质出版社 2019 年版。

理工作。"

为了立法语言的简洁和精炼，也为了做到职责分明，本款规定："市、县（市、区）人民政府农业农村主管部门应当建立宅基地基础信息数据库和管理信息系统，建立宅基地分配、使用、流转等管理制度，指导宅基地合理布局、闲置宅基地和闲置农房利用。"从这一规定可见，农业农村主管部门的职责包括三个方面：第一，运用现代计算机信息技术，建立宅基地基础信息数据库和管理信息系统，实行动态管理，实现宅基地管理工作的信息化和便捷化。第二，建立宅基地分配、使用、流转等管理制度，规范和指导农村宅基地的分配、使用、收回和转让等工作。第三，指导农村宅基地合理布局、闲置宅基地和闲置农房利用。例如，宅基地的划分、布局以及相关规划；闲置废弃的宅基地如何回收利用；闲置废弃的农村老旧房屋如何利用，如何处置，以及如何发挥其价值。

第3款规定了韶关市和县（市、区）人民政府住房和城乡建设主管部门的职责。其中，韶关市住房和城乡建设局主要负责农村村庄风貌管控，农村住房单体设计、建设安全和质量监管工作；市、县（市、区）两级人民政府会同本级人民政府人力资源和社会保障主管部门应当加强对农村住房建设的安全监管，防范安全事故，如应对农村建筑工匠提供专业技能、安全知识等培训。

第4款是概括性规定，即：韶关市和县（市、区）人民政府生态环境、林业、水务、交通运输等主管部门，凡是涉及农村住房建设管理工作的，均应按照各自职责，配合做好农村住房建设管理和监督工作。

立法活动中常常要引述"主管机关"，规定主管机关的权限和职责。"主管机关"条款一般不过三两个条文，但不应当只是对各级各类主体各自职责的简单罗列，更要体现它们之间的逻辑关系、主辅关系，可谓提纲挈领，便于引领立法内容（通常是分则）中的具体规范和制度的设计。"主管机关"条款承载的价值主要有：第一，秩序价值。设立"主管机关"条款的秩序价值有两个层面：一是通过明确执法主体促进法的实施，法的执行的过程就是社会秩序建构和维护的过程；二是厘清职权职责、建立协调机制处理好各级各类行政机关及公共组织之间的关系，这则是执法秩序建构和维护的过程。第二，效率价值。划分管理部门权责范围，从而明确某一项或几项工作的领导部门、主管部门、协管部门、协调机制等，保证有主体管理该项工作的组织实施并为实施效果负责，规范的、严谨的"主管机关"条款能够促进立法的有效实施，最大程度避免职责不清不明造成的制度内耗；而表述不严谨、四面透风的管理体制则会对执法、司法、守法和法治监督造成很多障碍，阻碍法治进程，损毁法治权威。第三，公正价值。公正是立法的本质价值属性，如同秩序价值具有的双重含义一样，"主管机关"条款的公正价值也可以分成两个层面：一是指该类条款通过科学、合理、规范的设置能够保证执法主体有法可依、有据可循，通过执法来实现法律正义；二是指地方立法过程中，行政职权职责的配置要体现公正性和适当性。第四，法治价值。在地方立法中，行政职权职责的分配、明确要有法律依据，要么是《宪法》《地方组织法》的相关规定，要么是上位法的相关规定，以此实现地方立法对《宪法》《地方组织法》的贯彻落实、一脉相承和法律体系的和谐统一。[1]

在地方立法活动中，有学者提出："立法中'主管机关'条款的预期功能至少包括：第一，明确执法主体，推动法的运行。职权法定是行政机关实施管理的基本原则。'主管机关'条款最直接的目的是确定谁来执行这部立法，为相应的主体正确实施、执行立法提供依据。第二，厘清职责划分、落实主体责任。各部门之间只有权力清晰、职责明确、协作配合、互相协调，才有可能实现有效管理，否则将严重妨碍行政活动的正常进行和治理目标的有效实现。第三，凝结执法力量，建立协调机制。一部立法的实施往往涉及多个行政部门的职责，互不隶属的部门之间如何在一个有交集的领域形成合力，同样是立法要切实解决的问题。第四，

---

[1] 冯威："关于地方立法中'主管机关'条款的思考"，载鲁粤地方立法学研究会 2018 年年会《新时代地方立法的创新与发展论文集》，第 208~210 页。

完善治理结构，引领具体制度。治理结构是政府及其他公共组织在履行职责、实现公共目标过程中的制度安排。"[1]

本条的直接法律依据是：《土地管理法》第 5 条。该条规定："国务院自然资源主管部门统一负责全国土地的管理和监督工作。县级以上地方人民政府自然资源主管部门的设置及其职责，由省、自治区、直辖市人民政府根据国务院有关规定确定。"

《城乡规划法》第 3 条规定："城市和镇应当依照本法制定城市规划和镇规划。城市、镇规划区内的建设活动应当符合规划要求。县级以上地方人民政府根据本地农村经济社会发展水平，按照因地制宜、切实可行的原则，确定应当制定乡规划、村庄规划的区域。在确定区域内的乡、村庄，应当依照本法制定规划，规划区内的乡、村庄建设应当符合规划要求。县级以上地方人民政府鼓励、指导前款规定以外的区域的乡、村庄制定和实施乡规划、村庄规划。"

本条的政策依据是：《中央农村工作领导小组办公室农业农村部关于进一步加强农村宅基地管理的通知》。该通知提出："各级农业农村部门要结合国土调查、宅基地使用权确权登记颁证等工作，推动建立农村宅基地统计调查制度，组织开展宅基地和农房利用现状调查，全面摸清宅基地规模、布局和利用情况。逐步建立宅基地基础信息数据库和管理信息系统，推进宅基地申请、审批、流转、退出、违法用地查处等的信息化管理。要加强调查研究，及时研究解决宅基地管理和改革过程中出现的新情况新问题，注意总结基层和农民群众创造的好经验好做法，落实新修订的土地管理法规定，及时修订完善各地宅基地管理办法。要加强组织领导，强化自身建设，加大法律政策培训力度，以工作促体系建队伍，切实做好宅基地管理工作。"

《广东省农业农村厅、广东省自然资源厅关于规范农村宅基地审批管

---

[1] 冯威："关于地方立法中'主管机关'条款的思考"，载鲁粤地方立法学研究会 2018 年会《新时代地方立法的创新与发展论文集》，第 208~210 页。

理的通知》。该通知提出："农业农村部门负责建立健全宅基地分配、使用、流转和宅基地违法用地查处等管理制度，完善宅基地用地标准，指导宅基地合理布局、闲置宅基地和闲置农房利用；组织开展农村宅基地现状和需求情况统计调查，及时将农民建房新增宅基地需求通报同级自然资源部门；参与编制国土空间规划和村庄规划。自然资源部门负责国土空间规划、土地利用计划和规划许可等工作，在国土空间规划中统筹安排宅基地用地规模和布局，满足合理的宅基地需求，依法办理农用地转用审批和规划许可等相关手续，依法办理宅基地及其地上房屋的不动产确权登记。各级农业农村、自然资源部门要建立部门协调机制，做好国土空间规划、村庄规划、宅基地用地规模指标、农村地籍调查数据、宅基地确权登记颁证等信息共享互通，推进管理重心下沉，共同做好农村宅基地审批管理工作。"

关于农村建筑工匠的培训问题，《广东省住房和城乡建设厅关于农村建筑工匠培训和评价的工作细则（试行）》第一部分"工作职责"规定："（一）层级管理。省住房城乡建设厅负责指导各地住房城乡建设主管部门开展农村建筑工匠培训工作，制定有关培训政策；地级市住房城乡建设主管部门负责组织开展培训和管理。受住房城乡建设主管部门委托的行业协会或培训机构，负责办理培训、评价、证书管理、信息化服务和诚信体系建设等具体工作。省住房城乡建设厅委托的协会负责制定考务管理细则和基本的培训科目、大纲、评价试题库，对各地培训机构进行具体指导，进行证书统计管理等工作。各地要制订具体的培训工作实施细则，运用广东省建设行业职业培训考核管理服务云平台做好实名认证、证书管理、继续教育、诚信监管等工作。（二）培训质量。各地住房城乡建设主管部门要切实重视农村建筑工匠培训工作，提升培训质量，加强师资培养，建立培训专家库，为培训机构开展培训过程提供专业指导；鼓励符合条件的优秀培训机构办学，培训机构对参培人员的培训过程及结果负责；建立举报和责任追究制度，对在培训、评价环节中违规操作、弄虚作假的培训机构予以通报，责令整改，情节严重的予以清出培训机构目录。各地住房城乡建设主管部门按照'谁培训、谁负责'原则，对培训和评价质量进行监督。省住房城乡建设厅及其委托的行业协会对培训和评价进行指导和巡查。"

　　结合韶关市实际，农村住房建设监管工作以自然资源主管部门、农业农村主管部门以及住房和城乡建设主管部门三个部门的职责为主。其他有关部门应当在本级人民政府的领导下，服从本级农村住房建设管理指挥机构的统一指挥，按照统一部署，根据分工，各负其责，密切配合，共同履行好农村住房建设管理的相关职责。在农村住房建设管理工作中，政府各部门所承担的职责是不同的。根据《管理条例》的相关规定，本级人民政府人力资源和社会保障主管部门、市容环境卫生行政主管部门和生态环境保护行政主管部门要承担主要的职责。这三个部门分别在韶关市农村住房建设管理中担负监管责任。

第六条 【综合行政执法权】

市人民政府可以依照省人民政府的决定，在实行综合行政执法的领域，将本条例规定的由县级行政执法部门行使的行政处罚权以及与之相关的行政检查权、行政强制措施权确定由符合条件的镇、民族乡人民政府和街道办事处行使。

【主旨】本条规定了符合条件的镇、民族乡人民政府可以依法实行综合行政执法权。《广东省人民政府关于乡镇街道综合行政执法的公告》提出，"省人民政府决定将部分县级人民政府及其所属行政执法部门行使的行政处罚权调整由乡镇人民政府和街道办事处（以下简称镇街）以其自身名义行使，实行综合行政执法"。也就是说，综合行政执法权可以下放到乡镇人民政府和街道办事处。所以，市人民政府可以根据省政府的上述决定，将有关综合行政执法的权限交由到符合条件的镇、民族乡人民政府和街道办事处行使。

［导读与释义］

本条是《管理条例》关于执法主体的规定。本条是根据新的国家政策和地方政策作出的创新的重大规定。2019年1月31日，中共中央办公厅、国务院办公厅印发《关于推进基层整合审批服务执法力量的实施意见》，要求积极推进行政执法权限和力量向基层延伸和下沉，组建统一的综合行政执法机构，按照有关法律规定相对集中行使行政处罚权，以乡镇和街道名义开展执法工作。2020年8月1日，广东省人民政府颁布《广东省人民政府关于乡镇街道综合行政执法的公告》。该公告指出：

为贯彻落实中共中央办公厅、国务院办公厅《关于推进基层整合审批服务执法力量的实施意见》和中共广东省委《关于深化乡镇街道体制改革完善基层治理体系的意见》，根据《中华人民共和国行政处罚法》《中华人民共和国行政强制法》《国务院关于进一步推进相对集中行政处罚权工作的决定》等规定，省人民政府决定将部分县级人民政府及其所属行政执法部门行使的行政处罚权调整由乡镇人民政府和街道办事处（以下简称镇街）以其自身名义行使，实行综合行政执法。现公告如下：

一、法律、法规、规章规定由县级人民政府及其行政执法部门行使的行政处罚权，除专业性和技术性强、镇街无法承接，或者工作量较小、由县级集中行使成本更低的事项外，按照实际需要、宜放则放的原则，可以按以下规定调整由镇街实施：

（一）重点调整实施自然资源和规划建设、生态保护、市场监管、卫生健康、镇区和乡村治理、农业技术推广使用等方面的行政处罚权。

（二）对县域副中心、经济发达镇，以及经济特别发达、城镇化程度特别高的镇街，可以全面赋予县级行政处罚权。公安等法律法规或者党中央有明确规定实行非属地管理部门涉及的领域除外。

（三）行政处罚权调整实施后，与之相关的行政检查权、行政强制措施权由镇街一并实施。

二、根据本公告实行综合行政执法的镇街名单以及相应的职权调整事项目录，由各地级以上市人民政府统一确定，并以政府公告形式公布。事项目录要根据省政务服务事项目录管理系统记载的行政检查、行政处罚、行政强制等行政执法类权力事项制定。

三、镇街实行综合行政执法的起始时间，由各县级人民政府决定，并以政府公告形式公布。

四、相关县级行政处罚权调整由镇街行使后，跨行政区域的案件和县级人民政府及其行政执法部门认为有较大影响的案件，仍由县级人民政府行政执法部门负责查处。镇街与县级人民政府行政执法部门对行政处罚案件管辖权存在争议的，由县级人民政府协调决定。

县级以上人民政府行政主管部门要主动协调配合，加强对镇街综合执法工作的业务指导，支持推进改革工作。

五、各镇街应当坚持严格规范公正文明执法，严格执行行政执法公示制度、行政执法全过程记录制度和重大行政执法决定法制审核制度。镇街行政执法人员应当持省人民政府统一制发的《广东省人民政府行政执法证》执法，严格依照法定程序履行职责。

六、公民、法人或者其他组织不服镇街作出的行政执法决定，可以依法向上一级人民政府申请行政复议或者向有管辖权的人民法院提起行政诉讼。

（一）行政执法

行政执法是指行政主体依照行政执法程序及有关法律、法规的规定，对具体事件进行处理并直接影响相对人权利与义务的具体行政法律行为，是国家行政机关在执行宪法、法律、行政法规或履行国际条约时所采取的具体办法和步骤，是为了保证行政法规的有效执行，而对特定的人和特定的事件所作的具体的行政行为。2018 年 12 月 5 日，《国务院办公厅关于全面推行行政执法公示制度执法全过程记录制度重大执法决定法制审核制度的指导意见》发布，就全面推行行政执法公示制度、执法全过程记录制度、重大执法决定法制审核制度工作有关事项提出了明确要求。

我国现行的行政执法制度的特点是：首先，在主体上，形成了“以申请人民法院强制执行为原则，以行政机关强制执行为例外”的特有执行模式；其次，在手段上，直接强制似乎远多于间接强制；再次，在程序上，以法院“非诉讼化”的“申请与形式审查”为主要形式；最后，在监督与救济方面，则以行政复议、诉讼与国家赔偿为主要途径。但是，制度的初步建立既不意味着其合理性得到肯定，也不意味着其法治化程度得到提高。相反，从我国行政强制执行实践来看，还存在着一些问题，主要表现在：缺乏统一立法，执行权限模糊，手段混乱，程序不健全，行政决定的执行缺乏力度等，这些问题亟待统一立法解决。[1]

（二）行政检查

行政检查是指行政主体依法定职权，对行政管理相对人遵守法律、法规、规章，执行行政命令、决定的情况进行检查、了解、监督的行政行为。行政检查和行政强制、行政处罚、行政确认、行政给付、行政奖励等9项行政行为一起，保障和监督行政机关有效实施行政管理，维护公共利益和社会秩序，保护行政管理相对人的合法权益。行政检查的具体形式有：检查，如根据《人民警察法》可进行的当场盘问、检查；鉴定，如根据《种子法》可进行的种子质量优劣鉴定；登记，如根据《户口居民身份证管理工作规范（试行）》可进行的暂住登记；其他非行政许可的登记等。行政检查具有相对人义务性、行政行为主动性和限制性的特点。

（三）行政处罚

行政处罚是指行政主体依照法定职权和程序对违反行政法规范，尚未构成犯罪的相对人给予行政制裁的具体行政行为。行政处罚是行政制裁的一种形式，是具有行政处罚权的行政主体为维护公共利益和社会秩序，保护公民、法人或其他组织的合法权益，依法对行政相对人违反行政法律法规而尚未构成犯罪的行政行为所实施的法律制裁。制裁的目的是维护社会治安和社会秩序，保障国家的安全和公民的权利。行政处罚的性质是一种以惩戒违法为目的、具有制裁性的具体行政行为。

行政处罚的特征是：①行政处罚的主体是特定的行政主体。根据《行政处罚法》的规定，只有法律法规明确授予某一行政主体特定的处罚权时，这一主体才可行使该项权力。也就是说，并不是所有的行政主体都当然享有行政处罚权，一个行政主体是否享有行政处罚权以及享有何种处罚权是由法律法规明确规定的。②行政处罚的目的是保障和监督行政机关有效地实施行政管理，维护公共利益和社会秩序，保护公民、法人或者其他组织的合法权益。③行政处罚的前提是行政相对人实施了违

---

[1]　马怀德：“我国行政强制执行制度及立法构想”，载《国家行政学院学报》2000年第2期。

反行政法律规范但尚未构成犯罪的行为。④行政处罚的性质具有制裁性。行政处罚是以剥夺行政相对人的人身、财产权益为内容，从而达到预防、警戒和制止违法行为的目的。行政处罚的这些内容体现了很强的制裁性。该特点区别于赋予行政相对人权益的行政行为，如行政奖励、行政许可等。⑤行政处罚是一种具体行政行为。行政处罚是享有行政处罚权的行政主体针对特定违反行政法律规范的行政相对人而采取的制裁行为；行政处罚只能适用一次，不能反复适用。[1]行政处罚的原则包括：处罚法定原则、处罚公正、公开原则、处罚与教育相结合原则、保障相对人权利的原则、监督制约、职能分离原则、一事不再罚原则、过罚相当原则。[2]

　　行政处罚的设定是指国家有权机关在行政处罚立法上的权力配置。根据《行政处罚法》和其他法律、法规的规定，行政处罚的设定权限划分如下：①全国人民代表大会及其常务委员会是国家最高权力机关和立法机关，可以设定任何种类行政处罚。限制人身自由的行政处罚，只能由法律设定。②国务院是最高行政机关，可以依法设定除限制人身自由以外的行政处罚。法律对违法行为已经作出行政处罚规定的，行政法规不得超越法律规定的给予行政处罚的行为、种类和幅度的范围另行作出行政处罚规定。③地方性法规可以设定除限制人身自由、吊销企业营业执照以外的行政处罚。法律、行政法规对违法行为已经作出行政处罚规定的，地方性法规不得超越法律、行政法规规定的给予行政处罚的行为、种类和幅度的范围另行作出行政处罚规定。④国务院各部、委制定的规章可以在法律、行政法规规定的给予行政处罚的行为、种类和幅度的范围内作出具体规定；尚未制定法律、行政法规的，部委规章可以设定警告或者一定数量罚款的行政处罚。罚款的限额由国务院规定。国务院可以授权具有行政处罚权的直属机构按照本条的情形规定行政处罚。⑤省、自治区、直辖市人民政府和省、自治区人民政府所在地的市人民政府、

---

〔1〕 叶群声主编：《行政法律原理与实务》（第2版），中国政法大学出版社2013年版。
〔2〕 刘莘：《中国行政法》，中国法制出版社2016年版，第133~136页。

经国务院批准的较大的市以及经济特区市人民政府制定的规章可以在法律、法规规定的给予行政处罚的行为、种类和幅度的范围内作出具体规定；尚未制定法律、法规的，上述人民政府制定的规章可以设定警告或者一定数量罚款的行政处罚。罚款的限额由省级人大常委会规定。⑥除上述规定外，其他规范性文件不得设定行政处罚。

（四）行政强制执行措施

行政强制执行措施，又可以称为执行性强制措施。根据《行政强制法》第 2 条之规定，行政强制措施是指行政机关在行政管理过程中，为制止违法行为、防止证据损毁、避免危害发生、控制危险扩大等情形，依法对公民的人身自由实施暂时性限制，或者对公民、法人或者其他组织的财物实施暂时性控制的行为。《行政强制法》已由中华人民共和国第十一届全国人民代表大会常务委员会第二十一次会议于 2011 年 6 月 30 日通过，自 2012 年 1 月 1 日起施行。《行政强制法》第 9 条规定："行政强制措施的种类：（一）限制公民人身自由；（二）查封场所、设施或者财物；（三）扣押财物；（四）冻结存款、汇款；（五）其他行政强制措施。"

行政强制措施的特征是：①行政强制措施具有确定性。行政强制措施无论从设定到实施机关，再到措施种类，都是法定的。行政机关不能自我赋权，自行选择，适用行政强制措施的条件也是法定的。这是因为行政强制措施是一种合法限制相对人权益的行为，稍有不慎就会造成对相对人的侵害，必须从实体的不同方面以及程序方面严格控制。②行政强制措施具有行政性。行政主体运用行政权所作出的行政行为，与公安机关依照《刑事诉讼法》采取的刑事强制措施不同，后者如刑事拘留、逮捕、监视居住、取保候审、搜查和扣押等；与人民法院为了保证诉讼活动的顺利进行，根据《民事诉讼法》和《刑事诉讼法》采取的排除妨碍诉讼的强制措施也不同，后者如拘传、罚款、拘留。③行政强制措施具有临时性。行政强制措施一般可以分为两类：一类是行政处罚前的类似诉讼保全措施的行政强制措施，目的是控制物和人，查清情况或事实，取得证据，如海关扣留走私嫌疑人（24小时），查封、扣押、冻结等。还有一种是针对危险情形采取的控制性的行政强制措施，如封锁疫区，留验，隔离，扑杀禽类，强制给禽类打防疫针等。这两类行政强制措施都具有临时性。第二类行政强制措施应急而起，所采取的行动也是因时而异，紧急情况一过，需要立即停止实施。第一类往往是行政处罚的前奏，相对于行政处罚是对违法行为的结论而言，其中间、暂时性更加明显。④行政强制措施具有强制性。行政强制措施归属于行政强制，是因为它是通过强制实现的，而不是通过说服教育实现的。[1]

根据使用场合和所追求目标的不同，并考虑到与行政强制的形式相对应，可以将行政强制措施划分为以下三种类型或形态：①执行性强制措施。执行性强制措施是行政主体针对不履行具体行政行为所确定义务的相对人，为促使其履行义务或实现与履行义务相同状态所采取的强制措施，又可以称为行政强制执行措施，甚至可以直接称之为行政强制执行。②即时性强制措施。即时性强制措施是行政主体在事态紧急的情况下，为排除紧急妨碍、消除紧急危险，来不及先行作出具体行政行为，而直接对相对人的人身、财产或行为采取的断然行动。③一般性强制措施。这类强制措施是行政机关为了查明情况，或者为了预防、制止、控制违法、危害状态，或者为了保障行政管理工作的顺利进行，根据现实需要，依职权对有关对象的人身或财产权利进行暂时性限制的强制措施。

行政强制措施和行政处罚的区别主要表现在如下几个方面：

（1）行政处罚，指的是行政主体对于实施了违法行为，但尚未构成犯罪的公民、法人或其他组织，通过剥夺或限制其一定利益的方法，对其加以惩罚的行为。在性质上，行政处罚就是对行政法律责任的追究。公民、法人或其他组织因违法行为可能承担的法律责任包括民事责任、行政责任、刑事责任三种，其中，行政责任就表现为违法行为人接受的行政处罚。按照具体行政行为的分类标准，行政处罚是一种依职权行政

---

[1] 刘莘：《中国行政法》，中国法制出版社2016年版，第151~152页。

行为、负担性行政行为、要式行政行为，多数情况下又是裁量性行政行为。[1]

（2）行政强制措施包含有两种主要的法律制度，一种是行政强制措施制度，另一种是行政强制执行制度。行政强制措施指行政主体依法对公民的人身自由实施暂时性限制的行为或者对公民、法人或者其他组织的财物实施暂时性控制的行为。从性质和特点看，行政强制措施具有确定性、行政性、临时性和强制性；以内容区分，可以分为三种：预防性措施、制止性措施、保全性措施。对于行政强制措施的种类，《行政强制法》具体规定了四种，并作了一个兜底性规定：①限制公民人身自由；②查封场所、设施或者财物；③扣押财物；④冻结存款、汇款；⑤其他行政强制措施。

狭义的行政强制执行指公民、法人或其他组织无正当理由不履行行政法上的义务，行政机关依法强制其履行义务或达到与履行义务同等状态的行为。广义上的理解即在执行主体中加上人民法院。所以，这里的"行政强制执行"中的行政二字，是指行政决定。也就是说，行政强制执行不论执行主体是行政机关还是法院，强制执行的都是行政决定。治理的"行政"并不意味着执行主体都是行政机关。行政强制执行可以分为间接强制、直接强制。直接强制如《消防法》第45条规定，火灾现场总指挥可以使用各种水源；截断电力、可燃气体和可燃液体的输送，限制用火用电；划定警戒区，实行局部交通管制；利用邻近建筑物和有关设施；调动供水、供电、医疗救护、交通运输等单位协助灭火救援。[2]

由于行政处罚与行政强制都是对当事人不利的处理，所以很容易混淆。区分的关键在于，必须强调行政处罚的作出建立在对相对人违法事实认定确实充分的基础上，其结果又是剥夺与损害了相对人的实体权利，故而具有实体性、最终性和结论性的特点，这恰恰与行政强制措施相区

---

〔1〕 林鸿潮：《行政法与行政诉讼法案例研习》，中国政法大学出版社2013年版。

〔2〕 刘莘：《中国行政法》，中国法制出版社2016年版，第151~156页。

别。行政强制措施往往是对相对人权利的暂时性限制，尤其是与违法行为相关的行政强制措施，是一种保全性质的措施，没有对当事人作出最终的决定，不具有最终性。至于行政强制执行比较容易与行政处罚区分。容后再议。

从理论上说，行政处罚是对被处罚人权利的剥夺，行政强制措施则是对被采取措施人权利的限制，但是在针对人身自由权时，无论是处罚还是强制，对行为人来说其结果是没有区别的，即均丧失了以时间为载体的空间移动权，且这一后果难以弥补。[1]

将有关综合行政执法的权限交由到符合条件的镇、民族乡人民政府和街道办事处行使，不断下放综合行政执法权，进一步推进行政执法力量向基层延伸、下沉，方便了群众生活，也为基层干部创造了更加充分、高效的办事条件。

乡、镇人民政府的管理职责有明文规定。《宪法》第30条第1款规定："中华人民共和国的行政区域划分如下：（一）全国分为省、自治区、直辖市；（二）省、自治区分为自治州、县、自治县、市；（三）县、自治县分为乡、民族乡、镇。"根据本条的规定，我国的行政区域一般分为以下三个层级：一是省级行政区划，即省、自治区和直辖市；二是县级行政区划，包括县、自治县、不设区的市、市辖区；三是乡级行政区划，包括乡、民族乡、镇。而在设立自治州和设区市的地方行政区域，行政区划则是分为四个层级：一是省、自治区；二是自治州、设区的市；三是县、自治县、不设区的市、市辖区；四是乡、民族乡、镇。实际上，如今大多数地方的行政区划都是分为四个层级。可见，在我国，乡、镇人民政府是最低层次行政机关，行使一个层级人民政府法定职权。"[2]

《地方组织法》第61条对乡、镇人民政府的职责作了明确规定，其

---

〔1〕 刘莘：《中国行政法》，中国法制出版社2016年版，第132页。

〔2〕 杜国胜：《〈韶关市烟花爆竹燃放安全管理条例〉导读与释义》，中国政法大学出版社2017年版，第75~76页。

具体内容如下："乡、民族乡、镇的人民政府行使下列职权：（一）执行本级人民代表大会的决议和上级国家行政机关的决定和命令，发布决定和命令；（二）执行本行政区域内的经济和社会发展计划、预算，管理本行政区域内的经济、教育、科学、文化、卫生、体育事业和财政、民政、公安、司法行政、人口与计划生育等行政工作；（三）保护社会主义的全民所有的财产和劳动群众集体所有的财产，保护公民私人所有的合法财产，维护社会秩序，保障公民的人身权利、民主权利和其他权利；（四）保护各种经济组织的合法权益；（五）保障少数民族的权利和尊重少数民族的风俗习惯；（六）保障宪法和法律赋予妇女的男女平等、同工同酬和婚姻自由等各项权利；（七）办理上级人民政府交办的其他事项。"

街道办事处的性质不同于乡、镇人民政府。《地方组织法》第 68 条规定："省、自治区的人民政府在必要的时候，经国务院批准，可以设立若干派出机关。县、自治县的人民政府在必要的时候，经省、自治区、直辖市的人民政府批准，可以设立若干区公所，作为它的派出机关。市辖区、不设区的市的人民政府，经上一级人民政府批准，可以设立若干街道办事处，作为它的派出机关。"可见，与乡、镇人民政府不同，街道办事处不是一级行政区划，而是市辖区、不设区的市的人民政府的派出机关。

街道办事处成立于 20 世纪 50 年代，是由国家政府通过相应的管理机关所成立的一种专门针对人民意见以及人民治安的管理团队。街道办事处主要是通过调解民间纠纷以及缓解民间的人民矛盾，尽可能地提升人民的生活水准和减少人民在日常生活中出现的问题。街道办事处如今已经成为我们国家最广泛的管理机关，通过最贴近民意的调查，可以充分地反映民间的真实情况，并且可以充分地倾听人民的意见，从而能够更好地改善我们国家的现有制度。同时，现在的街道办事处通过利用更好的党员代表以及党员投票制度可以保证人民充分地行使自己的投票表决权，从而充分地享受自己的权利，可见街道办事处目前已经成为一个全方位的综合性管理职能部门。[1]

街道办事处在党委、政府的领导下，贯彻执行党的路线、方针、政策和国家的各项法律、法规，负责街区内的地区性、群众性、公益性、社会性的工作。街道办事处是市辖区人民政府或不设区的市人民政府的派出机关，受市辖区人民政府或不设区的市人民政府领导，行使市辖区或不设区的市人民政府赋予的职权。[2]其基本职能是：①贯彻执行党和国家的路线方针、政策以及市、区关于街道工作方面的指示，制订具体的管理办法并组织实施；②指导、搞好辖区内居民委员会的工作，支持、帮助居民委员会加强思想、组织、制度建设，向上级人民政府和有关部门及时反映居民的意见、建议和要求；③抓好社区文化建设，开展文明街道、文明单位和文明小区建设活动，组织居民开展经常性的文化、娱乐、体育活动；④负责街道的人民调解、治安保卫工作，加强对违法青少年的帮教转化，保护老人、妇女、儿童的合法权益；⑤协助有关部门做好辖区拥军优属、优抚安置、社会救济、殡葬改革、残疾人就业等工作；积极开展便民利民的社区服务和社区教育工作；⑥会同有关部门做好辖区内常住和流动人口的管理及计划生育工作，完成区下达的各项计划生育指标任务；⑦协助武装部门做好辖区民兵训练和公民服兵役工作；⑧负责在辖区开展普法教育工作，做好民事调解，开展法律咨询、服务等工作，维护居民的合法权益，搞好辖区内社会管理综合治理工作；⑨负责本辖区的城市管理工作，发动群众开展爱国卫生运动，绿化、美化、净化城市环境，协助有关部门做好环境卫生、环境保护工作；⑩负责本辖区的综合执法工作，维护辖区的良好秩序；⑪负责研究辖区经济发展的规划，协助有关部门抓好安全生产工作；⑫配合有关部门做好辖区内的三防、抢险救灾、安全生产检查、居民迁移等工作；⑬承办区委、区

---

[1] 张莹："对我国街道办事处社会管理职能定位的思考"，载《中小企业管理与科技（中旬刊）》2019年第5期。

[2] 杜国胜：《〈韶关市烟花爆竹燃放安全管理条例〉导读与释义》，中国政法大学出版社2017年版，第76~77页。

政府交办的其他工作。

无论是一级人民政府，还是上级人民政府派出机关，乡、镇人民政府和街道办事处除了认真履行自身的职责，还必须认真办理上级人民政府交办的工作，其中协助上级人民政府工作是其重要的职责内涵。如《安全生产法》第9条第2款规定："乡镇人民政府和街道办事处，以及开发区、工业园区、港区、风景区等应当明确负责安全生产监督管理的有关工作机构及其职责，加强安全生产监管力量建设，按照职责对本行政区域或者管理区域内生产经营单位安全生产状况进行监督检查，协助人民政府有关部门或者按照授权依法履行安全生产监督管理职责。"

行政执法关键在基层，难点也在基层。《管理条例》第6条对乡、镇人民政府和街道办事处赋予行政执法权后，一举扭转了基层政权在管理工作中处于尴尬境地的局面，改变了过去想执法又无权、想管理又无力的状况。这一规定将极大地改变基层政权的管理执法局面，加大执法力度，有效破解了过去乡镇行政管理中"看得见的管不着和管得着的看不见"的行政执法瓶颈和县级部门执法力量不足、执法缺位等难题，有效提升了基层管理水平和综合服务能力，从而进一步推动农村住房建设管理工作向前发展。

第七条 【村（居）民委员会职责】

村（居）民委员会应当协助、配合镇、民族乡人民政府开展农村住房建设管理工作。

【主旨】本条规定村民委员会和居民委员会应当协助配合镇、民族乡人民政府开展农村村民住房建设管理监督工作，充分调动群众自我管理的积极性、机动性，发挥村民委员会和居民委员会的能动作用。

［导读与释义］

本条是关于村（居）民委员会职责的规定。本条规定村民委员会和居民委员会作为基层群众性自治组织，应当发挥自我管理、自我服务的职能，不断支持、协助与配合镇、民族乡人民政府开展农村村民住房建设管理监督工作，充分调动群众自我管理、自我服务的积极性、机动性，发挥村民委员会和居民委员会的能动作用。

本条的立法依据是：

（1）《村民委员会组织法》第 5 条。该条规定："乡、民族乡、镇的人民政府对村民委员会的工作给予指导、支持和帮助，但是不得干预依法属于村民自治范围内的事项。村民委员会协助乡、民族乡、镇的人民政府开展工作。"

（2）《城市居民委员会组织法》第 3 条。该条规定："居民委员会的任务：（一）宣传宪法、法律、法规和国家的政策，维护居民的合法权益，教育居民履行依法应尽的义务，爱护公共财产，开展多种形式的社会主义精神文明建设活动；（二）办理本居住地区居民的公共事务和公益事业；（三）调解民间纠纷；（四）协助维护社会治安；（五）协助人民政府或者它的派出机关做好与居民利益有关的公共卫生、计划生育、优抚救济、青少年教育等项工作；（六）向人民政府或者它的派出机关反映居民的意见、要求和提出建议。"

（3）《城乡规划法》第29条。该条规定："城市的建设和发展，应当优先安排基础设施以及公共服务设施的建设，妥善处理新区开发与旧区改建的关系，统筹兼顾进城务工人员生活和周边农村经济社会发展、村民生产与生活的需要。镇的建设和发展，应当结合农村经济社会发展和产业结构调整，优先安排供水、排水、供电、供气、道路、通信、广播电视等基础设施和学校、卫生院、文化站、幼儿园、福利院等公共服务设施的建设，为周边农村提供服务。乡、村庄的建设和发展，应当因地制宜、节约用地，发挥村民自治组织的作用，引导村民合理进行建设，改善农村生产、生活条件。"

（一）村民委员会

根据《村民委员会组织法》的规定，村民委员会是村民自我管理、自我教育、自我服务的基层群众性自治组织，实行民主选举、民主决策、民主管理、民主监督。村民委员会办理本村的公共事务和公益事业，调解民间纠纷，协助维护社会治安，向人民政府反映村民的意见、要求和提出建议。村民委员会由主任、副主任和委员3至7人组成，由民主选举产生，每五年选举一次，非终身制，任何组织或者个人不得指定、委派或者撤换村民委员会成员。群众性自治制度也是我国的一项基本政治制度。

《村民委员会组织法》关于村民委员会职责的规定主要是第7、8、9、10条。第7条规定："村民委员会根据需要设人民调解、治安保卫、公共卫生与计划生育等委员会。村民委员会成员可以兼任下属委员会的成员。人口少的村的村民委员会可以不设下属委员会，由村民委员会成员分工负责人民调解、治安保卫、公共卫生与计划生育等工作。"第8条规定："村民委员会应当支持和组织村民依法发展各种形式的合作经济和其他经济，承担本村生产的服务和协调工作，促进农村生产建设和经济发展。村民委员会依照法律规定，管理本村属于村农民集体所有的土地和其他财产，引导村民合理利用自然资源，保护和改善生态环境。村民委员会应当尊重并支持集体经济组织依法独立进行经济活动的自主权，维护以家庭承包经营为基础、统分结合的双层经营体制，保障集体经济组织和村民、承包经营户、联户或者合伙的合法财产权和其他合法权益。"第9条规定："村民委员会应当宣传宪法、法律、法规和国家的政策，教育和推动村民履行法律规定的义务、爱护公共财产，维护村民的合法权益，发展文化教育，普及科技知识，促进男女平等，做好计划生育工作，促进村与村之间的团结、互助，开展多种形式的社会主义精神文明建设活动。村民委员会应当支持服务性、公益性、互助性社会组织依法开展活动，推动农村社区建设。多民族村民居住的村，村民委员会应当教育和引导各民族村民增进团结、互相尊重、互相帮助。"第10条规定："村民委员会及其成员应当遵守宪法、法律、法规和国家的政策，遵守并组织实施村民自治章程、村规民约，执行村民会议、村民代表会议的决定、决议，办事公道，廉洁奉公，热心为村民服务，接受村民监督。"

（二）居民委员会

居民委员会是居民自我管理、自我教育、自我服务的群众性自治组织。居民委员会的自治性集中体现在它的自治权上。自治权的充分表达和行使也是居民委员会法律性质的最好展现。居民委员会包括基层社会各阶级居民的综合性组织，它不同于一般的群众团体，不同于单位的民主管理。居民委员会的自治权更不同于民族自治地方的自治权，它不属于国家权力的范畴，而是宪法所保障的城市居民委员会处理本居住区居民自治事务所必需的权利。

自治权的主要内容围绕"自我管理、自我教育、自我服务"展开。居民委员会的自治权体现在：

（1）管理自治权。居民委员会作为社会基层的自治组织有对本居住区的社会性事务进行自我管理的权利。在人事上，居民委员会成员包括主任都不应该由其他组织机关任命或指定，而应通过民主程序选举产生。所选举出的人员撤换、补选、任期可依照该居住区居民约定由居民会议行使权利。在财务上，一是居民委员会对自己兴办的有关服务事业所取得的经济收益，纳税后的剩余部分可以自由支配；二是居民委员会办理本居住区的公益事业所需费用，可以根据自愿的原则向居民集体筹集，也可以经本居住区的单位同意向其筹集。其账目应及时公布，接受居民的监督。在财产上，居民委员会对自己的财产享有所有权，非经正当程序任何单位和部门不得侵犯，居民自我管理的主要方式是居民组成居民会议，通过选举组成居民委员会，居民委员会向居民会议负责并报告工作。

（2）教育自治权。其主要内容包括居民委员会宣传国家法律和政策，维护居民的合法权益，教育居民履行应尽的义务，爱护公共财产，进行社会精神文明建设。多民族地区的居民委员会应当互相帮助，互相尊重，加强民族团结。

（3）服务自治权。居民委员会应当根据本居民区的实际需要，选择创办适合的服务事业，开展便民利民的社区服务活动。

（4）协助的内涵。协助多指从旁帮助、辅助。协助的法律属性体现为：①协助的法定义务性。在平等主体之间，协助可以法定，也可以约定，或出于道义。在村（居）民委员会与镇、民族乡人民政府之间，由于镇、民族乡人民政府执行的是行政权，不可以随意转让，只有在法律明确规定的情形下，才可以法定形式授予非行政主体。村（居）民委员会对镇、民族乡人民政府的"协助"不同于平等主体之间的帮助，而是一种法定的义务。村（居）民委员会的"协助"事项均属于镇、民族乡人民政府的职责范围，而镇、民族乡人民政府的职责源于《宪法》《地方组织法》等的授权，因而村（居）民委员会"协助"的事项具有法定性。另外，村（居）民委员会"协助"的方式、达到的效果等也具有法定性，即以完成镇、民族乡人民政府相应的行政职责为己任，同时也要维护村（居）民合法的权利和利益。②协助的互动性与目标一致性。所谓协助的互动性，主要是指镇、民族乡人民政府、村（居）民委员会齐心协力、相互支持与帮助。一方面，考虑到村（居）民委员会在协助过程中的实际困难，镇、民族乡人民政府一般应派人员到乡村（城市），以从程序上弥补其不足。例如，所派人员可出示相关证件与文件，并说明理由，也便于村（居）民委员会人员与村（居）民沟通，避免不必要的误会。另一方面，村（居）民委员会作为自治组织，没有独立的协助经费，即使有一些款项，也是为了村（居）民自治，而不是应付其他开支，因而就会出现一个资金缺口。为了解决这一问题，镇、民族乡人民政府往往会拨付相应的资金，而不是要求村（居）民委员会自行解决。这也是协助互动性的体现。③协助的目标一致性是指协助双方共同致力于村（居）民权益的维护和构建和谐有序的乡土文明。村（居）民委员会对镇、民族乡人民政府工作的协助，不仅不违背村（居）民利益，而且节约了镇、民族乡人民政府的治理成本，提高了其工作效率。在这个意义上，村（居）民委员会的协助工作与镇、民族乡人民政府相应的行政职责殊途同归，共同服务于村（居）民的利益和促进农村（城市）法治进程。协助自身是一个独立的、法定的行为，有着自己特有的程序，体现了程序正义与依法协助的法治理念，是乡村治理的一个重要手段和途径。

第八条【经费保障】

村庄规划编制、农用地转用等经费由市、县（市、区）人民政府纳入本级财政统筹安排，予以保障。

【主旨】本条旨在以法律规定确保规划工作所需经费，为农村住房建设管理工作提供物质的保障与支撑。规划工作既需要专业技术力量，又需要较大的资金投入。其中，规划编制的经费是法定经费，农用地转用是专项经费而非法定经费，是为了减轻农民负担而规定的内容。

[导读与释义]

本条是《管理条例》关于经费保障及财政支持的规定。乡镇一级人民政府在规划编制工作上既缺人才又缺资金，故本条规定镇、民族乡村庄规划编制、农用地转用等经费由市、县（市、区）人民政府纳入本级财政统筹安排，给予充分的经费保障。本条在法律上对乡村规划的经费保障作出了硬性规定。一方面，乡村规划所需资金由韶关市和县（市、区）两级政府共同承担。两级政府各承担多大的比例则由上下级政府进行协调处理。另一方面，乡村规划的经费要列入本级政府的财政统筹，在政府年度预算中编制，使之作为稳定、持续、可靠的资金来源，以免遇到特殊时期，该资金被挤占、挪用或取消。

本条的立法依据是：

（1）《城乡规划法》第6条。该条规定："各级人民政府应当将城乡规划的编制和管理经费纳入本级财政预算。"

（2）《广东省城乡规划条例》第7条第1款。该款规定："各级人民政府应当将城乡规划的编制和管理经费纳入本级财政预算。"

　　乡村规划是指在一定时期内对特定乡村的经济发展、自然环境、农业生产、住房建设、文化传承与发展等所做的综合性布局和规划。乡村规划是乡村建设和发展的重要指南。2018年9月26日，中共中央、国务院印发《乡村振兴战略规划（2018—2022年）》（以下简称《规划》）。《规划》指出：乡村是具有自然、社会、经济特征的地域综合体，兼具生产、生活、生态、文化等多重功能，与城镇互促互进、共生共存，共同构成人类活动的主要空间。乡村兴则国家兴，乡村衰则国家衰。《规划》就乡村规划问题，提出要：统筹城乡发展空间。按照主体功能定位，对国土空间的开发、保护和整治进行全面安排和总体布局，推进"多规合一"，加快形成城乡融合发展的空间格局。推进城乡统一规划。通盘考虑城镇和乡村发展，统筹谋划产业发展、基础设施、公共服务、资源能源、生态环境保护等主要布局，形成田园乡村与现代城镇各具特色、交相辉映的城乡发展形态。强化县域空间规划和各类专项规划引导约束作用，科学安排县域乡村布局、资源利用、设施配置和村庄整治，推动村庄规划管理全覆盖。综合考虑村庄演变规律、集聚特点和现状分布，结合农民生产生活半径，合理确定县域村庄布局和规模，避免随意撤并村庄搞大社区、违背农民意愿大拆大建。加强乡村风貌整体管控，注重农房单体个性设计，建设立足乡土社会、富有地域特色、承载田园乡愁、体现现代文明的升级版乡村，避免千村一面，防止乡村景观城市化。

　　从《规划》可以得出，村庄规划应当坚持下列原则：第一，以人为本，尊重民意。村庄规划充分尊重村民的意愿，把群众认同、群众参与、群众满意作为乡村规划的根本要求。村民是村庄建设的主体，要通过村民委员会动员、组织和引导村民以主人翁的意识和态度参与村庄规划编制，把村民商议和同意规划内容作为改进乡村规划工作的着力点。第二，从实际出发，从具体的村情出发。规划建设要适应农民生产生活方式，突出乡村特色，保持田风风貌，体现地域文化风格，注重农村文化传承，不能照搬城市建设模式，防止"千村一面"，杜绝不切实际的空洞规划和照搬照抄他人的做法。第三，注重生态环境保护。乡村规划要生态优先，尊重自然生态环境，生态、生产、生活三位一体，实现人与自然和谐相处。第四，集约布局，节约用地。乡村规划要充分保护耕地等土地资源，合理利用土地，最大限度地发挥土地的价值。

有了科学、合理的村庄规划，并在规划指导下，统筹来自各级政府部门的公共资金，便可解决当前农村建设中出现的问题，更好地建设 21 世纪有中国特色、可持续发展的社会主义新农村。

第九条 【社会监督】

任何组织或者个人对农村住房建设管理工作依法享有监督权利，对农村宅基地使用、住房建设中的违法行为有依法举报、投诉的权利。

县（市、区）、镇、民族乡人民政府应设立举报电话、信箱和网上举报平台等，受理农村宅基地使用、住房建设等违法行为的举报和投诉。

【主旨】 本条旨在明确任何组织或个人对农村住房建设活动的监督权利，政府也要积极作为，提供举报的途径，受理有关宅基地使用和住房建设等违法行为的举报和投诉，保障公民的监督权。

[导读与释义]

本条是《管理条例》关于监督权利的规定。农村住房建设与农村村民的切身利益息息相关，是农村村民最直接、最重要、最现实的利益。

本条的立法依据是：

（1）《宪法》第41条。该条规定："中华人民共和国公民对于任何国家机关和国家工作人员，有提出批评和建议的权利；对于任何国家机关和国家工作人员的违法失职行为，有向有关国家机关提出申诉、控告或者检举的权利，但是不得捏造或者歪曲事实进行诬告陷害。对于公民的申诉、控告或者检举，有关国家机关必须查清事实，负责处理。任何人不得压制和打击报复。由于国家机关和国家工作人员侵犯公民权利而受到损失的人，有依照法律规定取得赔偿的权利。"

（2）《土地管理法》第7条。该条规定："任何单位和个人都有遵守土地管理法律、法规的义务，并有权对违反土地管理法律、法规的行为提出检举和控告。"

本条共分2款，第1款规定任何组织或者个人对农村住房建设管理工作依法享有监督权利，对农村宅基地使用、住房建设中的违法行为有依法举报、投诉的权利。在农村住房建设管理活动中，违法乱纪行为或多或少地存在。为了及时整顿、打击违法行为，《管理条例》规定了公民的投诉、控告、检举的权利。规定这一权利是基于以下的考虑：

第一，宪法和法律赋予的正当权利。《宪法》第41条第1款规定："中华人民共和国公民对于任何国家机关和国家工作人员，有提出批评和建议的权利；对于任何国家机关和国家工作人员的违法失职行为，有向有关国家机关提出申诉、控告或者检举的权利，但是不得捏造或者歪曲事实进行诬告陷害。"

监督权主要包括五项内容，即批评权、建议权、申诉权、控告权、检举权。监督权是宪法赋予公民和社会组织监督国家机关及其工作人员活动的权利，也是公民作为国家管理活动的相对方对抗国家机关及其工作人员违法失职行为的权利。中华人民共和国一切权力属于人民。人民是国家的主人，监督权作为公民参政权中的一项不可缺少的内容，是国家权力监督体系中的一种最具活力的监督。赋予公民和社会组织监督权，有利于及时发现和处理农村住房建设活动中的违法犯罪行为，有利于改进国家机关和国家工作人员的工作作风和方式，有利于克服农村住房建设管理工作中的官僚主义和不正之风，也有利于维护广大农民的合法权益。

第二，政务公开的需要。《广东省农业农村厅、广东省自然资源厅关于规范农村宅基地审批管理的通知》指出：要依法规范审批管理流程，严格用地建房全程管理。乡镇政府应推行农村宅基地和建房规划许可申请审批管理"五公开"制度，落实村庄规划、申请条件、审批程序、审批结果、投诉举报方式公开。全面落实"三到场"要求，乡镇政府应及时组织农业农村、自然资源等有关部门进行实地审查，做到申请审查到场、批准后丈量批放到场、住宅建成后核查到场，出具《农村宅基地和建房（规划许可）验收意见表》。通过验收的农户可以向不动产登记部门申请办理不动产登记。各地要依法组织开展农村用地建房动态巡查，及时发现和处置涉及宅基地使用和建房规划的各类违法违规行为。指导村级组织完善宅基地民主管理程序，探索设立村级宅基地协管员。政务公开必然要有监督的制约力量，否则就难以做到真正地公开，那就是有限的公开和选择性的公开。

第三，赋予公民举报和投诉的权利，也是预防和有效抑制违法行为发生的必要手段，有助于及时发现和处理违法问题。

第2款规定了县（市、区）、镇、民族乡人民政府应设立举报电话、信箱和网上举报平台等，受理农村宅基地使用、住房建设等违法行为的举报和投诉。第2款是第1款的补充和具体化，旨在把社会组织和公民的申诉、控告或者检举的权利通过行之有效的制度建设来加以落实。具体体现在：设立举报电话、信箱以及网上举报平台等。此处，网上举报平台应当作扩大解释，它包括网址、网站、微信、公众号及小程序等。

第2款在立法技术上是比较优良的，它体现了地方性法规所应当具备的特点，那就是可操作性、可实施性。地方立法如果不注重法律的可操作性，那就是背离了地方立法的宗旨和方向，也大大降低了地方性法规的实效。

本条在立法起草阶段，也有人提出：申诉、控告或者检举的权利本是宪法和其他法律规定的，《管理条例》作为地方性法规是否有必要再重复规定？对此，笔者认为是有必要的。因为：首先，宪法和法律赋予了公民的申诉、控告或者检举的权利，但并非每一个公民对法律都是熟悉的，也并非每一个公民都能正确地行使法律权利；其次，宪法和法律赋予了公民的申诉、控告或者检举权利的行使需要借助一定的物质技术手段和形式。《管理条例》中的举报和投诉的权利的行使应当要告知公民。同时，保障公民的举报和投诉的权利也需要用一定的方式和物质技术手段。具体到《管理条例》，就是设立举报电话、信箱以及网上举报平台。

这样一来，公民就清晰地知道应该怎样行使自己的权利了。否则，法律就会成为一纸空文，无法落实。最后，对上位法进行细化，也是地方性法规的立法目标和立法重点。

举报是指社会组织和公民在农村住房建设管理活动中，向负责处理的有关部门上报、报告违法犯罪事实的行为。赋予组织和公民举报的权利，有利于国家机关和负责处理部门与举报人取得联系，方便了解举报事项以及其他的情况；有利于国家机关和负责处理部门调查取证，尽快掌握和查清被举报人的违法犯罪事实和证据，追究其法律责任；有利于国家机关和负责处理部门答复、查处结果，并将查处结果及时反馈给举报人。举报通常要求采取实名制，目的是确定被举报对象和被举报事项的真实可靠，节省人力、物力。同时，也表明举报人敢于承担举报责任，对所举报的内容敢于承担法律后果。此外，采取实名制举报，有时也是为了表彰、奖励举报人，发挥社会正能量，弘扬社会正气。

投诉是社会组织和公民个人权益被侵害者对侵犯其合法权益的违法行为和事实，有权向有关国家机关提出申诉、控诉、批评等并要求作出处理的行为。

投诉与举报既有相似性又有差异性。相似性体现在：首先，无论是举报还是投诉，都是应当予以调查和处理的事项。举报和投诉都是要求特定行政机关或负责部门履行法定职责的行为。如果对待公民或社会组织的投诉和举报拒绝办理，那就属于行政不作为。其次，投诉和举报事项均应予答复。行政机关或负责部门接受举报或投诉后，应当对相关问题进行调查、处理。完成调查处理工作后还应当将处理结果告知投诉人或举报人。最后，投诉和举报都是行使自身权利的方式。

投诉与举报的不同之处是：第一，反映的违法行为是否为了维护与自身直接关联的合法权益。一般来说，投诉人投诉的事项与己身密切相关，要么是自己的合法权益受到侵犯，要么自己遭遇不公正待遇。举报人举报的事项不一定是与自己利益或权益相关，有些可能与自身权益有关，有些可能完全与自身无涉。第二，投诉人不服可以提起诉讼，举报人则无相应诉权。投诉是公民为了维护自身合法权益而向有关行政机关反映具体事件，要求行政机关履行法定职责的行为。因此，行政机关对投诉事项的处理，直接对投诉人的合法权益产生实际影响，与投诉人有着利害关系。一般情况下，针对投诉事项，只要行政机关发动了行政权，并将调查处理结果告知了投诉人，那么就属于履行了法定职责。如果投诉人对此种处理结果不服，希望通过提起诉讼的方式为第三人施加负担，那么就需要看法律、法规或者规章是否规定了此种权利。与此相对的，举报人不服处理结果则无权诉至法院。因为举报人所举报的事项，并非出于维护自身个体合法权益，行政机关的处理结果不会对其合法权益产生直接、实际的影响，因此不属于行政诉讼的受案范围。

由此看来，在投诉事项中，投诉人不服处理结果，可以提起诉讼，但若要通过诉讼增加第三人负担则要具体看法律、法规或规章是否有相应的规定。在举报事项中，只要行政机关履行了相应的法定职责，举报人便不能提起行政诉讼。

在农村住房建设管理活动中，要真正地保障公民的监督权，政府机关需要做的就是建立健全各种举报和投诉机制，并充分有效、高效持久地运行下去，如此才能发挥出监督权的作用和效能。

第十条【国土规划和详细规划】

城镇集中建设区内的农村住房建设执行国土空间总体规划及详细规划。城镇集中建设区外城镇开发边界内的村庄，尚未编制详细规划的，可以编制村庄规划。城镇开发边界外的村庄应当编制村庄规划。

【主旨】 本条规定城镇集中建设区内外和城镇开发边界外的不同区域的规划编制和规划执行的要求。城镇集中建设区内的农村住房建设应当严格执行国土空间总体规划及详细规划；城镇开发边界外的村庄应当编制村庄规划；而对于城镇集中建设区外城镇开发边界内的村庄，尚未编制详细规划的，可以组织编制村庄规划。

［导读与释义］

本条是《管理条例》关于村庄规划的规定。本条对韶关市农村的村庄规划作出规定。根据《中共中央、国务院关于建立国土空间规划体系并监督实施的若干意见》的规定，在城镇开发边界内的详细规划，由市县自然资源主管部门组织编制，报同级政府审批；在城镇开发边界外的乡村地区，以一个或几个行政村为单元，由乡镇政府组织编制"多规合一"的实用性村庄规划，作为详细规划，报上一级政府审批。也就是说，在城镇开发边界内编制详细规划，如果没有详细规划，就可以编制村庄规划。城镇开发边界外的广大农村都应当编制村庄规划。城镇集中建设区内的农村，即城中村，住房建设执行国土空间总体规划及详细规划。

本条的立法依据是：

（1）《城乡规划法》第2条。该条规定："制定和实施城乡规划，在规划区内进行建设活动，必须遵守本法。本法所称城乡规划，包括城镇体系规划、城市规划、镇规划、乡规划和村庄规划。城市规划、镇规划分为总体规划和详细规划。详细规划分为控制性详细规划和修建性详细规划。本法所称规划区，是指城市、镇和村庄的建成区以及因城乡建设和发展需要，必须实行规划控制的区域。规划区的具体范围由有关人民政府在组织编制的城市总体规划、镇总体规划、乡规划和村庄规划中，根据城乡经济社会发展水平和统筹城乡发展的需要划定。"

（2）《城乡规划法》第3条。该条规定："城市和镇应当依照本法制定城市规划和镇规划。城市、镇规划区内的建设活动应当符合规划要求。县级以上地方人民政府根据本地农村经济社会发展水平，按照因地制宜、切实可行的原则，确定应当制定乡规划、村庄规划的区域。在确定区域内的乡、村庄，应当依照本法制定规划，规划区内的乡、村庄建设应当符合规划要求。县级以上地方人民政府鼓励、指导前款规定以外的区域的乡、村庄制定和实施乡规划、村庄规划。"

（3）《城乡规划法》第22条。该条规定："乡、镇人民政府组织编制乡规划、村庄规划，报上一级人民政府审批。村庄规划在报送审批前，应当经村民会议或者村民代表会议讨论同意。"

（4）《中共中央、国务院关于建立国土空间规划体系并监督实施的若干意见》。该意见指出："在市县及以下编制详细规划。详细规划是对具体地块用途和开发建设强度等作出的实施性安排，是开展国土空间开发保护活动、实施国土空间用途管制、核发城乡建设项目规划许可、进行各项建设等的法定依据。在城镇开发边界内的详细规划，由市县自然资源主管部门组织编制，报同级政府审批；在城镇开发边界外的乡村地区，以一个或几个行政村为单元，由乡镇政府组织编制'多规合一'的实用性村庄规划，作为详细规划，报上一级政府审批。"

（一）国土空间规划

2019年5月23日颁布实施的《中共中央、国务院关于建立国土空间规划体系并监督实施的若干意见》指出：国土空间规划是国家空间发展的指南、可持续发展的空间蓝图，是各类开发保护建设活动的基本依据。建立国土空间规划体系并监督实施，将主体功能区规划、土地利用规划、城乡规划等空间规划融合为统一的国土空间规划，实现"多规合一"，强化国土空间规划对各专项规划的指导约束作用，是党中央、国务院作出的重大部署。国土空间规划是对一定区域国土空间开发保护在空间和时间上作出的安排，包括总体规划、详细规划和相关专项规划。国家、省、市县编制国土空间总体规划，各地结合实际编制乡镇国土空间规划。相关专项规划是指在特定区域（流域）、特定领域，为体现特定功能，对空间开发保护利用作出的专门安排，是涉及空间利用的专项规划。国土空间总体规划是详细规划的依据、相关专项规划的基础。颁布这一意见的重大意义在于："各级各类空间规划在支撑城镇化快速发展、促进国土空间合理利用和有效保护方面发挥了积极作用，但也存在规划类型过多、内容重叠冲突，审批流程复杂、周期过长，地方规划朝令夕改等问题。建立全国统一、责权清晰、科学高效的国土空间规划体系，整体谋划新时代国土空间开发保护格局，综合考虑人口分布、经济布局、国土利用、生态环境保护等因素，科学布局生产空间、生活空间、生态空间，是加快形成绿色生产方式和生活方式、推进生态文明建设、建设美丽中国的关键举措，是坚持以人民为中心、实现高质量发展和高品质生活、建设美好家园的重要手段，是保障国家战略有效实施、促进国家治理体系和治理能力现代化、实现'两个一百年'奋斗目标和中华民族伟大复兴中国梦的必然要求。"[1]

　　该文件提出的总体要求是：①指导思想。以习近平新时代中国特色社会主义思想为指导，全面贯彻党的十九大和十九届二中、三中全会精神，紧紧围绕统筹推进"五位一体"总体布局和协调推进"四个全面"战略布局，坚持新发展理念，坚持以人民为中心，坚持一切从实际出发，按照高质量发展要求，做好国土空间规划顶层设计，发挥国土空间规划

---

〔1〕　参见《中共中央、国务院关于建立国土空间规划体系并监督实施的若干意见》。

在国家规划体系中的基础性作用，为国家发展规划落地实施提供空间保障。健全国土空间开发保护制度，体现战略性、提高科学性、强化权威性、加强协调性、注重操作性，实现国土空间开发保护更高质量、更有效率、更加公平、更可持续。②主要目标。到 2020 年，基本建立国土空间规划体系，逐步建立"多规合一"的规划编制审批体系、实施监督体系、法规政策体系和技术标准体系；基本完成市县以上各级国土空间总体规划编制，初步形成全国国土空间开发保护"一张图"。到 2025 年，健全国土空间规划法规政策和技术标准体系；全面实施国土空间监测预警和绩效考核机制；形成以国土空间规划为基础，以统一用途管制为手段的国土空间开发保护制度。到 2035 年，全面提升国土空间治理体系和治理能力现代化水平，基本形成生产空间集约高效、生活空间宜居适度、生态空间山清水秀，安全和谐、富有竞争力和可持续发展的国土空间格局。

总体框架是：①分级分类建立国土空间规划。国土空间规划是对一定区域国土空间开发保护在空间和时间上作出的安排，包括总体规划、详细规划和相关专项规划。国家、省、市县编制国土空间总体规划，各地结合实际编制乡镇国土空间规划。相关专项规划是指在特定区域（流域）、特定领域，为体现特定功能，对空间开发保护利用作出的专门安排，是涉及空间利用的专项规划。国土空间总体规划是详细规划的依据、相关专项规划的基础；相关专项规划要相互协同，并与详细规划做好衔接。②明确各级国土空间总体规划编制重点。全国国土空间规划是对全国国土空间作出的全局安排，是全国国土空间保护、开发、利用、修复的政策和总纲，侧重战略性，由自然资源部会同相关部门组织编制，由党中央、国务院审定后印发。省级国土空间规划是对全国国土空间规划的落实，指导市县国土空间规划编制，侧重协调性，由省级政府组织编制，经同级人大常委会审议后报国务院审批。市县和乡镇国土空间规划是本级政府对上级国土空间规划要求的细化落实，是对本行政区域开发保护作出的具体安排，侧重实施性。需报国务院审批的城市国土空间总体规划，由市政府组织编制，经同级人大常委会审议后，由省级政府报国务院审批；其他市县及乡镇国土空间规划由省级政府根据当地实际，明确规划编制审批内容和程序要求。各地可因地制宜，将市县与乡镇国土空间规划合并编制，也可以几个乡镇为单元编制乡镇级国土空间规划。③强化对专项规划的指导约束作用。海岸带、自然保护地等专项规划及跨行政区域或流域的国土空间规划，由所在区域或上一级自然资源主管部门牵头组织编制，报同级政府审批；涉及空间利用的某一领域专项规划，如交通、能源、水利、农业、信息、市政等基础设施，公共服务设施，军事设施，以及生态环境保护、文物保护、林业草原等专项规划，由相关主管部门组织编制。相关专项规划可在国家、省和市县层级编制，不同层级、不同地区的专项规划可结合实际选择编制的类型和精度。④在市县及以下编制详细规划。详细规划是对具体地块用途和开发建设强度等作出的实施性安排，是开展国土空间开发保护活动、实施国土空间用途管制、核发城乡建设项目规划许可、进行各项建设等的法定依据。在城镇开发边界内的详细规划，由市县自然资源主管部门组织编制，报同级政府审批；在城镇开发边界外的乡村地区，以一个或几个行政村为单元，由乡镇政府组织编制"多规合一"的实用性村庄规划，作为详细规划，报上一级政府审批。

编制要求是：①体现战略性。全面落实党中央、国务院重大决策部署，体现国家意志和国家发展规划的战略性，自上而下编制各级国土空间规划，对空间发展作出战略性系统性安排。落实国家安全战略、区域协调发展战略和主体功能区战略，明确空间发展目标，优化城镇化格局、农业生产格局、生态保护格局，确定空间发展策略，转变国土空间开发保护方式，提升国土空间开发保护质量和效率。②提高科学性。坚持生态优先、绿色发展，尊重自然规律、经济规律、社会规律和城乡发展规律，因地制宜开展规划编制工作；坚持节约优先、保护优先、自然恢复为主的方针，在资源环境承载能力和国土空间开发适宜性评价的基础上，科学有序统筹布局生态、农业、城镇等功能空间，划定生态保护红线、永久基本农田、城镇开发边界等空间管控边界以及各类海域保护线，强化底线约束，为可持续发展预留空间。坚持山水林田湖草生命共同体理念，加强生态环境分区管治，量水而行，保护生态屏障，构建生态廊道和生态网络，推进生态系统保护和修复，依法开展环境影响评价。坚持陆海统筹、区域协调、城乡融合，优化国土空间结构和布局，统筹地上地下空间综合利用，着力完善交通、水利等基础设施和公共服务设施，延续历史文脉，加强风貌管控，突出地域特色。坚持上下结合、社会协同，完善公众参与制度，发挥不同领域专家的作用。运用城市设计、乡村营造、大数据等手段，改进规划方法，提高规划编制水平。③加强协调性。强化国家发展规划的统领作用，强化国土空间规划的基础作用。国土空间总体规划要统筹和综合平衡各相关专项领域的空间需求。详细规划要依据批准的国土空间总体规划进行编制和修改。相关专项规划要遵循国土空间总体规划，不得违背总体规划强制性内容，其主要内容要纳入详细规划。④注重操作性。按照谁组织编制、谁负责实施的原则，明确各级各类国土空间规划编制和管理的要点。明确规划约束性指标和刚性管控要求，同时提出指导性要求。制定实施规划的政策措施，提出下级国土空间总体规划和相关专项规划、详细规划的分解落实要求，健全规划实施传导机制，确保规划能用、管用、好用。

该文件既是未来中国国土规划工作的总政策和总纲领，也是各省市实施国土规划的基本依据和基本指针。按照国家统一部署，广东省自然资源厅于2019年7月印发《广东省国土空间规划（2020—2035年）编制工作方案》，围绕构建"一核一带一区"区域发展格局，全面构建安全、繁荣、和谐、美丽的高品质国土。

（二）城镇集中建设区

本条中的"城镇集中建设区"是指根据已有的合法的规划城镇建设

用地规模，为满足韶关市城镇居民生产生活需要，划定的一定时期内允许开展城镇开发和集中建设的地域空间。城镇集中建设区应当具有总体规划和详细规划。根据百度百科词条，"建成区范围"，一般是指建成区外轮廓线所能包括的地区，也就是这个城市实际建设用地所达到的境界范围，因此，它是一个闭合的完整区域，一城多镇分散布点的城市，其建成区范围则可能由几个相应闭合区域组成。[1]

　　城镇建成区范围的划定，要考虑自然地形、地貌、基层行政单位的管理界线等因素，以及城市各项用地的完整性，并尽可能与人口统计的地域范围相一致。城市近郊的一些建成地段，尽管未同市区连成一片，但同市区的联系十分密切，已成为城市不可分割的一部分，也可视作城市建成区。城市建成区在单核心城市和一城多镇有不同的反映。在单核心城市，建成区是一个实际开发建设起来的集中连片的、市政公用设施和公共设施基本具备的地区，以及分散的若干个已经成片开发建设起来的，市政公用设施和公共设施基本具备的地区。对于一城多镇来说，建成区就是由几个连片开发建设起来的、市政公用设施和公共设施基本具备的地区所组成的。划分城市建成区可以反映一定时间内城市建设用地规模、形态和实际使用情况，为分析研究用地现状，合理利用建成区的土地和规划城市建设发展用地提供基础。

　　（三）城镇开发边界

　　城镇开发边界在国外又称"城市空间增长边界"。这一理念最早来自1945年的英国《大伦敦规划》，当时伦敦市外围规划了16公里宽的绿带，以控制城市蔓延。之后，美国为了解决城市无序蔓延的问题，也使用了城市空间增长边界这一概念。我国则使用"城镇开发边界"这一表述。对其可以理解为：既可以是有意识地保护城市所处区域内的自然资源和生态环境作为控制城市发展的"刚性"边界；也可以是合理引导城市土

---

〔1〕"北京和上海，究竟谁更大？"，载 https://baijiahao.baidu.com/s? id = 1665280193460985 276&wfr = spider&for = pc，最后访问时间：2021 年 5 月 22 日。

地的开发与再开发成为引导城市增长的"弹性"边界。[1]

不同区域的规划编制,见以下示意图:

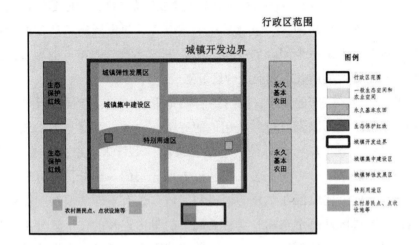

对于韶关市来说,划定本市的城镇开发边界的目的主要是:第一,运用行政手段合理限制全市城镇建设的无序蔓延扩张,划定明确的城市或城镇边界;第二,集约节约用地,保护耕地红线,最大限度发挥土地价值;第三,维护现有的自然空间格局,做到保护城市或城镇的外部开放空间;第四,在不同区域实行不同的建设、开发、保护措施,保护自然环境和生态环境。

本条针对两个不同区域采取不同的法律规定,即:城镇集中建设区外城镇开发边界内的村庄,尚未编制详细规划的,可以编制村庄规划。也就是说,凡是城镇集中建设区外城镇开发边界内的村庄编制村庄规划不是法律义务,可以选择编制,也可以不编制。而城镇开发边界外的村庄则是应当编制村庄规划。立法中的"可以"和"应当"是一对常用的术语。"可以"是法律规定权利主体享有选择权,即是否作出一定的法律

---

[1] 参见杨春淮:"城郊融合类村庄'城边村'的规划路径研究与案例初探",载 https://www.163.com/dy/article/FGDPF89F0521C7DD.html,最后访问时间:2021年5月22日。

行为，由权利主体自行决定。只要权利主体选择作出的法律行为在法律允许范围内都是合法的。而"应当"则是法律规定权利主体必须作出或不作出一定法律行为的义务性规范，如果权利主体没有按照法律规定作出或不作出一定法律行为，则需要承担相应的法律后果。就本条来讲，城镇集中建设区外城镇开发边界内的村庄，由于其土地状况处于可能的变动之中，所以，该区域尚未编制详细规划的，可以编制村庄规划。而城镇开发边界外的村庄，其土地状况处于相对稳定状态，为了加强土地管理应当编制村庄规划。

第十一条【规划的制定和审批】

镇、民族乡人民政府应当组织编制本行政区域内村庄规划,并报上一级人民政府审批。村庄规划在报送审批前,应当经村民会议或者村民代表会议讨论同意。

经批准的村庄规划应当向社会公布,确需修改的应当报原批准机关审批。

【主旨】本条明确镇、民族乡国土空间规划及村庄规划的主体及其职责,概括规定了镇、民族乡人民政府国土空间规划及村庄规划的审批程序。规定了村庄规划应当尊重村民意愿,须经村民会议或者村民代表会议讨论同意。

[导读与释义]

本条的立法依据是:

(1)《城乡规划法》第 15 条。该条规定:"县人民政府组织编制县人民政府所在地镇的总体规划,报上一级人民政府审批。其他镇的总体规划由镇人民政府组织编制,报上一级人民政府审批。"

(2)《城乡规划法》第 22 条。该条规定:"乡、镇人民政府组织编制乡规划、村庄规划,报上一级人民政府审批。村庄规划在报送审批前,应当经村民会议或者村民代表会议讨论同意。"

(3)《广东省城乡规划条例》第 16 条。该条规定:"村庄规划由镇人民政府组织编制,经村民会议或者村民代表会议讨论同意后,报上一级人民政府审批。村庄规划的编制应当符合农村实际情况,满足村民生产生活需求,通俗易懂,明确村庄建设范围、住宅建设布局、公共服务设施和基础设施配置、历史文化和自然风貌保护等内容。"

　　根据《城乡规划法》的规定，村庄规划应当从农村实际出发，尊重村民意愿，体现地方和农村特色。村庄规划的内容应当包括：规划区范围，住宅、道路、供水、排水、供电、垃圾收集、畜禽养殖场所等农村生产、生活服务设施、公益事业等各项建设的用地布局、建设要求，以及对耕地等自然资源和历史文化遗产保护、防灾减灾等的具体安排。

　　根据《村庄和集镇规划建设管理条例》的立法精神，村庄规划就是通过科学合理的规划来改善、优化农村的农业生产、农房建设、生活居住以及其他基础设施。村庄规划可以划分为村庄总体规划和村庄建设规划。村庄规划的主要内容包括：乡级行政区域的村庄布点，村庄的选址布局、人口规模、建设用地、产业分布，道路交通、供水供电、绿化等生产和生活服务设施的配置。村庄建设规划应当在村庄总体规划指导下，具体安排村庄的各项建设。根据政策要求，2006 年的中央一号文件《中共中央、国务院关于推进社会主义新农村建设的若干意见》已将村庄规划正式纳入各级政府的工作范畴，提出要安排资金支持编制村庄规划和开展村庄治理试点，向农民免费提供经济安全适用、节地节能节材的住宅设计图样，科学安排农村的住房建设用地，搞好农村污水、垃圾治理，建设好新农村。村庄规划是社会主义新农村建设的核心内容之一。村庄是农村村民生产生活的聚居点，村庄规划是做好农村地区各项建设工作的基础，是各项建设管理工作的基本依据，对改变农村落后面貌，加强农村地区生产设施和生活服务设施、社会公益事业和基础设施等各项建设，推进社会主义新农村建设具有重大意义。现在韶关市村庄规划仍存在一些不能保证基本生活需求的设施缺乏问题，如缺水、缺电、道路不通等；一些影响生活质量提高的设施不完善问题，如道路未硬化、无垃圾收集点、缺乏公共活动空间等；一些影响村落健康发展的问题，例如植被破坏严重、违章不能保证基本生活需求的设施缺乏问题，如缺水、缺电、道路不通等。2019 年 1 月 4 日发布的《中央农办、农业农村部、自然资源部、国家发展改革委、财政部关于统筹推进村庄规划工作的意见》（以下简称《村庄意见》）明确把加强村庄规划作为实施乡村振兴战略的基础性工作，力争到 2019 年底，基本明确集聚提升类、城郊融合类、特色保护类等村庄分类；到 2020 年底，结合国土空间规划编制在县域层面基本完成村庄布局工作，持之以恒推动乡村振兴战略落实落地。《村庄意见》明确了村庄规划工作的总体要求，要按照产业兴旺、生态宜居、乡风文明、治理有效、生活富裕的总要求，深入学习浙江实施"千村示范、万村整治"工程以规划先行的经验，坚持县域一盘棋，推动各类规划在村域层面"多规合一"；以多样化为美，突出地方特点、文化特色和时代特征，防止"千村一面"；因地制宜、详略得当规划村庄发展，做到与当地经济水平和群众需要相适应；坚持保护建设并重，防止调减耕地和永久基本农田面积、破坏乡村生态环境、毁坏历史文化景观；发挥农民主体作用，充分尊重村民的知情权、决策权、监督权，打造各具特色、不同风格的美丽村庄。《村庄意见》要求，合理划分县域村庄类型。各地要结合乡村振兴战略规划编制实施，逐村研究村庄人口变化、区位条件和发展趋势，明确县域村庄分类，将现有规模较大的中心村，确定为集聚提升类村庄；将城市近郊区以及县城城关镇所在地村庄，确定为城郊融合类村庄；将历史文化名村、传统村落、少数民族特色村寨、特色景观旅游名村等特色资源丰富的村庄，确定为特色保护类村庄；将位于生存条件恶劣、生态环境脆弱、自然灾害频发等地区的村庄，因重大项目建设需要搬迁的村庄，以及人口流失特别严重的村庄，确定为搬迁撤并类村庄。《村庄意见》提出，统筹谋划村庄发展。各地要结合农村人居环境整治三年行动，加快推进村庄规划编制实施，统筹谋划村庄发展定位、主导产业选择、用地布局、人居环境整治、生态保护、建设项目安排等，做到不规划不建设、不规划不投入。结合村庄资源禀赋和区位条件，引导产业集聚发展，尽可能把产业链留在乡村，让农民就近就地就业增收。按照节约集约用地原则，提出村庄居民点宅基地控制规模，严格落实"一户一宅"的法律规定。按照硬化、绿化、亮化、美化要求，规划村内道路，合理布局村庄绿化、照明等设施，有效提升村容村貌。[1]

本条共两款，包括以下几个方面的内容：镇、民族乡人民政府作为责任主体，应当组织编制本行政区域内村庄规划，并报上一级人民政府审批。一般来说，责任主体的立法用语是"乡镇人民政府"，但此处用的是"镇、民族乡人民政府"。原因是韶关市截至 2021 年 6 月，全市只有一个民族乡，即深渡水瑶族乡。1987 年 12 月 14 日，经省人民政府批复同意，深渡水乡改名为深渡水瑶族乡。深渡水瑶族乡地势南高北低，一条名叫清化河的河流从南向北贯穿全乡。大部分自然村分布在沿河的两侧，这里靠河边建有咸宁阁墟，来往的人都必经一渡口。渡口水深数丈，故名深渡水。由于镇占据了韶关市农村基层政权的绝大多数，故在立法表述时从实际出发，采用"镇、民族乡人民政府"的形式。

村庄规划制订后，在报送审批前，应当经村民会议或者村民代表会议讨论同意。这是尊重村民意愿的重要程序，也是贯彻村庄规划从实际出发原则的基本精神。《村庄意见》强调村庄规划要充分发挥村民主体作用，组织动员社会力量开展规划服务。各地要紧紧依托村党组织和村民委员会开展村庄规划编制工作。规划文本形成后，应组织村民充分发表意见，参与集体决策。避免村庄规划或简单粗暴流于形式、或不切实际地一味复古或片面洋化，使得村庄规划不伦不类而导致村民拒绝接受或抵制。根据《村庄意见》的精神，村庄规划应当遵循以下编制原则：①多规合一。按照"多规合一"的总要求，村庄规划编制要做到规划工作底图、技术标准、规划范围、规划指标、规划目标期限、规划数据建库等方面统一。②突出村庄特色。按照"望得见山、看得见水、记得住乡愁"的要求，以全域规划的理念，以多样化为美，突出地方特点、文化特色和时代特征，保留村庄特有的民居风貌、农业景观、乡土文化，防止

---

〔1〕 参见"五部门联合发文统筹推进村庄规划工作"，载 http://www.gov.cn/xinwen/2019-01/14/content_ 5357899htm，最后访问时间：2021 年 6 月 5 日。

"千村一面"。③坚持保护建设并重。按照"绿水青山就是金山银山"的绿色科学发展理念，坚持保护与建设并重，保护好建设开发的生态底线，为生产、生活创造优质的生态环境，防止调减耕地和永久基本农田面积。④坚持以农民为主体。坚持"听民声、汇民智、重民意"的工作理念，在规划编制过程中充分听取村民诉求，组织村民充分发表意见，参与集体决策，确保规划符合村民意愿。[1]

村庄规划所涉及的主要内容：

（1）土地规划。土地规划主要包括以下几个方面：①耕地与永久基本农田保护规划。根据镇乡土地利用规划所明确的耕地及永久基本农田的规模以及数量，严格确定耕地与永久基本农田保护规模和面积，严禁占用耕地和基本农田，确保耕地与永久基本农田面积不减少且耕地质量有一定的提升。恪守耕地红线。②建设用地规划。根据镇乡总体规划面积，结合村庄的发展定位、农业生产特点、村庄地形地貌及村庄发展潜力等因素，科学预测村庄人口发展规模及建设用地规模，同时遵循"底线优先"，落实中央关于农村建设用地减量化的政策要求，确定最终村庄的建设规模，划定村庄建设用地规模边界。③生态用地规划。从本村的实际出发，结合村域生态用地的调查摸底与其他规划，划定生态红线，并对村域内的各类生态用地实行分级保护。④自然与人文景观保护。各村根据自身的特点和具体情况，对村庄特色的自然与人文景观、文物古迹、历史遗迹进行摸底、登记，并依据需要划定保护区域，确定需要建设的区域。[2]

（2）交通规划。交通规划是村庄规划中的一个重要内容。道路交通规划应根据村庄之间的联系和村庄各项用地功能、交通流量，结合自然条件与现状特点，确定道路交通系统，并有利于建筑管线的敷设。道路按功能和使用特点应分为公路和村庄道路两类，其中村庄道路要符合消

〔1〕 参见赵潇："村庄规划编制流程'七步走'"，载 https://blog.csdn.net/weixin_446172 66/article/details/88391051，最后访问时间：2021年6月5日。

〔2〕 参见赵潇："村庄规划编制流程'七步走'"，载 https://blog.csdn.net/weixin_446172 66/article/details/88391051，最后访问时间：2021年6月5日。

防通道的需求，不低于 4 米。禁止在公路两侧建筑控制区范围内建设住房。公路两侧建筑控制区范围，是指从公路两侧边沟（截水沟或者坡脚护坡道；无边沟的，防撞栏或者防撞墙外侧 5 米）外缘起算的以下间距：①高速公路不少于 30 米；②国道不少于 20 米；③省道不少于 15 米；④县道不少于 10 米；⑤乡道不少于 5 米。

（3）给水规划。饮用水是农村村民生活中的大事，即使在降水比较充沛的南方，仍然有不少地区面临饮水困难。给水规划，首先要确定用水量、水质标准、水源及卫生防护、水质净化等，其中集中式给水还要确定给水设施、管网布置，而分散式给水则要确定取水设施。

（4）排水规划。农村的生活污水处理极为随意，村庄规划应当将其作为另一个重点事项予以考虑和安排。排水工程应包括排水量、排水体质、排放标准、排水系统布置、污水处理方式。其中排水量应包括污水量、雨水量。农村住房建设中布置排水管渠时，雨水应充分利用地面渗透和沟渠排除；污水应通过管道或暗渠排放。污水排入河流之前要先进行预处理，宜采用净化沼气池、双层沉淀池或化粪池等进行处理。

（5）电力规划。照明和家用电器的快速增长，使得农村的供电日趋紧张。供电规划应包括预测村庄范围内的供电负荷，确定电压等级，布置供电线路，配制供电设施。村庄规划中，供电线路的布置应符合：沿公路、村庄道路布置；采用同杆并架的架设方式；线路走廊不穿过村镇住宅、森林、危险品仓库地段；减少交叉、跨越，重要公用设施、医疗单位或用电大户单独设置变压设备或供电电源。[1]

（6）电信规划。手机的普及促进了电信服务在农村的飞速增长。电信规划应包括电信设施的位置、规模、设施水平和管线布置。从目前来看，在韶关市部分山区，电信通信还存在一定障碍和困难。由于地形地势的阻隔，少数丛山峻岭的村民使用手机通信还不够畅通，韶关北部山

---

〔1〕 参见赵潇：“村庄规划编制流程‘七步走’”，载 https://blog. csdn. net/weixin_ 446172 66/article/details/88391051，最后访问时间：2021 年 6 月 5 日。

区的通讯业有待进一步改进。电信线路的布置应符合：避开易受洪水淹没、河岸坍塌、土坡塌方以及严重污染等地区；便于架设、巡查和检修；设在电力线走向的道路另一侧。

村庄规划尊重农民意愿主要是基于以下几个方面：第一，农村是农民的居住地，农村住房建设的好与坏，规划是否合理，村民生产生活是否方便舒适，农民最有发言权，因为农民对自己祖祖辈辈生活的土地是最熟悉不过的。第二，尊重农民意愿就是贯彻一切从实际出发的原则。从实际出发是党的工作基本原则，村庄规划应当坚持从农村实际出发，从农业实际出发，从农民实际出发，尊重客观实际和规律，这样的规划才经得起实践的考验，经得起农民的考验。第三，村庄规划不同于城市规划和城镇规划，对农业生产实际和农村生活的习俗和特点要尊重和考量，不能简单照搬照抄城镇的做法，也不能不顾地方实情，否则，所作的规划就是不实用的。第四，社会主义新农村建设不只依赖政府的财力物力投入，更需要发挥农民的创造性，需要广大农民的积极参与。村庄规划理所当然地需要农民的配合与参与。只有尊重农民的意愿，村庄规划才能让村民理解、赞同，从而自觉地遵守。这样，村庄规划才能得到落实。

本条第 2 款规定了村庄规划修改变动的程序。为了克服村庄规划的随意性，保证村庄规划的严肃性，使之不因相关领导任务的变更而变化，《管理条例》特别规定：第一，村庄规划制订获批后一定要对社会公开公布，让人民群众知晓；第二，村庄规划不可以随意删改、修改、变动以及废止。根据实际情况，村庄规划确实需要修改的，应当经上级批准机关准许后进行修改变动。

在尊重农民意愿和农村客观实际的基础上，经过科学合理的方式方法制订出村庄规划后，就必须保持它的严肃性和权威性，不能因人而异，因人而变。村庄规划的制定，需要尊重村民的意见，听取各领域专家的建议，规划一旦制定，绝不能随意变更。尤其是乡村的主政者，更应尊重规划的严肃性。乡村建设有自己的路径轨迹，如果因某一个领导的愿望和偏好而不断改变，那很可能使乡村规划和建设走向误区，从而造成不可估量的损失。为此，本条第 2 款特别规定："经批准的村庄规划应当向社会公布，确需修改的应当报原批准机关审批。"

第十二条 【规划的基本要求】

村庄规划编制工作应当保护历史文化资源，尊重农村村民意愿。农村住房建筑高度、体量、材料、色彩应当与环境相协调，体现绿色环保、民族特色和岭南农村建筑风格。

【主旨】本条以人与自然、人与环境相和谐为出发点和落脚点，明确了乡村规划编制工作的基本要求。

[导读与释义]

本条的立法依据是：《城乡规划法》第4条和第18条。《城乡规划法》第4条规定："制定和实施城乡规划，应当遵循城乡统筹、合理布局、节约土地、集约发展和先规划后建设的原则，改善生态环境，促进资源、能源节约和综合利用，保护耕地等自然资源和历史文化遗产，保持地方特色、民族特色和传统风貌，防止污染和其他公害，并符合区域人口发展、国防建设、防灾减灾和公共卫生、公共安全的需要。在规划区内进行建设活动，应当遵守土地管理、自然资源和环境保护等法律、法规的规定。县级以上地方人民政府应当根据当地经济社会发展的实际，在城市总体规划、镇总体规划中合理确定城市、镇的发展规模、步骤和建设标准。"第18条规定："乡规划、村庄规划应当从农村实际出发，尊重村民意愿，体现地方和农村特色。乡规划、村庄规划的内容应当包括：规划区范围，住宅、道路、供水、排水、供电、垃圾收集、畜禽养殖场所等农村生产、生活服务设施、公益事业等各项建设的用地布局、建设要求，以及对耕地等自然资源和历史文化遗产保护、防灾减灾等的具体安排。乡规划还应当包括本行政区域内的村庄发展布局。"

住房和城乡建设部于 2011 年制定的《农村住房建设技术政策（试行）》总则的第 4 条要求，农村住房建设要遵循以下基本原则：①农民主体，政府引导。农民是住房建设的主体，必须尊重民意，充分调动农民建设美好家园的积极性和主动性。居住区（聚居点）的规划设计、房屋选址、土地调整、资助政策及建筑施工、建材选购、质量管理、工程验收等各个环节都要依法进行并听取群众意见，让群众了解，请群众监督，打造群众满意工程。各级政府要建立正确的政绩观，量力而行，不搞强迫命令，不搞"一刀切"。要充分发挥政府的统筹协调和政策引导作用。要统筹规划、统筹资源、统筹资金，整合并综合使用各种扶持"三农"的资金和优惠政策。最大限度地发挥财政资金的导向和带动作用，并根据相关法规与规范的要求，加强对农村住房规划建设的监督管理，保证农村住房的建设质量。②坚持因地制宜原则。我国农村不仅与城镇存在较大差异，而且在不同地区农村之间在地理气候条件、自然资源条件、经济发展水平、农民收入水平、风俗习惯、历史文化传统等方面也存在着差异，在农村住房建设中必须针对实际情况采取有针对性的规划、设计方案和技术措施。城镇和其他地区农村的好经验可以借鉴，但不能盲目照搬。③体现特色。农村住房具有不同于城市的乡土特色，而且不同地区农村住房之间还存在着不同的地方特色和民族特色，这些要求在农村住房建设的规划、设计、材料选用、施工工艺等方面均应予以体现，以建设全面体现社会主义新农村建设要求的农村住房。

本条对村庄规划编制工作规定以下义务性要求：

（一）保护村庄的历史文化资源

"村庄，作为人类社会文明发源的起点，承载了中华文明悠远绵长的历史，是农耕文明的基础和缩影，是民族历史和精神情感之根。"[1]

"乡村是中华传统文化的根基。传统村落既是乡土文化的重要载体，又是中华文化的认同所系，对增进文化认同、文化自信意义重大。从南

---

〔1〕　庄园、李睿："浅谈村庄整治中的历史文化保护"，载《科技促进发展》2010 年第 S1 期。

京传统村落的乡村振兴实践看，推进乡村文化振兴，要以社会主义核心价值观为引领，深入挖掘传统村落蕴含的农耕文化、商业文明、淳朴民风等历史文化资源，涵养出乡土人才的创新创业创造活力和扎根农业农村的精神风貌，进而推动农村产业振兴、生态振兴、组织振兴。"〔1〕韶关历史文化悠久，西汉元鼎六年（公元前111年）设曲江县治，建立行政机构，管理当今的韶关大部分地区。韶关的地理位置处于粤湘赣三省交界之处，是南北通道的咽喉。中原地区的居民为躲避战乱而南下首栖之地，客家文化的聚集地，是远古时代马坝人的家乡，石峡文化的发源地，禅宗文化的祖庭，唐代著名宰相张九龄的家乡，南雄珠瑶古巷是广府文化的发源地，也是广东少数民族的主要聚集地。被称为岭南名郡。其中作为韶关的县级市，南雄有许多百年古村落，古朴典雅、人文气息浓厚的古民居、古建筑，各种精美复杂的祠堂雕刻，显示出厚重的历史文化韵味。被称为粤北客家第一村、西晋古村的新田古村，是一个历史悠久、文化深厚的古村庄。位于南雄市东北部的新田村，距南雄市区约30公里，隶属乌联镇管辖。早在西晋建兴三年（公元315年），该村开始成型，距今已有1700多年历史。位于珍珠江南岸的新田村，其东、西、北三面被珍珠江环绕，全村占地约25公顷。现有古村部分约5万平方米，近代以前古建筑面积约1.8万平方米。新田村的古旧建筑以青砖灰瓦、砖木结构为主，现存建筑以晚明建筑为主，建筑形式主要有民居、祠堂、书院、古榕、楼阁、庙宇、古井、里巷、鸟居等，具有鲜明的客家特色。其中尤其珍贵的是保存了很多栩栩如生的木像、石像、砖像、灰像等建筑构件，具有很高的历史文化艺术价值。除了新田古村，韶关市其他县市区还有许多历史悠久、特色鲜明的古村落，国家第五批历史文化名村61个。2010年12月13日，国家批准广东省仁化县石塘镇石塘村为国家历史文化名村。石塘古村全村占地面积15公顷，现有居民3400多人，村落的古建筑约有130座，保存完好的有106座，是韶关市范围内集古屋、

---

〔1〕 朱庐宁、宋广玉："挖掘传统村落历史文化资源"，载《新华日报》2021年3月23日。

古巷、古井、古寨、古风、古韵于一体，历史文化底蕴最深厚、古建筑群最大、保存最完好的一个古村落。2010年12月13日，住房和城乡建设部与国家文物局在北京公布第五批中国历史文化名镇名村的名单，共有99个镇、村入选，整个广东省仅有4个上榜，韶关市仁化县石塘村赫然在列，成为韶关市唯一的"中国历史文化名村"。韶关市乳源瑶族自治县的必背瑶寨是具有民族风情的特色村寨，它位于县城东北54公里的南岭山脉，必背瑶寨是海外瑶族的发祥地，必背瑶寨背倚必背瑶山，风光旖旎，瑶族风情独具特色。此外，韶关仁化县、始兴县、曲江区等县市区的石下古村、应下古村、大围古村、古夏古村、曹角湾古村、长围村围屋、风度古村等都是有名的古村落。如果不对这些古村落加以保护和传承，像城市开发一样，为追求经济利益而不顾一切地推倒重建，那么这些古村落就会丧失殆尽，再也无法重现。

韶关市的村庄规划总体情况如下：首先，在镇乡两级基层政权设置规划管理机构，全市除7个乡镇外，其余各乡镇均已建立规划管理机构，负责农村住房建设管理工作，包括核发《乡村建设规划许可证》、批后监管及规划核实等工作。其次，积极推进村庄规划工作，韶关市各县（市、区）共1205个行政村，其中需要单独编制村庄规划的有1169个，其余36个已纳入城镇规划管理范围无需单独编制村庄规划。截至2019年底，韶关市已实现村庄规划全覆盖，每一个村庄均有规划可循。为了进一步加强农村住房建设管理工作和村庄规划工作，韶关市自然资源局还有针对性地开展了以下各项工作：其一，做好村庄规划优化提升试点工作。做好村庄规划编制工作是推进乡村振兴战略的重要举措，是实施国土空间用途管制的法定依据。按照广东省自然资源厅工作要求，韶关市自然资源局于2020年组织各县（市、区）对现有村庄规划进行系统评估，全面分析本市现有村庄规划中的突出问题。在全面开展村庄规划评估的基础上，选取南雄市珠玑镇长迳村等4镇14个村开展村庄规划优化提升试点工作，获得省额外支持建设用地规模314亩。目前村庄规划优化提升试点成果已提交省厅，通过试点提炼一批村庄规划优化提升优秀案例及成功经验。其二，出台《韶关市加强市区主要道路沿线农村住房建设管控工作指引》。结合市区主要道路沿线农房建设实际，联合市农业农村局、市住房管理局出台《韶关市加强市区主要道路沿线农村住房建设管控工作指引》，指导基层政府加强市区主要道路沿线地带农村住房建设管控，遏制主要道路沿线违法违规搭建房屋现象，改善主要道路沿线生产生活环境。其三，出台《韶关市农村住房建设规划管理工作指引》。以《韶关市农村住房建设管理条例》的颁布为契机，联合市农业农村局、市住房管理局出台《韶关市农村住房建设规划管理工作指引》，细化农村建房规划审批流程，指导基层政府落实农村住房建设规划管理工作，切实为农民用地建房提供便捷高效的服务。其四，加强宣传培训工作。2021年3月3日，以全市召开春耕春播现场会为契机，联合相关部门在仁化县扶溪镇开展《韶关市农村住房建设管理条例》主题宣传活动，包括现场提供咨询服务、派发宣传资料，同时开展"《韶关市农村住房建设规划管理工作指引》解读"的专题讲座，仁化县各乡镇相关规划管理人员参加培训。通过宣传与培训，切实提高农民群众遵守法律法规的意识，指导基层有序开展农村住房建设规划管理审批业务，促进农村住房建设行为的规范化和法制化管理。同时，采取多种途径加强农村乱占耕地建房"八不准"的宣传，进一步规范农村建房用地行为。[1]

虽然韶关市的村庄规划已经实现全覆盖，但现有的村庄规划还是存在一些不足和问题，主要表现为：村庄规划实用性不强，科学性和合理性较差；历年编制的部分村庄规划存在质量不高、不管用、不好用、不实用的问题，难以发挥村庄规划的引领和规范作用；基层规划管理人员力量不足，规划管理水平有待提升；农村村民建房所需的现状地形图测量等费用不足等。

---

[1] 参见 2021 年 6 月 18 日文武宏在韶关市人大常委会关于《韶关市农村住房建设管理条例》实施情况的调研会上的发言。

传统村庄是一个系统性的文化遗存，要深入挖掘其非物质文化遗产和各类民俗文化。为此，韶关在村庄规划编制方面还需要做好以下工作：第一，建立村庄档案。对传统村庄具有保护价值的内容进行系统而详尽的查询、搜集、整理，并进行登记造册。第二，对保护对象进行评估、类、分析。将保护对象进行分类，评估其价值，分析其特征。第三，选择、确定村庄的保护对象。在前两步基础上进行挑选、甄别，选取有价值的对象进行重点保护和特别保护。第四，制定详细可行的严格保护措施和方案。传统村庄是稀缺珍贵且永远不可能再生的文化资源，应制定周到完备且严格的措施进行保护。

（二）农村住房建筑高度、体量、材料、色彩应当与环境相协调

《管理条例》对韶关市农村的住房建设在高度、体量、材料以及色彩方面作出了基本规定。农村的住房建设应当从实际需要出发，不宜简单模仿城市建造高楼，更不应脱离实际，建造摩天大楼。一般以三层上下为宜。农村住房的面积也以满足基本居住为标准，不宜建造面积过大的房屋，以免造成不必要的浪费。韶关是粤北山区城市，地形以山区和丘陵为主。过高过大的房屋与农村的环境不协调，因此，总体上宜以低矮的建筑为主。建筑材料是土木工程和建筑工程中使用的材料的统称。一般可分为建筑结构材料、建筑装饰材料和某些建筑专用材料。其中建筑结构材料包括：钢筋、水泥、沙子、木材、竹材、石材、砖瓦、陶瓷、玻璃等；建筑装饰材料包括：油漆、涂料、贴面、各种瓷砖、玻璃等；建筑专用材料包括：防水、阻燃、隔音、隔热、保温、密封等材料。建筑材料的选用一方面要符合环保要求，考虑到健康、安全、节约能源等因素；另一方面，要与周边自然环境相匹配、相协调，不宜过分复古，也不宜片面洋化。至于色彩，《管理条例》没有明确规定。主要的原因是：第一，韶关市的民居建筑历来以浅灰色为主调。立法要尊重历史。第二，如果统一规定某一种色彩或者某几种色彩，那么就限定了村民选择的范围，这明显是不合理的。第三，农村住房的色彩本应丰富多彩，

房屋色彩的选择应当根据当地自然环境和历史传统以及民族特点来决定。这样可以保持农村住房建设的鲜活个性，避免为追求统一性而导致农村住房千篇一律。

（三）农村住房建设应当体现绿色环保原则

农村住房建设要体现绿色环保原则，主要是指：第一，为响应国家绿色新发展理念，农村住房在选择建筑材料方面应当考虑材料是否符合国家标准以及是否绿色环保，是否能够有效降低对当地环境的破坏；在建造住宅的过程中应当及时处理产生的建筑废料，以及尽量减少废料的产生，减少对当地自然环境的破坏；在施工过程中减少扬尘，减少对空气质量的影响；在选址方面应当考虑在此地建造房屋是否会破坏地表，而且要考虑到岭南地区多山地丘陵，在夏季大雨时期易发生地质灾害，例如滑坡、泥石流等。因此，选址要尽量避免在山坡，一来可减少对山地的破坏，二来可有效避开自然灾害的影响。岭南地区位于热带亚热带地区，常年高温多雨，因此建筑设计应当考虑雨水的回收利用，可采用绿色屋顶，利用坡顶式设计来收集雨水，收集的雨水可用来浇灌或者汽车冲洗，达到绿色环保的目的。第二，南方天气热，在外观上应采用浅色，深色容易吸热，导致夏天室内高温，可选用保温隔热外墙材料。我国全部国土位于北半球，因而在房屋朝向问题上大概一致选择"坐北朝南"，如此可增加采光，减少灯光的使用，以达到绿色节能的效果。第三，根据《自然资源部办公厅关于进一步做好村庄规划工作的意见》的规定，村庄规划编制和实施要充分听取村民意见，反映村民诉求。自然资源部表示，村庄规划批准后，组织编制机关应通过"上墙、上网"等多种方式及时公布并长期公开，方便村民了解和查询规划及管控要求。拟搬迁撤并的村庄，要合理把握规划实施节奏，充分尊重农民的意愿，不得强迫农民"上楼"。同时指出，各级自然资源主管部门在编制村庄规划时，要尊重自然地理格局，彰显乡村特色优势。在落实县、乡镇级国土空间总体规划确定的生态保护红线、永久基本农田基础上，不挖山、不填湖、不毁林，因地制宜划定历史文化保护线、地质灾害和洪涝灾害风险控制线等管控边界。

（四）农村住房建设应当体现民族特色和岭南农村建筑风格

《广东省人民政府关于全面推进农房管控和乡村风貌提升的指导意见》指出：坚持示范创建与分类指导相结合，试点先行，典型引领，因地制宜，彰显特色，防止千篇一律、千村一面。坚持传承历史文化与塑造现代风貌相结合，既重视传统村落和历史建筑的保护利用，又合理运用现代技术和生态环保材料，体现时代特色。打造样板示范村庄。结合各地工作基础，在珠三角核心区、美丽乡村"一十百千"示范创建区域、省级新农村示范片、省际边界美丽乡村风貌示范带等地率先打造一批风貌突出的各类样板示范村庄，形成可推广可复制的经验，引领带动全省乡村风貌提升。

（1）民族特色。农村住房的民族特色是各族人民在特定的时空、地理环境下，适应自然环境、气候特征以及其他人文因素而形成的显著特点。中国有56个民族，各民族在长期的生产生活中逐步形成了各自的独特建筑文化，例如哈萨克族的毡房、蒙古族的蒙古包、傣族的吊脚楼、侗族的鼓楼、羌族的碉楼、白族的瓦房、彝族的土掌房等。这些特色建筑从实际出发，采用了经过千百年来的生产生活实践锤炼出来的行之有效的民居建筑设计方案，是最适合当地民族居住和生活的。比如，我国西南地区由苗族、壮族、布依族、侗族、土家族等建造的吊脚楼，就是适应了南方地区湿热气候的一种特色民居建筑。吊脚楼多依山傍水就势而建，属于干栏式建筑，但与一般干栏式建筑有所不同。干栏式建筑应该全部都是悬空的，所以吊脚楼又被称为半干栏式建筑。由于南方夏季闷热潮湿，冬季阴冷多雨，春秋季多云多雾，山地多蚊虫毒蛇等野兽，为躲避这些危害，该地区的少数民族都居住在吊脚楼。可见，保持民族建筑特色不变，尊重民族特色是很有必要的。相反，如果不从民族居住地的实际情况出发，盲目照搬照抄别的民族或者别的国家的建筑，就会给当地民众带来生产生活的不便，也丧失了民族特色。韶关市少数民族以瑶族、畲族为主，还有满、回、京、苗、黎、白、侗、土家等，共31个。瑶族主要分布在乳源瑶族自治县、曲江县（区）和始兴县，畲族主要分布在南雄市和始兴县。瑶族建筑的特点是一般依深山密林而居，房屋结构上多采用"人"字形棚居建筑式样，以增强稳定性。屋基四周常用杉木条（或松树条）支撑屋架，屋顶用杉树皮或稻草覆盖，屋顶周围以竹木围蔽。居住在深山老林里的瑶族同胞还建造了一种"半洞居"的房屋。即就地取材，依山挖洞，在山洞外用杉木或其他木材遮盖洞穴，白天在洞内活动和休憩，夜晚在洞内卧宿。而在一些坡度较大的山岭地带，瑶族人民建有"吊楼"式建筑，即房屋的一半建在坡地上，另一半则依山势坡度的大小建筑吊楼。定居在韶关盆地、丘陵地区的瑶族，其居住的房屋与汉族地区的住宅相似，多为土木或泥瓦结构，房舍建筑一般分住房和寮房。

关于民居的民族特色问题，应当指出的是：讲究民族特色，保持民族特色，不能仅指少数民族特色，汉族特有的建筑传统同样是宝贵的，也是需要传承和珍视的。汉族的民居建筑的共同特点是房屋朝向选择"坐北朝南"，注重室内采光、通风，南北对流；传统建筑材料多用砖、石，且以木梁承重；现代建筑多用钢筋水泥。民居中心建有堂屋，屋顶、檐口以雕梁画栋和装饰。住宅布局左右对称，整体上讲究对称性和方正性。经过数千年历史锤炼而形成的建筑文化是弥足珍贵的，不可轻易抛弃。我们提倡保持汉族建筑传统和特点，要反对盲目地西化、洋化。不顾实际情况和实用性而简单抄袭西方建筑样式，会使得民居不伦不类，缺乏自身特色。

（2）岭南建筑。韶关被誉为"岭南名郡"。岭南，是我国南方五岭以南地区的概称。而五岭由越城岭、都庞岭、萌渚岭、骑田岭、大庾岭组成。岭南建筑是中国民居建筑艺术的一朵奇葩，有着突出的地理区域特点。岭南建筑主要分为广府建筑、潮汕建筑和客家建筑。广府民系民居通常是指位于珠三角地区的建筑。此类建筑设计大部分采用三间两廊形式，特点是通风、阴凉防潮、防晒。乡村的房屋大多数采用双孖屋并用港道连接的梳式布局。潮汕民居是广东省潮汕地区传统居民建筑样式，其设计主要基于两个方面的考量：其一是潮汕地区多聚族而居，有许多家族聚居在一起；其二，潮汕地区濒临沿海，夏秋季节多台风。故此类建筑都是以姓氏宗祠为中心的围寨格局，采用以天井为组合的三进院落式民居，两旁各带一列或二列垂直型横屋，用狭长天井进行联络。特点是通风，通气，给人一种安全感，既可以抗击外敌入侵，也有利于抗台风、抗地震。粤东北客家民居的围屋被称为中国民间五大传统民居建筑形式，以堂屋（祖祠）为建筑中心。其建筑样式反映了客家人的传统习俗和安全观念。该民居的布局基本上与潮汕民居相同，为三进三间院落式，两侧加横屋，正中为客厅，厅后为祖堂，全族家人聚居在一起，有一种团结、安全的感觉。这种民居同时可防寒防风，抵御外来侵犯。

（3）岭南建筑的特点。韶关属于岭南地区，它的地质地形构造比较复杂，以山地为主，河流穿行于山脉之间，形成众多且交错纵横的河网。气候上属于亚热带季风气候，全年湿润多雨，尤其是春夏之交，多暴雨。韶关地区的建筑结构直接适应和反映了韶关地区的地理气候特点和民俗文化特色。韶关的先民们根据岭南地区湿热多雨的天气情况，以竹木结构为建筑主材，形成了依木为居的极具本地特色的岭南建筑式样，这些岭南民居适应了当地的自然条件，体现了人与自然的和谐统一，山环水绕，山水交融，环境宜人，且美观实用。

岭南地区少数民族民居以竹木结构建筑为主，其特征表现如下：①实用性。即岭南民居基本都是为方便生活生产需求来建造的。岭南建筑大多体现着务实性。包括房间的多少、大小，相互连接的通道、天井庭院、飞檐走壁的设计都是比较合用，朴素、简洁，不过于张扬，不追求华丽。这一点与广东人的性格特征极为相似。②开放性与兼容性。由于岭南的特殊地理位置，西方的建筑思想与设计方法较早传入该地。因此，岭南建筑融合了一定的西方文化。岭南新建筑的特征与表现是：一是，开敞通透的平面与空间布局；二是，轻巧的外观造型和明朗淡雅的色彩；三是，建筑结合自然、庭园的环境布置；四是，富有地方传统特色的装饰装修和细部处理。[1]岭南建筑是适合韶关地区地理地形和气候特点的建筑样式，保持和传承这一建筑特点弥足珍贵。故本条例提倡农村住房建设突出并体现这一特色。

---

[1] 参见陆元鼎：《岭南人文·性格·建筑》（第2版），中国建筑工业出版社 2015 年版。

第十三条【宅基地规划面积标准】

农村村民一户一宅规划面积按照省规定的标准执行，各县（市、区）人民政府可以结合本地实际作出规定，并向社会公布。

人均地少，不能保障一户拥有一处宅基地的地区，在充分尊重农民意愿的基础上，县级以上人民政府可以通过集体建房等方式，按照本地区规定的标准保障农村村民实现户有所居。

【主旨】 本条旨在遏制农村建房的超大超高现象，规定农村住房规划面积按照广东省规定的标准执行。不能保障一户一宅的地区，则由县级以上人民政府可以通过集体建房的方式予以保障。

【导读与释义】

本条的立法依据是：

（1）《土地管理法》第62条第1、2款。该条款规定："农村村民一户只能拥有一处宅基地，其宅基地的面积不得超过省、自治区、直辖市规定的标准。人均土地少、不能保障一户拥有一处宅基地的地区，县级人民政府在充分尊重农村村民意愿的基础上，可以采取措施，按照省、自治区、直辖市规定的标准保障农村村民实现户有所居。"

（2）《土地管理法》第78条第2款。该款规定："超过省、自治区、直辖市规定的标准，多占的土地以非法占用土地论处。"

（3）《广东省实施〈中华人民共和国土地管理法〉办法》第36条。该条规定："农村村民一户只能拥有一处宅基地，新批准宅基地的面积按如下标准执行：平原地区和城市郊区八十平方米以下；丘陵地区一百二十平方米以下；山区一百五十平方米以下。有条件的地区，应当充分利用荒坡地作为宅基地，推广农民公寓式住宅。"

本条包含 2 款，第 1 款是具体落实《土地管理法》第 62 条关于"一户一宅"原则的规定。"一户一宅"是指：一个农户只能拥有一处宅基地。任何一个农户不能占有超过一处的宅基地。按照《土地管理法》的基本规定，保障户有所居，实现农村村民的居住权是政府的职责，也是农村村民享有居住权益的体现；任何一个农户都可以拥有一处宅基地，但不能超过一处；住宅面积不能超过法律法规规定的面积。严格实行"一户一宅"原则的立法理由是：第一，土地是一种重要的生产生活资源，而且是有限的。任何人都不可以随心所欲地占有多余的土地。我国是实行公有制的社会主义国家，土地属于公有，只有严格执行"一户一宅"，才能避免土地过于集中，避免土地浪费，才能实现社会公平。第二，按照土地性质划分，我国的土地所有制分为全民所有制和集体所有制。《宪法》规定，农村的土地，除由法律规定属于国家所有的以外，属于农民集体所有。由此可见，农村的土地，特别是宅基地具有身份属性，是特定集体成员所享有的权益，带有福利性质。因此，集体土地只能在集体成员认定基础上，以户为单位，按照公平公正的原则进行分配。第三，"一户一宅"原则是土地集约利用，节约用地的基本要求。随着我国城镇化浪潮的掀起，农村常住人口不断流出，广大乡村呈现出破败凋敝现象，各地出现了很多空心村。这导致了土地房屋的闲置和浪费。严格实行"一户一宅"，可以减少土地资源的闲置浪费，充分发挥土地的效用。第四，按照"一户一宅"建设新农村，有利于村庄整体规划。良好村庄建设规划对提高农村人居环境、满足农民居住品质需求提升是非常重要的。从严落实"一户一宅"原则，严格按照乡村规划进行农村房屋建设，是乡村建设秩序的基本保证。

至于一宅的面积，按照《土地管理法》第 62 条的规定，由省、直辖市、自治区作出统一规定。《广东省实施〈中华人民共和国土地管理法〉办法》进行了细化，其第 36 条第 1 款规定："农村村民一户只能拥有一处宅基地，新批准宅基地的面积按如下标准执行：平原地区和城市郊区八十平方米以下；丘陵地区一百二十平方米以下；山区一百五十平方米以下。"广东省以丘陵为主，大体上属于东南丘陵地区，地势北高南低，北部、东北部和西部为山区，中部和南部沿海地区多为低丘、台地，山地和丘陵约占全省土地总面积的58.6%，平原主要是珠江三角洲平原和潮汕平原，台地分布在雷州半岛—电白—阳江一带和海丰—潮阳一带。台地和平原约占全省土地总面积的35.9%。因而，广东省根据本省的地形地貌实际，将全省划分为三类地区是合理的。

本条第1款根据韶关的实际情况，将新批宅基地面积授权给各区各县市，这是一种灵活的做法。有利于各县市区根据本地区土地情况来作出符合实际的规定。

另外，根据韶关市自然资源局、韶关市住房和城乡建设管理局、韶关市农业农村局印发的《韶关市加强农村住房建设管理的指导意见》的规范要求，农村住房建筑占地面积按其家庭人口多少划分为大、中、小三种户型，各种户型建筑占地面积标准由各地根据实际确定，但每户宅基地基底面积不得超过150平方米。韶关市总体上为山区，各县市在规定宅基地面积时，做法不一，乳源县为130平方米，南雄市为150平方米。笔者认为韶关全市三区六县统一规定为150平方米是合理的。原因是：第一，韶关市属于北部山区，农村村民新批准宅基地的面积为150平方米符合《广东省实施〈中华人民共和国土地管理法〉办法》第36条的规定；第二，宅基地面积太窄不利于建造岭南民居，会使农村民居失去岭南建筑特色，这与本条例提倡的岭南特色相违背；第三，确定宅基地面积要从实际出发，充分考虑到农村村民生产生活的需要。农村村民的实际情况有以下几个方面：其一，农村村民的生产工具、农用机械、农药化肥等需要与人居房屋适度分离，需要专门的空间来存放；其二，农村村民需要一定的空间来饲养家禽家畜。虽然，近些年来，南方农村村民家庭养猪的情况已经少见，但是养鸡养鸭还是比较多的。数千年来的自然权利，也不能随意限制和剥夺。相反，我们应当给予尊重。因此，韶关南雄市规定新批宅基地面积为 150 平米是正确的，可以在全市各区各县推广。

本条第 2 款规定在特殊情况下，个别地区因为宅基地太少无法满足需要的，可以通过集体建房来落实"户有所居"。"住宅权是所有人享有的一种基本人权，任何人有权获得可负担得起的适宜人类居住的、有良好的物质配套设施、具有安全、健康和尊严，并不受歧视并保有（无正当法律依据不受驱逐）居所的权利。为实现住宅权，政府、社会组织和个人承担重要的责任和义务。"[1]集体建房一般要同时符合以下条件：①该县市区人均地少，无法保障一户拥有一处宅基地的。②要经过充分调研，在充分尊重农民意愿的前提下进行集体建房，绝不可以为了牟利，违背群众意愿，强制或变相强制农民"上楼"居住，建造高层建筑。③仅有县级以上人民政府才有权决定是否集中建房。为了防止一些基层政权或村民委员会以逐利为目的，与土地开发商串通，不顾村民意愿，任意占用土地建造所谓的小产权房，故本条例特别规定集体建房权由县级政府行使。④解决地少人多，实现户有所居的方式是集体建房、统一集中居住等，应按照本地区规定的标准保障农村村民实现户有所居。⑤经过正当合法程序批准的集体建房或集中建房的，住宅面积要符合现有的法律法规规定，不可以超高超大建造别墅等住房。2018 年 12 月 23 日在第十三届全国人民代表大会常务委员会第七次会议上所作的《国务院关于农村土地征收、集体经营性建设用地入市、宅基地制度改革试点情况的总结报告》指出："科学确定'一户一宅'的分配原则，改革农民住宅用地取得方式，探索农民住房保障在不同区域户有所居的多种实现形式，健全农民住房保障机制。试点实践中，试点地区因地制宜探索户有所居的多种实现形式：传统农区实行'一户一宅'；在土地利用总体规划确定的城镇建设用地规模范围内，通过建设新型农村社区、农民公寓和新型

---

〔1〕 曾凡昌：《中国住宅权保障法律制度研究》，华中科技大学出版社 2016 年版。

住宅小区保障农民'一户一房'。因此，建议：对人均土地少、不能保障'一户一宅'的地区，允许县级人民政府在尊重农村村民意愿的基础上采取措施，保障其实现户有所居的权利。"

　　集体建房这一个概念不是很准确，严格地说应该是集中建房。新农村房屋建设过程中，有些地区作了规划，把房子集中建设在一起，形成一个小多层或小高层建筑，然后让农民集中居住在一起，其实有一定好处。首先，有利于统一规划，形成比较整齐、规范、整洁的人居环境，有助于改变农村面貌；其次，最大化利用土地资源，最大限度提高土地利用程度，有利于腾挪空闲地，发挥土地价值；再次，集中居住，有利于进行管理，提高农民的生活质量，并且在居住期间，打造新型社区管理，将配置相关的商业服务设施，生产生活服务设施，更方便农民的生活；最后，农村部分地区日益空巢化，空心化，建造集中居住地，可以改善农村聚落分散的状况，加强村民之间的联系和相互帮助，这对留守老人和留守儿童也是有益的。

第十四条 【层高和建筑面积】

城镇集中建设区外的农村村民一户一宅建设一般符合下列要求：

（一）建筑层数不超过3层；

（二）首层不高于4.5米，其余每层不高于3.5米；

（三）建筑总面积不超过300平方米。

【主旨】 本条旨在对新建农村住房的体量进行合理控制。

【导读与释义】

本条的立法目的是抑制农村村民建房盲目攀比，追求超高超大的倾向。本条共1款，分为3项，分别对农村住房的层数、层高和建筑总面积进行了统一规定。现有的法律法规没有对农村住房的层数、层高和建筑总面积作出统一而明确的规定，只有广东省职能部门的相关政策文件对此作了授权规定。《广东省农业农村厅、广东省自然资源厅关于规范农村宅基地审批管理的通知》对宅基地分配原则的规定为："农村宅基地分配使用严格贯彻'一户一宅'的法律规定，农村村民一户只能拥有一处宅基地，面积继续沿用省规定的面积标准。农村村民应严格按照批准面积和建房标准建设住宅，禁止未批先建、超面积占用宅基地。经批准易地建造住宅的，应严格按照'建新拆旧'要求，将原宅基地交还村集体。农村村民出卖、出租、赠与住宅后，再申请宅基地的不予批准。人均土地少、不能保障一户拥有一处宅基地的地区，县级人民政府在充分尊重农民意愿的基础上，可以采取措施，按照我省宅基地面积标准保障农村村民户有所居。各县（市、区）人民政府要完善以户为单位取得宅基地分配资格的具体条件和认定规则，消除公安分户前置障碍。农村宅基地地上房屋层高和建筑面积标准由各县（市、区）人民政府结合本地实际作出限定。"可见，广东省明确将农村宅基地建房的体量标准授权给各县市区人民政府规定。这也说明本条的立法指导思想是符合政策要求的。

2019 年，韶关市自然资源局、韶关市住房和城乡建设管理局以及韶关市农业农村局联合印发了《韶关市加强农村住房建设管理的指导意见》。该指导意见规定：农村住房建筑面积原则上控制在 300 平方米以内，家庭人口多的，按照 35 平方米/人控制。新建农房的建筑层数原则上不超过 3 层，首层不高于 4.5 米，其他每层不高于 3.5 米。确需建至 4 层的，由各县（市、区）人民政府根据本地实际研究确定并从严控制。位于风景名胜区、历史文化传统镇（村）、国家公园等特殊区域、重要节点的建筑高度按照特殊区域管理要求为准。

（1）关于农村住房的建筑层数。《农村住房建设技术政策（试行）》规定，"聚居区内的住房原则上不建平房，层数应以 2~5 层为宜"，故韶关市结合实际规定所建住房不超过 3 层。另外，《农村住房建设技术政策（试行）》第 45 条规定："建筑施工应由有资质的施工企业或建筑工匠承担。四层及四层以上或集中统建的农村住房，应由具备相应资质的施工企业承担施工，对集中统建的农村住房项目应办理质量安全监督手续；三层及三层以下的可由建房村民选择具备相应资质的施工企业或农村建筑工匠承接施工。"为了减少不必要的监管，减少对农村住房建设的行政审批，方便农民的住房建设，《管理条例》规定城镇集中建设区外的农村村民一户一宅建设活动中，建筑层数不超过 3 层。农村的民房建设大都由没有专业训练和相关资质的农村的民间工匠建造，民用建造的层数过高，可能会产生安全问题，给人民群众的人身安全和财产安全带来一定的隐患。所以，本条例规定农村住房的层数不超过 3 层。

（2）关于农村住房的层高。《农村住房建设技术政策（试行）》规定："坚持'有利生产，方便生活'原则，做好住房空间、平面布局……提高住房的适应性。室内空间组织宜具有一定灵活性，可分可合，适应不同时期家庭结构变化，避免频繁拆改。住房层高一般宜在 2.6~3.0 米之间，其中底层层高可酌情增加，但一般不超过 3.3 米。"考虑到岭南建筑的特点、客观实际情况以及历史传统，《管理条例》在规定农村住房的首层和其他层高时作出了突破性规定，即：首层不高于 4.5 米，其余每层不高于 3.5 米。这是结合韶关市农村住房建设的实地调研情况，以及农民生活水平和农村建房的习惯所作的规定。其主要基于以下几个方面的考虑：一是贯彻国家政策中的"放管服"精神，减少行政审批，减少农民办事难度和成本。二是考虑到农房建设的安全问题。农村住房层数过高，无疑会产生更大的安全隐患。三是根据韶关三区六县实地调研情况所作出的设置。

（3）关于农村住房的建筑总面积。韶关市自然资源局、韶关市住房和城乡建设管理局、韶关市农业农村局在 2019 年联合印发了《韶关市加强农村住房建设管理的指导意见》。该指导意见对农村住房建设面积作出了指导性规定，即：农村住房建筑面积原则上控制在 300 平方米以内，家庭人口多的，按照 35 平方米/人控制。住房和城乡建设部颁布的《建筑工程施工许可管理办法》规定："工程投资额在 30 万元以下或者建筑面积在 300 平方米以下的建筑工程，可以不申请办理施工许可证。"基于以上两个方面的考虑，故本条规定建筑总面积不超过 300 平方米。农村住房建筑面积控制在 300 平方米以下，其立法理由在于：第一，土地是有限的，要珍惜节约土地，不可过大过多地占有宅基地，以免造成土地资源浪费。第二，整治农村宅基地的混乱状况，控制农村住房建设中的过高过大现象，抑制农民建房攀比心理，是本条例的立法目的之一。第三，农村住房建筑面积控制在 300 平方米以下，可以减少行政审批，降低农村住房建设的经济成本和时间成本。空间资源也是一种公共资源。农村建房不能任意，不能想建多高就建多高，想建多宽就建多宽，不能随意多占公共空间资源。如果家庭成员过多导致人均住房面积过少，符合条件的可以通过《管理条例》第 20 条有关分户的规定申请宅基地。第四，从当前全国各地的立法实践来看，对农村住房建设的体量进行适度约束是大势所趋，是普遍而通行的做法。截至 2021 年 6 月 30 日，全国已有 10 个设区的市制定了有关农村住房建设领域的地方性法规。详见下表：

序号	设区的市	所属省份	条例名称	实施时间
1	上饶	江西省	《上饶市农村居民住房建设管理条例》	2018 年 7 月 1 日
2	益阳	湖南省	《益阳市农村村民住房建设管理条例》	2019 年 1 月 1 日
3	岳阳	湖南省	《岳阳市农村村民住房建设管理条例》	2020 年 5 月 1 日
4	常德	湖南省	《常德市农村村民住房建设管理条例》	2021 年 1 月 1 日
5	郴州	湖南省	《郴州市农村村民住房建设管理条例》	2021 年 1 月 1 日
6	韶关	广东省	《韶关市农村住房建设管理条例》	2021 年 3 月 1 日
7	衡阳	湖南省	《衡阳市农村村民住房建设管理条例》	2021 年 3 月 1 日
8	娄底	湖南省	《娄底市农村住房建设管理条例》	2021 年 3 月 1 日
9	衢州	浙江省	《衢州市农村住房建设管理条例》	2021 年 7 月 1 日
10	南昌	江西省	《南昌市农村村民住房建设管理条例》	2021 年 10 月 1 日

其中，有三个设区的市对农村住房的体量进行了具体规定。《上饶市农村居民住房建设管理条例》第 22 条规定，建房户住房建筑占地面积不得超过 120 平方米；建房层数不得超过 3 层，房屋檐口高度不得超过 11 米；建筑面积不得超过 350 平方米。《衢州市农村住房建设管理条例》第 20 条规定，新建、改建、扩建的一户一宅自建房建筑层数不得超过 3 层，建筑檐口高度不得超过 10 米。架空层层高超过 220 厘米的按 1 层计算。《南昌市农村村民住房建设管理条例》第 11 条规定，农村村民每户住房建设房基占地面积不得超过 120 平方米，建筑面积（含附属用房）不得超过 350 平方米，住房层数不得超过 3 层，住房檐口高度不得超过 11 米。其他设区的市也都将农村住房的体量授权县市区人民政府规定。

本条是关于城镇集中建设区外农村住房建设活动的规定。而城镇集中建设区内根据国土规划的要求，遵循集约用地、节约用地的原则，一般不再批准私自建造民宅。根据规划城镇建设用地规模，为满足城镇居民生产生活需要，划定一定时期内允许开展城镇开发和集中建设的地域空间。2019年11月1日，中共中央办公厅、国务院办公厅印发《关于在国土空间规划中统筹划定落实三条控制线的指导意见》，为统筹划定落实生态保护红线、永久基本农田、城镇开发边界三条控制线，提出了城镇开发边界概念。该指导意见指出：按照集约适度、绿色发展要求划定城镇开发边界。城镇开发边界是在一定时期内因城镇发展需要，可以集中进行城镇开发建设、以城镇功能为主的区域边界，涉及城市、建制镇以及各类开发区等。城镇开发边界划定以城镇开发建设现状为基础，综合考虑资源承载能力、人口分布、经济布局、城乡统筹、城镇发展阶段和发展潜力，框定总量，限定容量，防止城镇无序蔓延。科学预留一定比例的留白区，为未来发展留有开发空间。城镇建设和发展不得违法违规侵占河道、湖面、滩地。

第三章　建设和管理

第十五条【选址】

农村住房建设应当优先利用原有宅基地和空闲地、荒山、荒坡等未利用地。但不得在下列区域规划选址：

（一）永久基本农田和高标准农田；

（二）地下有矿床的区域；

（三）公路建筑控制区、铁路建筑界限范围和电力线路保护区；

（四）河道管理范围、水利工程管理范围；

（五）自然保护地核心保护区范围、一级保护林地、饮用水源一级保护区等生态保护红线内区域；

（六）崩塌、滑坡、泥石流、地面塌陷等地质灾害容易发生的危险区域；

（七）其他法律法规和国家规定不适宜住房建设的区域。

【主旨】本条是基于农村住房建设选址的安全性而作出的具体规定。目的是保护农民的生命和财产安全。

【导读与释义】

本条的立法目的有三个方面：第一，严格遵守《土地管理法》的相关规定，从严保护土地，特别是保护耕地，且最重要的是保护基本农田；第二，保障农民的生命和财产安全；第三，保护饮用水、林地等生态保护区。

本条的主要法律依据是：《土地管理法》《矿产资源法》《公路法》《土地管理法实施条例》《河道管理条例》《铁路安全管理条例》《电力设施保护条例》《自然保护区条例》等。

本条主要是关于宅基地选址的规定，即农村住房建设应当优先利用原有宅基地和未利用的空闲地、荒山、荒坡等。这一规定直接来自于《土地管理法》的明文规定。《土地管理法》第 4 条规定："国家实行土地用途管制制度。国家编制土地利用总体规划，规定土地用途，将土地分为农用地、建设用地和未利用地。严格限制农用地转为建设用地，控制建设用地总量，对耕地实行特殊保护。前款所称农用地是指直接用于农业生产的土地，包括耕地、林地、草地、农田水利用地、养殖水面等；建设用地是指建造建筑物、构筑物的土地，包括城乡住宅和公共设施用地、工矿用地、交通水利设施用地、旅游用地、军事设施用地等；未利用地是指农用地和建设用地以外的土地。使用土地的单位和个人必须严格按照土地利用总体规划确定的用途使用土地。"

2021 年 6 月 8 日出台的《住房和城乡建设部、农业农村部、国家乡村振兴局关于加快农房和村庄建设现代化的指导意见》要求各地各级人民政府充分认识农房和村庄建设现代化的重要意义。坚持"避害"的选址原则。新建农房要避开自然灾害易发地段，合理避让山洪、滑坡、泥石流、崩塌等地质灾害危险区，不在陡坡、冲沟、泛洪区和其他灾害易发地段建房。坚持生态友好、环境友好与邻里友好。农房和村庄建设要尊重山水林田湖草等生态脉络，注重与自然和农业景观搭配互动，不挖山填湖、不破坏水系、不砍老树，顺应地形地貌。农房建设要与环境建设并举，注重提升农房服务配套和村庄环境，鼓励新建农房向基础设施完善、自然条件优越、公共服务设施齐全、景观环境优美的村庄聚集。农房布局要有利于促进邻里和睦，尽量使用原有的宅基地和村内空闲地建设农房，营建左邻右舍、里仁为美的空间格局，形成自然、紧凑、有序的农房群落。

本条虽然仅有一款，但在立法技术上又有较复杂严谨的但书结构。所谓但书，就是表达意思转折的文句。从法律条文表述上看，但书分明示性但书和隐含性但书。法律但书是在一个法律条文中的一般规定之后加上特别规定，用以规定限制、例外、附加等内容并与该一般规定相反相成的一种特殊法律规范。其中的一般规定是法条主文，特别规定就是但书条款。本条的但书就十分清晰地限定了农村住房建设的区域范围，起到了明确的指引作用。

但书是一个重要的立法技术，但书的运用体现了立法的科学性和严谨性。但书条款的恰当使用可以在一定程度上避免以偏概全和片面过激，从而延长法律的柔韧性和生命。立法起草者以历史唯物观和辩证唯物观为出发点，恰如其分地运用着但书这一立法技术。本条运用但书这一立法技术，体现出"普遍适用中有例外，一般之中有个别"[1]的立法技术特点，同时充分体现出《管理条例》的科学性、严谨性。

本条共分七项，明确了不能作为农村住房建设的特殊区域。第 1 项禁止占用永久基本农田和高标准农田进行农村住房建设活动。对此，《土地管理法》和《土地管理法实施条例》均有明文规定。《土地管理法》第 35 条规定："永久基本农田经依法划定后，任何单位和个人不得擅自占用或者改变其用途。国家能源、交通、水利、军事设施等重点建设项目选址确实难以避让永久基本农田，涉及农用地转用或者土地征收的，必须经国务院批准。禁止通过擅自调整县级土地利用总体规划、乡（镇）土地利用总体规划等方式规避永久基本农田农用地转用或者土地征收的审批。"

《土地管理法》第 62 条第 3 款规定："农村村民建住宅，应当符合乡（镇）土地利用总体规划、村庄规划，不得占用永久基本农田，并尽量使用原有的宅基地和村内空闲地。编制乡（镇）土地利用总体规划、村庄

---

〔1〕　孙潮：《立法技术学》，浙江人民出版社 1993 年版，第 36 页。

规划应当统筹并合理安排宅基地用地，改善农村村民居住环境和条件。"2021 年修订的《土地管理法实施条例》第 12 条第 1、2 款规定："国家对耕地实行特殊保护，严守耕地保护红线，严格控制耕地转为林地、草地、园地等其他农用地，并建立耕地保护补偿制度，具体办法和耕地保护补偿实施步骤由国务院自然资源主管部门会同有关部门规定。非农业建设必须节约使用土地，可以利用荒地的，不得占用耕地；可以利用劣地的，不得占用好地。禁止占用耕地建窑、建坟或者擅自在耕地上建房、挖砂、采石、采矿、取土等。禁止占用永久基本农田发展林果业和挖塘养鱼。"

本条第 2 项规定不得在地下有矿床的区域建设农村住房。在采矿区建设住房首先会影响矿产的开采；其次，采矿区存在安全隐患，危及房屋的安全，进而对居住者的人身安全构成威胁；最后，采矿区的环境污染较严重，不适宜居住。该项的直接法律依据是：《矿产资源法》第 33 条规定："在建设铁路、工厂、水库、输油管道、输电线路和各种大型建筑物或者建筑群之前，建设单位必须向所在省、自治区、直辖市地质矿产主管部门了解拟建工程所在地区的矿产资源分布和开采情况。非经国务院授权的部门批准，不得压覆重要矿床。"

本条第 3 项规定不得在公路建筑控制区、铁路建筑界限范围和电力线路保护区建设农村住房。本项主要是基于安全的考虑。《公路法》第 56 条规定："除公路防护、养护需要的以外，禁止在公路两侧的建筑控制区内修建建筑物和地面构筑物；需要在建筑控制区内埋设管线、电缆等设施的，应当事先经县级以上地方人民政府交通主管部门批准。前款规定的建筑控制区的范围，由县级以上地方人民政府按照保障公路运行安全和节约用地的原则，依照国务院的规定划定。建筑控制区范围经县级以上地方人民政府依照前款规定划定后，由县级以上地方人民政府交通主管部门设置标桩、界桩。任何单位和个人不得损坏、擅自挪动该标桩、界桩。"

所谓公路建筑控制区，是指公路用地外缘起向外的距离区域。国道公路两侧的建筑控制区不少于 20 米；省道公路两侧的建筑控制区不少于 15 米；县道公路两侧的建筑控制区不少于 10 米；乡道公路两侧的建筑控制区不少于 5 米。

《公路安全保护条例》第 11 条规定："县级以上地方人民政府应当根据保障公路运行安全和节约用地的原则以及公路发展的需要，组织交通运输、国土资源等部门划定公路建筑控制区的范围。公路建筑控制区的范围，从公路用地外缘起向外的距离标准为：（一）国道不少于 20 米；（二）省道不少于 15 米；（三）县道不少于 10 米；（四）乡道不少于 5 米。属于高速公路的，公路建筑控制区的范围从公路用地外缘起向外的距离标准不少于 30 米。公路弯道内侧、互通立交以及平面交叉道口的建筑控制区范围根据安全视距等要求确定。"

《铁路安全管理条例》第 32 条规定："在铁路线路安全保护区及其邻近区域建造或者设置的建筑物、构筑物、设备等，不得进入国家规定的铁路建筑限界。"

《电力设施保护条例》第 10 条规定："电力线路保护区：（一）架空电力线路保护区：导线边线向外侧水平延伸并垂直于地面所形成的两平行面内的区域，在一般地区各级电压导线的边线延伸距离如下：1—10 千伏　5 米；35—110 千伏　10 米；154—330 千伏　15 米；500 千伏　20 米。在厂矿、城镇等人口密集地区，架空电力线路保护区的区域可略小于上述规定。但各级电压导线边线延伸的距离，不应小于导线边线在最大计算弧垂及最大计算风偏后的水平距离和风偏后距建筑物的安全距离之和。（二）电力电缆线路保护区：地下电缆为电缆线路地面标桩两侧各 0.75 米所形成的两平行线内的区域；海底电缆一般为线路两侧各 2 海里（港内为两侧各 100 米），江河电缆一般不小于线路两侧各 100 米（中、小河流一般不小于各 50 米）所形成的两平行线内的水域。"

《电力设施保护条例》第 15 条规定："任何单位或个人在架空电力线路保护区内，必须遵守下列规定：（一）不得堆放谷物、草料、垃圾、矿渣、易燃物、易爆物及其他影响安全供电的物品；（二）不得烧窑、烧荒；（三）不得兴建建筑物、构筑物；（四）不得种植可能危及电力设施安全的植物。"

《电力设施保护条例》第16条规定："任何单位或个人在电力电缆线路保护区内，必须遵守下列规定：（一）不得在地下电缆保护区内堆放垃圾、矿渣、易燃物、易爆物，倾倒酸、碱、盐及其他有害化学物品，兴建建筑物、构筑物或种植树木、竹子；（二）不得在海底电缆保护区内抛锚、拖锚；（三）不得在江河电缆保护区内抛锚、拖锚、炸鱼、挖沙。"

本条第4项规定不得在河道管理范围和水利工程管理范围建设农村住房。在河道管理范围和水利工程管理范围进行建设住房，第一，危险因素极大；第二，影响泄洪排水；第三，影响水利建设。《河道管理条例》第24条规定："在河道管理范围内，禁止修建围堤、阻水渠道、阻水道路；种植高秆农作物、芦苇、杞柳、荻柴和树木（堤防防护林除外）；设置拦河渔具；弃置矿渣、石渣、煤灰、泥土、垃圾等。在堤防和护堤地，禁止建房、放牧、开渠、打井、挖窖、葬坟、晒粮、存放物料、开采地下资源、进行考古发掘以及开展集市贸易活动。"禁止在河道管理范围和水利工程管理范围建设住房，除了国务院颁布的《河道管理条例》有明确规定外，广东省制定的《广东省河道管理条例》和《广东省水利工程管理条例》作为地方性法规也对此作出了具体规定。

《广东省河道管理条例》第18条规定："在河道管理范围内，禁止下列活动：（一）建设房屋等妨碍行洪的建筑物、构筑物；（二）修建围堤、阻水渠道、阻水道路；（三）在行洪河道内种植阻碍行洪的林木和高秆作物；（四）设置拦河渔具；（五）弃置、堆放矿渣、石渣、煤灰、泥土、垃圾和其他阻碍行洪或者污染水体的物体；（六）从事影响河势稳定、危害河岸堤防安全和妨碍河道行洪的活动；（七）法律、法规规定的其他禁止行为。在堤防和护堤地，禁止建房、放牧、开渠、打井、挖窖、葬坟、晒粮、存放与防汛抢险无关的物料、开采地下资源、进行考古发掘以及开展集市贸易活动。"

《广东省水利工程管理条例》第 22 条规定："在水利工程管理范围内禁止下列行为：（一）兴建影响水利工程安全与正常运行的建筑物和其他设施；（二）围库造地；（三）爆破、打井、采石、取土、挖矿、葬坟以及在输水渠道或管道上决口、阻水、挖洞等危害水利工程安全的活动；（四）倾倒土、石、矿渣、垃圾等废弃物；（五）在江河、水库水域内炸鱼、毒鱼、电鱼和排放污染物；（六）损毁、破坏水利工程设施及其附属设施和设备；（七）在坝顶、堤顶、闸坝交通桥行驶履带拖拉机、硬轮车及超重车辆，在没有路面的坝顶、堤顶雨后行驶机动车辆；（八）在堤坝、渠道上垦植、铲草、破坏或砍伐防护林；（九）其他有碍水利工程安全运行的行为。"

本条第 5 项规定不得在自然保护地核心保护区范围、一级保护林地、饮用水源一级保护区等重要生态区域内建设新的供个人居住的房屋或宅基地建筑物。这一规定的直接法律依据是《自然保护区条例》第 18 条。该条规定："自然保护区可以分为核心区、缓冲区和实验区。自然保护区内保存完好的天然状态的生态系统以及珍稀、濒危动植物的集中分布地，应当划为核心区，禁止任何单位和个人进入；除依照本条例第二十七条的规定经批准外，也不允许进入从事科学研究活动。核心区外围可以划定一定面积的缓冲区，只准进入从事科学研究观测活动。缓冲区外围划为实验区，可以进入从事科学试验、教学实习、参观考察、旅游以及驯化、繁殖珍稀、濒危野生动植物等活动。原批准建立自然保护区的人民政府认为必要时，可以在自然保护区的外围划定一定面积的外围保护地带。"

为了加强对自然保护区的保护，2015 年出台的《环境保护部、发展改革委、财政部、国土资源部、住房城乡建设部、水利部、农业部、林业部、中科院、海洋局关于进一步加强涉及自然保护区开发建设活动监督管理的通知》指出：自然保护区属于禁止开发区域，严禁在自然保护区内开展不符合功能定位的开发建设活动。地方各有关部门要严格执行《自然保护区条例》等相关法律法规，禁止在自然保护区核心区、缓冲区开展任何开发建设活动，建设任何生产经营设施；在实验区不得建设污染环境、破坏自然资源或自然景观的生产设施。

此外，《建设项目使用林地审核审批管理办法》第4条规定："占用和临时占用林地的建设项目应当遵守林地分级管理的规定：（一）各类建设项目不得使用Ⅰ级保护林地。（二）国务院批准、同意的建设项目，国务院有关部门和省级人民政府及其有关部门批准的基础设施、公共事业、民生建设项目，可以使用Ⅱ级及其以下保护林地。（三）国防、外交建设项目，可以使用Ⅱ级及其以下保护林地。（四）县（市、区）和设区的市、自治州人民政府及其有关部门批准的基础设施、公共事业、民生建设项目，可以使用Ⅱ级及其以下保护林地。（五）战略性新兴产业项目、勘查项目、大中型矿山、符合相关旅游规划的生态旅游开发项目，可以使用Ⅱ级及其以下保护林地。其他工矿、仓储建设项目和符合规划的经营性项目，可以使用Ⅲ级及其以下保护林地。（六）符合城镇规划的建设项目和符合乡村规划的建设项目，可以使用Ⅱ级及其以下保护林地。（七）符合自然保护区、森林公园、湿地公园、风景名胜区等规划的建设项目，可以使用自然保护区、森林公园、湿地公园、风景名胜区范围内Ⅱ级及其以下保护林地。（八）公路、铁路、通讯、电力、油气管线等线性工程和水利水电、航道工程等建设项目配套的采石（沙）场、取土场使用林地按照主体建设项目使用林地范围执行，但不得使用Ⅱ级保护林地中的有林地。其中，在国务院确定的国家所有的重点林区（以下简称重点国有林区）内，不得使用Ⅲ级以上保护林地中的有林地。（九）上述建设项目以外的其他建设项目可以使用Ⅳ级保护林地。本条第一款第二项、第三项、第七项以外的建设项目使用林地，不得使用一级国家级公益林地。国家林业局根据特殊情况对具体建设项目使用林地另有规定的，从其规定。"

由此可见，农村住房建设选址不能占用自然保护地核心保护区范围、一级保护林地。但符合城镇规划的建设项目和符合乡村规划的建设项目，可以使用二级及其以下保护林地。

农村住房建设不能选址饮用水源一级保护区，这主要是出于保护饮用水水质，保障人民群众的饮水安全的考虑。《饮用水水源保护区污染防治管理规定》第 12 条规定："饮用水地表水源各级保护区及准保护区内必须分别遵守下列规定：一、一级保护区内　禁止新建、扩建与供水设施和保护水源无关的建设项目；禁止向水域排放污水，已设置的排污口必须拆除；不得设置与供水需要无关的码头，禁止停靠船舶；禁止堆置和存放工业废渣、城市垃圾、粪便和其他废弃物；禁止设置油库；禁止从事种植、放养禽畜和网箱养殖活动；禁止可能污染水源的旅游活动和其他活动。二、二级保护区内　禁止新建、改建、扩建排放污染物的建设项目；原有排污口依法拆除或者关闭；禁止设立装卸垃圾、粪便、油类和有毒物品的码头。三、准保护区内　禁止新建、扩建对水体污染严重的建设项目；改建建设项目，不得增加排污量。"《饮用水水源保护区污染防治管理规定》第 19 条规定："饮用水地下水源各级保护区及准保护区内必须遵守下列规定：一、一级保护区内　禁止建设与取水设施无关的建筑物；禁止从事农牧业活动；禁止倾倒、堆放工业废渣及城市垃圾、粪便和其它有害废弃物；禁止输送污水的渠道、管道及输油管道通过本区；禁止建设油库；禁止建立墓地。二、二级保护区内　（一）对于潜水含水层地下水水源地　禁止建设化工、电镀、皮革、造纸、制浆、冶炼、放射性、印染、染料、炼焦、炼油及其它有严重污染的企业，已建成的要限期治理，转产或搬迁；禁止设置城市垃圾、粪便和易溶、有毒有害废弃物堆放场和转运站，已有的上述场站要限期搬迁；禁止利用未经净化的污水灌溉农田，已有的污灌农田要限期改用清水灌溉；化工原料、矿物油类及有毒有害矿产品的堆放场所必须有防雨、防渗措施。（二）对于承压含水层地下水水源地　禁止承压水和潜水的混合开采，作好潜水的止水措施。三、准保护区内　禁止建设城市垃圾、粪便和易溶、有毒有害废弃物的堆放场站，因特殊需要设立转运站的，必须经有关部门批准，并采取防渗漏措施；当补给源为地表水体时，该地表水体水质不应低于《地表水环境质量标准》Ⅲ类标准；不得使用不符合《农田灌溉水质标准》的污水进行灌溉，合理使用化肥；保护水源林，禁止毁林开荒，禁止非更新砍伐水源林。"

本条第 6 项规定不得在崩塌、滑坡、泥石流、地面塌陷等地质灾害容易发生的危险区域建设农村住房。本项的立法目的主要是考虑安全因素。韶关以山地为主，地形构造复杂，初夏季节多雨，地下采矿区面积较大，地质灾害容易发生。故，该地农村住房建设的选址应当避开地质灾害容易发生的危险区域。

国务院颁布的《地质灾害防治条例》第 19 条规定："对出现地质灾害前兆、可能造成人员伤亡或者重大财产损失的区域和地段，县级人民政府应当及时划定为地质灾害危险区，予以公告，并在地质灾害危险区的边界设置明显警示标志。在地质灾害危险区内，禁止爆破、削坡、进行工程建设以及从事其他可能引发地质灾害的活动。县级以上人民政府应当组织有关部门及时采取工程治理或者搬迁避让措施，保证地质灾害危险区内居民的生命和财产安全。"

本条第 7 项是兜底条款。即规定农村住房建设在选址时，除了要充分考虑本条第 1 项至第 6 项的情形，还要根据各地的具体情况选择合适而安全的区域，避免在危险地带建设住房。其作用是弥补列举式立法的不周延性，将前面六个方面的禁止性行为没有包括的都涵盖在这个条款中，防止因社会情势变更而导致立法出现漏洞。

兜底条款是指在立法时将不能预见或难以列举的事项予以涵摄的概括性规定。[1]兜底条款作为一项立法技术，最主要的功能是将所有其他条款没有包括的或者难以包括的或者目前预测不到的都囊括在内，并广

---

〔1〕 黄良林："设区的市政府规章权利减损规范的设定"，载《地方立法研究》2018 年第 2 期。

泛运用于法律文本中。

兜底条款是法律文本中常见的法律表述，主要是为了避免法律的不周延性，以及适应社会情势变迁。因为人类的深谋远虑程度和文字论理能力不足以替一个广大社会的错综复杂情形作详尽的规定。[1]法律一经制定出来，因自身具有的固定性就随之具有了相对滞后性，何况立法者受主观认识能力等方面的局限，不可能准确预知法律所要规范的所有可能与情形。弗里德里克·肖尔曾经断言："即使是最严谨的起草者也无法预测未来会发生些什么，更无法预测那时我们会怎样去面对。"[2]因此，通过这些兜底条款，能够尽量减少人类主观认识能力不足所带来的法律缺陷，以及保持法律的相对稳定性，使执法者可以依据法律的精神和原则，适应社会情势的客观需要，将一些新情况等通过兜底条款来予以适用解决，而无需修改法律。这种立法技术在我国的法律中运用非常普遍，是常用的立法技术。

兜底条款这种立法技术一般会与列举式立法技术配合使用，两者往往联系密切，同时在一个法条中出现。列举式立法技术，是指一一列举具体的情况。列举式立法的功能是使法律规范趋于明晰，明确指引人们的行为。法律具有相对稳定性，绝不能朝令夕改，否则就会失去权威性和安全性。但是，这样与之相应的是使调整社会关系的法律无法应对日新月异的社会情势。于是，兜底条款应运而生，以弥补列举式立法模式的不足。

不过，依笔者看来，地方立法中的兜底条款的使用应当慎重，要区分情况和场合。依据罪刑法定原则，法无明文禁止皆可为，法无明文规定不处罚。其基本要求是法定化、安定化和明确化。罪刑法定原则以三权分立说作为其理论基础，18世纪晚期法国大革命胜利后，罪刑法定

---

〔1〕［美］哈罗德·伯曼编：《美国法律讲话》，陈若桓译，生活·读书·新知三联书店1988年版，第20页。

〔2〕［美］弗里德里克·肖尔：《像法律人那样思考：法律推理新论》，雷磊译，中国法制出版社2016年版，第31页。

这一思想由法律理论学说进一步转变为现实法律，在宪法和刑法中得到确认。1789 年法国《人权宣言》第 8 条规定："法律只应规定确实需要和显然不可少的刑罚，而且除非根据在犯罪前已制定和公布的且系依法施行的法律以外，不得处罚任何人。"1810 年《法国刑法典》第 4 条首次以刑事立法的形式确立了罪刑法定原则。由于这一原则符合现代社会民主与法治的发展趋势，至今已成为不同社会制度的世界各国刑法中最普遍、最重要的一项原则，从而也在行政立法等领域应用。那么，对于地方立法中的那些禁止性条款，应当有明确而有限的规定，不得滥用兜底条款，随意编织法网，否则就是限制和剥夺公民权利。滥用兜底条款所设定的禁止性规定其实就是超越上位法增设义务，这样的立法是没有合法性和合理性的。相反，如果是列举权益类，保障社会主体权益的，可以广泛地使用兜底条款，将个人权益应保尽保，尽可能地避免遗漏。这才能体现现代立法的价值取向。这种立法思想来自于"负面清单管理模式"理念。"负面清单管理模式"是指政府规定哪些经济领域不开放，除了清单上的禁区，其他行业、领域和经济活动都许可。凡是与外资的国民待遇、最惠国待遇不符的管理措施，或业绩要求、高管要求等方面的管理措施均以清单方式列明。这是负面清单管理模式在外商投资领域的运用，实际上是市场准入制度。而市场准入负面清单制度，是指国务院以清单方式明确列出在中华人民共和国境内禁止和限制投资经营的行业、领域、业务等，各级政府依法采取相应管理措施的一系列制度安排。市场准入负面清单以外的行业、领域、业务等，各类市场主体皆可依法平等进入。[1]2018 年 9 月 29 日，上海市人民政府印发《中国（上海）自由贸易试验区跨境服务贸易负面清单管理模式实施办法》，标志着上海自贸试验区跨境服务贸易负面清单管理模式的建立。该实施办法旨在推进

---

[1] 参见中华人民共和国中央人民政府：《国务院关于实行市场准入负面清单制度的意见》，载 http://www.gov.cn/zhengce/content/2015-10/19/content_ 10247. htm，最后访问时间：2021 年 5 月 24 日。

跨境服务贸易负面清单管理的法治化、制度化、规范化和程序化，构建与负面清单管理模式相匹配的权责明确、公平公正、透明高效、法治保障的跨境服务贸易事中事后监管体系。负面清单管理模式可以视为一种行政管理模式和理念，也可以作为一种立法技术和立法理念，该技术和理念可以从三个方面去把握：第一，作为地方性立法，尽可能减少禁止性条款或限制性条款；第二，地方性立法需要设立禁止性或限制性条款的，其条文应当明确而有限，不可大量使用兜底条款；第三，禁止性规定是明文规定的，是少量的；而允许的行为选择是无须明文规定的，而且是大量的、宽泛的。负面清单管理模式代表了新的行政管理理念和发展潮流。这种理念也逐步被引入立法领域，地方性立法应当更多地吸纳这种符合时代潮流的立法观念和技术方式，以不断促进公民福祉。

第十六条【农房设计图集】

　　县（市、区）人民政府住房和城乡建设主管部门应当无偿提供农房设计图集供村民选用。农房设计图集应当含有中国元素，体现岭南特色、民族风格和新时代广东乡村风貌。

　　【主旨】本条是新设条款，对韶关市住房和城乡建设主管部门为农村村民提供具有本地特色的农房设计图集作出了规定。

　　[导读与释义]

　　本条是关于为村民建房提供可供选择的农房设计图集的规定，明确了县（市、区）人民政府住房和城乡建设主管部门的职责。草案起草者采纳了社会各界的立法建议和意见，规定韶关市住房和城乡建设主管部门应为农村村民提供具有本地特色的农房设计图集，图集要体现岭南特色、民族风格和新时代广东乡村风貌。2021 年 6 月 8 日出台的《住房和城乡建设部、农业农村部、国家乡村振兴局关于加快农房和村庄建设现代化的指导意见》指出各地各提升农房设计建造水平。农房建设要先精心设计，后按图建造。要统筹主房、辅房、院落等功能，精心调配空间布局，满足生产工具存放及其他需求。提炼传统建筑智慧，因地制宜解决日照间距、保温采暖、通风采光等问题，促进节能减排。要适应村民现代生活需要，逐步实现寝居分离、食寝分离和净污分离。要提升村容村貌。以农房为主体，利用古树、池塘等自然景观和牌坊、古祠等人文景观，营造具有本土特色的村容村貌。保护村庄固有的乡土气息，鼓励宅前屋后栽种瓜果梨桃，构建"桃花红、李花白、菜花黄"的自然景观，营造"莺儿啼、燕儿舞、蝶儿忙"的乡村生境。保持村内街巷清洁，做到无断壁残垣、无乱搭乱建、无乱埋乱倒、无乱堆乱放，构建干净、整洁、有序的乡村空间。重视村庄公共活动空间的布局和建设，统领乡村容貌特色。

本条包含两层意思：第一，为改变韶关市农村住房建设的散、乱、差等现状，需要引导农村村民建房走特色化、风格一致化道路。韶关市的农村地区经济较落后，房屋规划设计欠缺且不合理，住宅使用功能上存在较大缺陷；再加上农户自身具有较强的封闭意识，在农村住宅规划、设计和建造方面存在很大的随意性。在农村建房活动中，村民之间相互简单抄袭，盲目攀比，导致住宅千篇一律，杂乱无序，缺少乡村活力和特色，不整齐不统一，大大浪费了土地资源和金钱。在住宅使用功能上也存在较大不足，相邻的房屋没有考虑采光、通风、通气和排水等因素，导致其居住环境缺乏友好性和便利性。由于选择何种风格和样式，法律法规没有硬性规定，行政机关也不能强制要求，因而只能通过引导方式，让村民作出符合立法目的的选择。县（市、区）人民政府住房和城乡建设主管部门为村民建房提供图集是一种可以接受的方式。必须指出的是：图集的提供应当是免费的，不得借此收费或捆绑其他服务。否则，就违背了立法初衷。第二，为村民提供的免费建筑图集应当不是简单地抄袭、仿效其他图集，而是从本地的历史文化、民居特点、自然环境和自然条件等因素出发，设计有自身特色的建筑样式。具体而言，韶关本地的民居要体现三个特点：①岭南特色；②民族风格；③新时代广东乡村风貌。

岭南特色是指农村住房建设要体现岭南建筑特点。岭南建筑是岭南文化的本质特征和基本精神的具体体现。有学者指出：务实——岭南建筑的本质所在，以真实为主，以实用为主；兼容——古今中外，一切精华为我所用，博各家之长；民本——岭南建筑主要体现为民居建筑，是岭南民本思想的表现；创新———切依时势而变，以创新为主，在创新中不断适应时代变迁。岭南建筑在设计时强调遵从客观因素，如地势、地质、气象等基地环境的处理、现代功能的满足、新材料性质的体现、新技术发展的运用等出发，强调与自然、与环境充分结合，发挥自然生态的优势，使建筑的体形、空间、构造与上述客观因素固有的内在本质之间达到形神相通、表里统一。[1]

2019年4月30日，广东省人民政府新闻办召开新闻发布会，公布《中共广东省委、广东省人民政府关于对标三年取得重大进展硬任务扎实推动乡村振兴的实施方案》。该实施方案的总体要求是按照中央要求和省委省政府部署，以万村整治为基础，以示范创建为引领，以点带面、连线成片，走有广东特色的农村人居环境建设之路。其中一个重要的内容是连线成片建设岭南特色乡。

民族风格是指农村住房建设的风格样式应当体现本民族的特点，不可以不顾国情，盲目照搬照抄他人，特别是要防止"洋化"。民族风格首先是指韶关市农房设计图集应含有"中国元素"。所谓"中国元素"，即指在中华民族融合、演化与发展过程中逐渐形成的、由中国人创造、传承、反映中国人文精神和民俗心理、具有中国特质的文化成果，包括有形的物质符号（物质文化元素）和无形的精神内容（精神文化元素）。建筑图集应当是中国化的、东方的，而不是外国化的、西洋的。其次，建筑图集要反映本民族的建筑特点。最后，建筑图集的民族风格不能狭隘地理解为少数民族风格。有人认为少数民族建筑有风格，坚持少数民族的建筑风格才是体现民族风格。这种看法是片面的。建筑设计图集既要体现少数民族风格，也要尊重和传承汉族建筑的风格。两者都保留才是完整意义上的民族风格的体现。

新时代广东乡村风貌是指以习近平新时代中国特色社会主义思想为指导，体现广东当今时代特点和广东地域文化特色的生态宜居美丽乡村风貌。2018年1月2日发布的《中共中央、国务院关于实施乡村振兴战略的意见》指出：推进乡村绿色发展，打造人与自然和谐共生发展新格局。乡村振兴，生态宜居是关键。良好生态环境是农村最大优势和宝贵

---

[1] 参见范拓源："基于岭南文化特色的岭南建筑评析"，载《广东科技》2013年第24期。

财富。必须尊重自然、顺应自然、保护自然，推动乡村自然资本加快增值，实现百姓富、生态美的统一。

近年来，广东省委省政府在全省积极推进农村人居环境整治、建设生态宜居美丽乡村，全省农村面貌发生明显变化。但是，农房建设管控不严、乡村风貌缺失等问题仍然存在。在推进乡村振兴，建设美丽宜居乡村工作中，韶关市委市政府做了大量工作，付出了很大的努力。韶关市武江区龙归镇、仁化县环丹霞山一带的乡村已经被打造成独居特色的美丽宜居乡村。但是，从总体上看，韶关市的农村住房在风格方面还没有成型，缺乏显著特点。[1]为深入贯彻落实习近平总书记关于"三农"工作和乡村振兴战略的重要论述，牢固树立新发展理念，以建设美丽宜居乡村为导向，注重乡村建筑风貌的引导和塑造，保留乡土特色和地域文化特征，不断满足人民日益增长的美好生活需要，着力提升乡村居民的幸福感、认同感、归属感，根据因地制宜、科学推进原则，韶关市在进行农村住房建设时，遵循农村发展规律，结合当地的气候条件、传统习俗等因素，设计出体现"岭南特色"的房屋设计图。

在农村住房勘察设计方面，《管理条例》规定新建农村住房的，受委托的农村建筑施工人员或者施工单位应当根据建房地块的地质条件，选用适合修建农村住房的天然地基持力层，对地基地质进行必要的勘察验证，依照技术规范要求选择房屋地基基础形式和埋置深度。改建、扩建农村住房的，农村建筑施工人员或者施工单位不得危害原房屋建筑结构安全。

同时，农房设计应当满足国家及省发布的农村居住建筑设计技术规范和标准的要求。县（市、区）住房和城乡建设主管部门，应当组织设计符合当地实际的农房建设方案图和施工图，供建房村民选用，并免费提供农房建设通用设计图集。

因此，韶关市农房图集更应结合当地实际情况从而进行合适并且应

---

〔1〕　参见《广东省人民政府关于全面推进农房管控和乡村风貌提升的指导意见》。

用性强的设计。

　　建筑是地域内生活习惯、气候特征和区域人文等方面的综合体现。在对岭南民居建筑布局和空间营造的研究中，我们可以领略其文化性、人文性和科学性。我们在建筑创作上应该借鉴民族的传统文化，吸取外来的精华，结合当地的宝贵经验，继承民族的、传统的、乡土的做法。在全球化的今天，赋予岭南传统民居新的解读，使之更富生命力。在现代建筑设计中，应对地域的气候特点有个清晰的认识，并选择最佳的设计策略，以达到最大化利用区域气候的潜在优势并使建筑与气候相匹配的目的。[1]

---

　　〔1〕　参见何海霞、张三明："中国传统民居院落与气候浅析"，载《华中建筑》2008 年第 12 期。

第十七条【宅基地申请资格】

农村村民一户只能拥有一处宅基地。具有农村集体经济组织成员资格的农村村民，已依法登记结婚或者本户中有已达法定婚龄的未婚子女需要分户，原有宅基地不能安置的，可独立申请宅基地。

符合下列情形之一的，农村村民可以重新申请宅基地：

（一）房屋因自然灾害倒塌或成危房的；

（二）住房因国家建设项目征收或政策性搬迁的；

（三）退出原有宅基地异地建房的；

（四）其他依法可以重新申请宅基地的。

【主旨】本条是关于宅基地申请资格的规定。

［导读与释义］

本条从农村实际出发，参照其他地方性法规的有关规定，用列举方式明确了申请住房建设的资格和条件。第 1 款规定具有农村集体经济组织成员资格的农村村民已依法登记结婚或者本户中有已达法定婚龄的未婚子女需要分户，而原有宅基地不能安置，缺乏居住条件的，可独立以一户的名义申请宅基地。第 2 款规定已有宅基地的农村村民，在符合有关条件的情形下，可以重新申请宅基地。

本条的立法依据是：

（1）《土地管理法》第 62 条。该条规定：农村村民一户只能拥有一处宅基地，其宅基地的面积不得超过省、自治区、直辖市规定的标准。

（2）《土地管理法实施条例》第 34 条。该条规定：农村村民申请宅基地的，应当以户为单位向农村集体经济组织提出申请；没有设立农村集体经济组织的，应当向所在的村民小组或者村民委员会提出申请。宅基地申请依法经农村村民集体讨论通过并在本集体范围内公示后，报乡（镇）人民政府审核批准。涉及占用农用地的，应当依法办理农用地转用审批手续。

按照《土地管理法》的规定，农村宅基地分配使用必须严格贯彻"一户一宅"的原则。2020年3月出台的《广东省农业农村厅、广东省自然资源厅关于规范农村宅基地审批管理的通知》指出："农村村民一户只能拥有一处宅基地，面积继续沿用省规定的面积标准。农村村民应严格按照批准面积和建房标准建设住宅，禁止未批先建、超面积占用宅基地。经批准易地建造住宅的，应严格按照'建新拆旧'要求，将原宅基地交还村集体。农村村民出卖、出租、赠与住宅后，再申请宅基地的不予批准。人均土地少、不能保障一户拥有一处宅基地的地区，县级人民政府在充分尊重农民意愿的基础上，可以采取措施，按照我省宅基地面积标准保障农村村民户有所居。各县（市、区）人民政府要完善以户为单位取得宅基地分配资格的具体条件和认定规则，消除公安分户前置障碍。农村宅基地地上房屋层高和建筑面积标准由各县（市、区）人民政府结合本地实际作出限定。"《土地管理法》第62条第2、3、4款规定："人均土地少、不能保障一户拥有一处宅基地的地区，县级人民政府在充分尊重农村村民意愿的基础上，可以采取措施，按照省、自治区、直辖市规定的标准保障农村村民实现户有所居。农村村民建住宅，应当符合乡（镇）土地利用总体规划、村庄规划，不得占用永久基本农田，并尽量使用原有的宅基地和村内空闲地。编制乡（镇）土地利用总体规划、村庄规划应当统筹并合理安排宅基地用地，改善农村村民居住环境和条件。农村村民住宅用地，由乡（镇）人民政府审核批准；其中，涉及占用农用地的，依照本法第四十四条的规定办理审批手续。"（《土地管理法》第44条规定："建设占用土地，涉及农用地转为建设用地的，应当办理农用地转用审批手续。永久基本农田转为建设用地的，由国务院批准。在土地利用总体规划确定的城市和村庄、集镇建设用地规模范围内，为实施该规划而将永久基本农田以外的农用地转为建设用地的，按土地利用年度计划分批次按照国务院规定由原批准土地利用总体规划的机关或者其授权的机关批准。在已批准的农用地转用范围内，具体建设项目用地可以由市、县人民政府批准。在土地利用总体规划确定的城市和村庄、集镇建设用地规模范围外，将永久基本农田以外的农用地转为建设用地的，由国务院或者国务院授权的省、自治区、直辖市人民政府批准。"）

　　同时，《广东省农村宅基地管理办法》第10条第1款规定："申请使用宅基地的，应当为宅基地所在地的农村集体经济组织成员，并应当符合下列条件之一：（一）已依法登记结婚或者本户中有两名以上已达法定婚龄的未婚子女需要分户的；（二）因自然灾害、征地、村庄和集镇公益事业建设等原因宅基地灭失或者不能使用且户内没有其他宅基地的；（三）外来人口落户成为本集体经济组织成员，在本集体内没有宅基地的；（四）因实施村庄规划或者旧村改造，需要调整搬迁的。"

　　《韶关市农村宅基地管理规定》（已失效）第11条规定："一户全为农业户口，有2名以上（含2名）子女，且至少有1名已婚子女或者至少有1人已达到法定结婚年龄确需分户的，可以分户另行安排宅基地。一户中既有农业户口又有因征地转为非农业户口的，按照一户宅基地标准安排一处宅基地。但该户有2名以上（含2名）子女，且至少有1名已婚子女或者至少有1人已达到法定结婚年龄确需分户，且分户形成的另一户（已婚的包括完整的家族成员）全为农业户口的，可以分户另行安排宅基地。一户全为非农业户口的，不得另行安排宅基地，宅基地上的房屋只能原地翻建。"

　　广东省清远市出台的《清远市村庄规划建设管理条例》第30条规定："属于本集体经济组织成员的农村村民具有下列情形之一的，可以申请使用宅基地：（一）已依法登记结婚或者本户中有两名以上已达法定婚龄的未婚子女需要分户，原有宅基地不能安置的；（二）因自然灾害或者政策性移民实施村庄规划、旧村改造，需要搬迁安置的；（三）外来人口落户成为本集体经济组织成员，在本集体经济组织内没有宅基地的；（四）自愿退出宅基地向农村村民集中建房点集聚的；（五）与本集体经济组织签订退回原有宅基地协议，申请新建住房的；（六）住房因国家建设项目被征收或者乡镇、村公共设施和公益事业建设被占用的；（七）法律法规规定的其他情形。”

江西省上饶市出台的《上饶市农村居民住房建设管理条例》第13条规定：“农村居民符合下列条件之一的，可以以户为单位申请住房建设：（一）无自有住房的；（二）现有住房人均建筑面积低于30平方米的；（三）住房因国家建设项目征收或者乡镇、村公共设施和公益事业建设占用的；（四）因自然灾害、政策性移民等，需要搬迁安置的；（五）退出原有宅基地向集镇或者农村居民集中建房点集聚的；（六）现有住房经鉴定属于危房需要拆除的；（七）符合本条例规定，为改善居住条件等原因需要拆旧建新的；（八）可以申请住房建设的其他情形。农村居民申请住房建设因规划实施、古建筑保护、文物保护等不能原址重建的，原有住房、宅基地经依法处置后，可以申请新的宅基地建房。”

因此，韶关市在制定本条文时针对已有宅基地的农村村民和没有宅基地的农村村民，从农村实际出发，参照其他法规的有关规定，用列举方式明确了申请住房建设的资格和条件。故《管理条例》规定：具有农村集体经济组织成员资格的农村村民，已依法登记结婚或者本户家庭中有已达法定婚龄的未婚子女需要分户，而且原有宅基地不能安置的，可以单独以一户的名义向集体组织申请使用宅基地建造住房。这里“原宅基地不能安置”的情形有：①原宅基地面积不够居住；②原宅基地已经灭失；③原宅基地无法使用；④原宅基地被征收征用或集体收回；⑤原宅基地不存在安全隐患，等等。

关于农村集体经济组织成员资格这一概念，在《管理条例》起草阶段，社会各界就产生了较大的分歧和争议。焦点在于：第一，究竟是使用村民还是使用集体经济组织成员更妥帖？第二，本法要不要对集体经济组织成员这一概念作出定义？第三，本法是否有权对集体经济组织成员资格作出规定？对于第一个焦点问题。笔者认为村民更多地作为一个地理区域上的概念使用，例如，《现代汉语词典》的解释：村民是"乡村居民"，也就是居住在某一乡村的居民。而居民的解释是"固定住在某一地方的人"。

在法律领域上较早尝试给村民下定义的是北京市人大常委会。2000年7月25日在北京市十一届人大常委会第20次会议上，委员们在审议有关法规草案，探讨"村民"这一概念时，给村民下了一个定义：认为凡18岁以上且具有某村农业户口就应该为该村村民，村民的配偶、户口未迁入，但在本村居住的也是本村村民。显然，北京市人大常委会仍然是从居住角度来认定村民的。而宅基地属于集体所有，从法理上讲，只有具备集体成员资格的村民才能申请使用宅基地。而在韶关的许多乡村还存在一些"空挂户"现象。所谓"空挂户"，是指只有户口落入的地址，人实际不居住的情况。空挂户是20世纪90年代买卖户口所引发的词汇，城市和农村都存在这一现象。"空挂户"不享有集体收益，也不承担集体义务。显然，如果"空挂户"也能申请使用宅基地建房，那对其他集体成员是不公平的。因此，只能是集体成员才可以享有宅基地分配权。所以，本条例使用集体经济组织成员这一概念，而没有使用村民的概念。第二个焦点问题和第三个焦点问题实际上是密切联系在一起的，可以看作一个问题。如果连集体经济组织成员资格都无法确定，就谈不上宅基地的申请、分配和流转等问题。至于本条例是否有权作出统一规定，经请示广东省人大常委会之后，决定将集体经济组织成员资格的认定交由基层群众自治性组织。笔者认为这一做法是正确的。因为：第一，是否为本集体组织成员，基层群众自治组织最有发言权，这也是基层自治权的体现，本条例不宜作硬性规定。第二，村民对自身的集体经济组织成员资格认定有异议的，可以通过司法诉讼途径进行救济。

那么，何为集体经济组织成员呢？所谓集体经济组织成员，是指在该集体经济组织生产，或生活在该组织，与该集体经济组织发生权利、义务的人。

农村集体经济组织成员资格具有强烈的身份属性，其通常可依法定事件而取得，例如出生；也可依合法行为而取得，例如结婚或收养等。因此，确定农村集体经济组织成员资格，必须坚持两个原则：第一，较长期且稳定地在该集体组织生产生活；第二，在该集体组织享有权利并承担义务。从全国来看，目前还没有一部法律或行政法规对农村集体经济组织成员资格的取得、丧失以及认定等问题作出专门的规定。不过，天津市农业农村委员会等多部门和重庆市高级人民法院分别从行政管理和司法审判角度对农村集体经济组织成员资格作出了探索性的规定。2016年11月24日，天津市人民政府办公厅转发《天津市村集体经济组织成员资格认定指导办法（试行）》，该指导办法中涉及农村集体经济组织成员资格的几个条文如下：

第四条 村集体经济组织成员的认定工作由村级组织具体负责。各行政村村级组织要切实承担起本村集体经济组织成员资格认定工作的主体责任，严格依据法律、法规以及本办法规定开展相关工作。

第五条 开展成员资格认定工作应坚持以下基本原则：

（一）依法依规。开展成员资格认定应依据法律、法规、规章等有关规定，法律、法规、规章等有关规定对村集体经济组织成员认定有明确规定的，要严格执行其规定；没有规定或规定不明确的，要根据相关法律、法规、规章和民主商议结果等进行认定。

（二）公开公平。开展成员资格认定工作应严格履行公开的民主程序，严格按照议定的认定标准，不能存在双重标准，不能存在特殊待遇。要注意防止村集体经济组织成员资格"两头空"和"两头占"现象。

（三）保持稳定。要积极稳妥地处理好相关人员个人之间、成员与村集体之间、村集体与有关主体之间的利益关系，及时化解成员认定过程中出现的矛盾纠纷，防止引发新的社会矛盾，维护农村社会的和谐稳定。

第六条　开展村集体经济组织成员资格认定工作要综合考量户籍登记、土地承包、居住生活以及对村集体履行义务等因素。要注意维护农业户籍的离婚女、出嫁女、嫁入女、入赘婿、随迁子女等特殊人员的合法权益。既要坚持少数服从多数原则，又要防止出现多数人剥夺少数人利益现象。

第七条　开展成员资格认定工作应履行以下基本程序：

（一）成立组织。成立由村级组织主要负责同志任组长，村"两委"成员、党员代表、村民代表以及熟悉村集体经济组织发展历史且群众认可的老同志为成员的村集体经济组织成员资格认定工作小组（以下简称认定工作小组）。

（二）制定方案。认定工作小组要对本村集体经济组织的历史沿革、成员变化和本村现状人口进行全面调查，在掌握基本情况和相关人员基本诉求的基础上，依据法律、法规、规章等有关规定制定村集体经济组织成员资格认定工作方案。方案的主要内容应包括成员资格认定基准日、认定标准和认定程序。

（三）宣传动员。认定工作小组要借助明白纸、宣传页、大屏幕、村内广播和入户宣讲等适宜方式，广泛宣传成员资格认定工作的目的和意义，让广大农民群众知晓法律、法规、政策的基本规定和本村集体经济组织成员认定工作方案的基本内容，动员群众积极配合、广泛参与成员资格认定工作。

（四）调查摸底。认定工作小组要广泛搜集本村集体经济组织相关人员的户籍登记、土地承包经营权登记等信息，收集整理村民提交的相关证明材料并进行真实性审查，对照成员资格认定标准对本村人员基本情况进行全面细致的分析。

（五）初步认定。认定工作小组根据调查摸底掌握的基础信息，依据相关法律、法规、规章等有关规定和本村集体经济组织成员资格认定工作方案对符合本村集体经济组织成员资格条件的成员进行初步认定，形成初步认定成员名单。

（六）公示修正。认定工作小组对初步认定成员名单进行公示。公示期间对初步认定成员名单有异议的，相关人员应当以书面形式向认定工作小组提出意见。对于相关人员提出意见的，认定工作小组应当讨论提出处理意见，作出修改或不修改初步认定成员名单的决定并向当事人反馈处理意见，经过修改的初步认定成员名单应当再次进行公示，每次公示不得少于三天。初步认定成员名单须经过公示无异议后方可确定为村内认定结果。

（七）指导监督。乡镇人民政府（街道办事处）要指导所辖村集体经济组织做好成员资格认定工作，并对有关工作进行监督。

（八）结果公布。成员资格认定结果要以村集体经济组织所在行政村村级组织和认定工作小组名义在区级以上媒体进行公布。

（九）编制名册。认定工作小组负责登记成员基本信息，建立村集体经济组织成员登记簿。

第十条　有关人员对村集体经济组织成员资格认定工作程序或结果不认可的，可以向所在乡镇人民政府（街道办事处）提出异议，并要求调解。

司法审判领域里如何认定农村集体经济组织成员资格可以参考重庆市高级人民法院的做法。2009 年 5 月 31 日出台的《重庆市高级人民法院关于农村集体经济组织成员资格认定问题的会议纪要》对农村集体经济组织成员资格认定问题提出了以下值得借鉴的意见：

一、关于集体经济组织成员认定的基本原则

1. 农村集体经济组织成员资格的认定，应当以是否形成较为固定的生产、生活，是否依赖于农村集体土地作为生活保障为基本条件，并结合是否具有依法登记的集体经济组织所在地常住户口，作为判断农村集体经济组织成员资格的一般原则。

二、关于集体经济组织成员资格的取得

2. 父母双方均具有本集体经济组织成员资格，或者父母一方具有本集体经济组织成员资格且依法登记为本集体经济组织所在地常住户口，则该父母之子女自出生时起认定取得本集体经济组织成员资格。

3. 因合法的婚姻、收养关系，在本集体经济组织所在地生产、生活，并将户口迁入本集体经济组织所在地的人员，认定取得本集体组织成员资格。

4. 因国防建设或者其他政策性原因，通过移民进入本集体经济组织所在地生产、生活，并将户口迁入本集体经济组织所在地的人员，认定取得本集体经济组织成员资格。

三、关于集体经济组织成员资格的丧失

5. 集体经济组织成员死亡，其集体经济组织成员资格自死亡时起丧失。

6. 取得其他集体经济组织成员资格的，自取得其他集体经济组织成员资格时起，其原有的集体经济组织成员资格丧失。

7. 迁入本市各区县（自治县）所辖街道办事处或者区县（自治县）人民政府驻地镇，转为非农业户口的，自取得非农业户口之日，其原有的集体经济组织成员资格丧失。

8. 迁入第七条以外的其他城镇，转为非农业户口，且纳入国家公务员序列或者事业单位编制的，其原有的集体经济组织成员资格丧失。

9. 农村集体经济组织成员资格丧失的确认，应当遵循以人为本的原则，在农村集体经济组织成员未改变户籍性质和退出承包地之前，一般

不宜认定农村集体经济组织成员资格丧失。

四、几类特殊人员集体经济组织成员资格的认定

10. 农嫁女或入赘男的集体经济组织成员资格应当以是否在配偶对方形成较为固定的生产、生活，是否依赖于对方农村土地作为生活保障为基本判断标准。

（1）农女嫁出后，在男方较为固定生产、生活，并依赖于男方土地作为基本生活保障的，无论其户口是否从原集体经济组织迁出，均应认定具有嫁入地的集体经济组织成员资格；（2）农女嫁出后，户口仍在原集体经济组织，承包地亦未收回，但本人或者与其配偶均外出务工，并未在男方较为固定的生产、生活，应认定具有原集体经济组织成员资格；（3）农女嫁到第八条所称的城镇，户口迁入男方，无论其在娘家生产、生活，还是在城镇生活，只要未纳入国家公务员序列或者事业单位编制（自收自支的事业单位除外）的，应认定具有原集体经济组织成员资格；（4）农女嫁出后，因为离婚，又回原籍居住生活，但户口未迁回，应认定具有嫁入地的集体经济组织成员资格，但在原籍重新分得了承包地的，可以认定为具有原集体经济组织成员资格；入赘男的农村集体经济组织成员资格参照上述精神确定。

11. 外出就学的农村集体经济组织成员，毕业后在城市形成较为固定的生产生活基本条件，不依赖于农村集体土地之前，不应认定其丧失集体经济组织成员资格。

12. 服兵役人员，应当保留其集体经济组织成员资格。其中任干部的，或者按政策应当进行转业安置的士官，一般应认定其集体经济组织成员资格丧失。

13. 劳改、劳教和服刑人员应当保留其集体经济组织成员资格。

14. 非因生活需要，而是出于利益驱动或其他原因，仅将户口挂在集体经济组织的，不应认定具有该集体经济组织成员资格。

15. 将非农业户口迁回原籍，成为农村户口，但不承包经营集体土地，而是以退休工资等其他稳定性收入作为基本生活保障的回乡退养人员，应认定为不具备集体经济组织成员资格。

本条第 2 款规定农村村民可以重新申请宅基地的几种情形如下：

第一种，房屋因自然灾害倒塌或成危房的。这一情形下，村民一般是在原来的旧址上重建，确需异地建房的，应当将原宅基地交回村集体经济组织。《民法典》第 364 条规定："宅基地因自然灾害等原因灭失的，宅基地使用权消灭。对失去宅基地的村民，应当依法重新分配宅基地。"

国务院颁布的《自然灾害救助条例》第 19 条规定："自然灾害危险消除后，受灾地区人民政府应当统筹研究制订居民住房恢复重建规划和优惠政策，组织重建或者修缮因灾损毁的居民住房，对恢复重建确有困难的家庭予以重点帮扶。居民住房恢复重建应当因地制宜、经济实用，确保房屋建设质量符合防灾减灾要求。受灾地区人民政府应急管理等部门应当向经审核确认的居民住房恢复重建补助对象发放补助资金和物资，住房城乡建设等部门应当为受灾人员重建或者修缮因灾损毁的居民住房提供必要的技术支持。"

第二种，住房因国家建设项目征收或政策性搬迁的。因国家建设项目征收或政策性搬迁或者乡镇、村公共设施和公益事业建设被占用而导致丧失居住条件的，可以重新申请宅基地。立法依据是《土地管理法》的相关规定。《土地管理法》第 48 条规定："征收土地应当给予公平、合理的补偿，保障被征地农民原有生活水平不降低、长远生计有保障。征收土地应当依法及时足额支付土地补偿费、安置补助费以及农村村民住宅、其他地上附着物和青苗等的补偿费用，并安排被征地农民的社会保障费用。征收农用地的土地补偿费、安置补助费标准由省、自治区、直辖市通过制定公布区片综合地价确定。制定区片综合地价应当综合考虑土地原用途、土地资源条件、土地产值、土地区位、土地供求关系、人口以及经济社会发展水平等因素，并至少每三年调整或者重新公布一次。

征收农用地以外的其他土地、地上附着物和青苗等的补偿标准，由省、自治区、直辖市制定。对其中的农村村民住宅，应当按照先补偿后搬迁、居住条件有改善的原则，尊重农村村民意愿，采取重新安排宅基地建房、提供安置房或者货币补偿等方式给予公平、合理的补偿，并对因征收造成的搬迁、临时安置等费用予以补偿，保障农村村民居住的权利和合法的住房财产权益。县级以上地方人民政府应当将被征地农民纳入相应的养老等社会保障体系。被征地农民的社会保障费用主要用于符合条件的被征地农民的养老保险等社会保险缴费补贴。被征地农民社会保障费用的筹集、管理和使用办法，由省、自治区、直辖市制定。"

第三种，退出原有宅基地异地建房的。退出原宅基地，异地新建住房的情况主要有：其一，因规划的原因，原宅基地不能建房；其二，原宅基地因地质灾害已经不适合建房；其三，原宅基面积太小无法满足建房需要。异地新建住房的，应当将原宅基地交回集体组织才能申请新的宅基地。

第四种，其他依法可以重新申请宅基地的。其他依法可以重新申请宅基地的情形要根据具体情况依法认定，例如，归国华侨、侨眷合法定居国内后缺乏居住条件的，可以申请宅基地建设住房，实现户有所居。《土地管理法》第 62 条第 6 款规定："国家允许进城落户的农村村民依法自愿有偿退出宅基地，鼓励农村集体经济组织及其成员盘活利用闲置宅基地和闲置住宅。国务院农业农村主管部门负责全国农村宅基地改革和管理有关工作。"

第十八条【宅基地批准书】

农村村民住房建设应当取得宅基地批准书。

农村村民申请宅基地，村民小组、集体经济组织或者村民委员会应当受理，对公示无异议的，按规定提出审核意见，由镇、民族乡人民政府依法核准。申请的宅基地涉及占用农用地的，应当依法办理农用地转用审批手续，涉及占用林地的依法办理林地使用审批手续。

【主旨】本条对农村村民申请宅基地和住房建设的程序作出了一般性规定。考虑到该程序属于工作层面上的细则，故规定具体程序由韶关市农业农村行政主管部门会同市自然资源行政主管部门共同制定。

［导读与释义］

本条是关于宅基地申请与批准的程序的规定。本条共2款，第1款是规定农村村民住房建设应当取得宅基地批准书，不得未批先建、先建后批或边批边建，以杜绝农村建房的无序状况；第2款从大体上明确了宅基地申请、批准的基本程序以及宅基地审批权的主体，以方便村民办理建房的审批手续。同时，该款向建房户重申了《土地管理法》的重要规定，即：申请的宅基地涉及占用农用地的，应当依法办理农用地转用审批手续，涉及占用林地的依法办理林地使用审批手续。

本条的法律依据是：

（1）《土地管理法》。该法第62条第4款规定："农村村民住宅用地，由乡（镇）人民政府审核批准；其中，涉及占用农用地的，依照本法第四十四条的规定办理审批手续。"第44条规定："建设占用土地，涉及农用地转为建设用地的，应当办理农用地转用审批手续。永久基本农田转为建设用地的，由国务院批准。在土地利用总体规划确定的城市和村庄、集镇建设用地规模范围内，为实施该规划而将永久基本农田以外的农用地转为建设用地的，按土地利用年度计划分批次按照国务院规定由原批准土地利用总体规划的机关或者其授权的机关批准。在已批准的农用地转用范围内，具体建设项目用地可以由市、县人民政府批准。在土地利用总体规划确定的城市和村庄、集镇建设用地规模范围外，将永久基本农田以外的农用地转为建设用地的，由国务院或者国务院授权的省、自治区、直辖市人民政府批准。"

（2）《土地管理法实施条例》第23条。该条规定："在国土空间规划确定的城市和村庄、集镇建设用地范围内，为实施该规划而将农用地转为建设用地的，由市、县人民政府组织自然资源等部门拟订农用地转用方案，分批次报有批准权的人民政府批准。农用地转用方案应当重点对建设项目安排、是否符合国土空间规划和土地利用年度计划以及补充耕地情况作出说明。农用地转用方案经批准后，由市、县人民政府组织实施。"

（3）《广东省实施〈中华人民共和国土地管理法〉办法》第35条。该条规定："农村集体经济组织兴办企业使用本集体经济组织农民集体所有土地的，乡（镇）村公共设施、公益事业建设使用农民集体所有土地的，由农村集体经济组织或建设单位依照本办法第二十八条规定的程序向市、县人民政府土地行政主管部门提出用地申请，经审核后，符合土地利用总体规划的，报有批准权的人民政府批准。农村村民建设住宅使用本集体经济组织农民集体所有土地的，由村民提出用地申请，经村民会议或者农村集体经济组织全体成员会议讨论同意，乡（镇）人民政府审核后，报市、县人民政府批准。本条规定的用地涉及农用地转为建设用地的，依照《土地管理法》和本办法第二十九条的规定办理农用地转用审批手续。县、乡（镇）人民政府可根据土地利用总体规划、土地利用年度计划和建设用地需要，拟订农用地转用方案、补偿耕地方案，按年度分批次报批。"

本条根据最新的国家政策的精神，对宅基地审批权作出了明确的规定，并对农村村民申请宅基地和住房建设的程序作出了一般性规定。2018 年 12 月 23 日在第十三届全国人民代表大会常务委员会第七次会议上所作的《国务院关于农村土地征收、集体经营性建设用地入市、宅基地制度改革试点情况的总结报告》提出："改革宅基地审批制度，使用存量建设用地的，下放至乡级政府审批；使用新增建设用地的，下放至县级政府审批。试点实践中，试点地区下放宅基地审批权限，并将相关环节全部纳入便民服务体系。浙江义乌等地还结合'最多跑一次'改革，实现申请更便利，审批更智能。但考虑到农民建住宅主要以盘活存量为主，且为确保耕地保护红线和促进节约集约用地，对新增建设用地的农转用审批尚不具备下放条件。因此，建议：下放使用存量宅基地审批权，明确农村村民申请宅基地的，由乡（镇）人民政府审核批准，但涉及占用农用地的，应当依法办理农转用审批手续。"

2020 年 3 月 26 日发布的《广东省农业农村厅、广东省自然资源厅关于规范农村宅基地审批管理的通知》指出：建立部省指导、市县主导、乡镇主责、村级主体的宅基地管理机制。依照《土地管理法》有关规定，农村村民住宅用地由乡镇人民政府审核批准，其中，涉及占用农用地的依法办理农用地转用审批手续，涉及使用林地的要依法办理使用林地审核审批手续。乡镇人民政府要切实履行属地责任，优化审批流程，提高审批效率，加强事中事后监管，组织做好农村宅基地审批和建房规划许可有关工作，为农民提供便捷高效的服务。

关于村民申请宅基地的一般程序，特别是村级审查和乡镇审查，上述通知也作出了较为详细的指引："符合宅基地申请条件的农户，以户为单位向具有宅基地所有权的农村集体经济组织提出宅基地和建房（规划许可）书面申请。所在农村集体经济组织收到申请后，提交农村集体经济组织成员（代表）会议讨论并将申请理由、拟用地位置和面积、拟建房层高和面积等情况在本集体经济组织范围内公示，公示期不少于 5 个工作日。公示无异议或异议不成立的，所在农村集体经济组织将农户申请、农村集体经济组织成员（代表）会议记录等材料交村集体经济组织或村民委员会（以下简称村级组织）审查。村级组织重点审查提交的材料是否真实有效、拟用地建房是否符合村庄规划、是否征求了用地建房相邻权利人意见等。审查通过的，由村级组织签署意见，报送乡镇政府。如果没有组级集体经济组织的，则由村民向村民小组提出申请，依照上述程序办理。没有分设村民小组或宅基地和建房申请等事项已由村级组织办理的，农户直接向村级组织提出申请，经村民代表会议通过并在本集体经济组织范围内公示后，由村级组织签署意见，报送乡镇政府……乡镇政府要依托乡镇行政服务中心等平台，建立一个窗口对外受理、多部门内部联动运行或整合相关资源力量集中办公的农村宅基地用地建房联审联办制度。审批过程中，农业农村部门负责审查申请人是否符合申请条件、拟用地是否符合宅基地合理布局要求和面积标准、宅基地和建房（规划许可）申请是否经过村组审核公示等，并综合各有关部门意见提出审批建议；自然资源部门负责审查用地建房是否符合国土空间规划、林地保护利用规划、用途管制要求，其中涉及占用农用地的，应在办理农用地转用审批手续后，核发《乡村建设规划许可证》。涉及林业、水利、电力等部门的要及时征求意见。不涉及农用地转用的，由乡镇政府根据各部门联审结果，对农村宅基地申请进行审批，出具《农村宅基地批准书》和《乡村建设规划许可证》。各地要公布办理流程和要件，明确材料审查、现场勘查等各环节的岗位职责和办理期限。各地可根据上述原则要求，探索建立适合当地工作实际的审批管理制度。审批结果应及时公布。乡镇政府要建立宅基地用地建房审批管理台账，有关资料归档留存，并于每月 3 日前将上月审批情况报县级农业农村、自然资源等部门备案。鼓励各地加快信息化建设，研发农村宅基地用地和建房规划许可审批管理信息系统，逐步实现数字化管理。"

以上是制定宅基地申请、批准详细程序的直接指导。考虑到该程序属于工作层面上的细则，本条例未作具体规定，具体程序由韶关市农业农村行政主管部门会同市自然资源行政主管部门共同制定。

另外，农村居民建房申请宅基地的具体审批程序如下：

（1）拟申请建房的村民向村集体经济组织（一般是村小组）提出书面申请。

（2）村民小组讨论公示。村民小组收到申请后，应提交村民小组会议讨论，并将申请理由、拟用地位置和面积、拟建房层高和面积等情况在本小组范围内公示。公示无异议或异议不成立的，村民小组将农户申请、村民小组会议记录等材料交村级组织审查。村级组织重点审查提交的材料是否真实有效、拟用地建房是否符合村庄规划、是否征求了用地建房相邻权利人意见等。审查通过的，由村级组织签署意见，报送乡镇政府。没有分设村民小组或宅基地和建房申请等事项已统一由村级组织办理的，农户直接向村级组织提出申请，经村民代表会议讨论通过并在本集体经济组织范围内公示后，由村级组织签署意见，报送乡镇政府。

（3）乡镇受理审核。乡镇政府要探索建立一个窗口对外受理、多部门内部联动运行的农村宅基地用地建房联审联办制度，方便农民群众办事。其中，农业农村部门负责审查申请人是否符合申请条件、拟用地是否符合宅基地合理布局要求和面积标准、宅基地和建房（规划许可）申请是否经过村组审核公示等，并综合各有关部门意见提出审批建议；自然资源部门负责审查用地建房是否符合国土空间规划、用途管制要求，其中涉及占用农用地的，应在办理农用地转用审批手续后，核发乡村建设规划许可证；涉及林业、水利、电力等部门的要及时征求意见。多部门内部联动：乡镇政府→农业农村部门→自然资源部门→其他相关部门。

（4）乡镇政府审批。根据各部门联审结果，由乡镇政府对农民宅基地申请进行审批，出具《农村宅基地批准书》。

（5）县级政府备案。乡镇要建立宅基地用地建房审批管理台账，有关资料归档留存，并及时将审批情况报县级农业农村、自然资源等部门备案。

（6）宅基地申请审查到场。收到宅基地和建房（规划许可）申请后，乡镇政府要及时组织农业农村、自然资源部门实地审查申请人是否符合条件、拟用地是否符合规划和地类等。

（7）批准后丈量批放到场。经批准用地建房的农户，应当在开工前向乡镇政府或授权的牵头部门申请划定宅基地用地范围，乡镇政府及时组织农业农村、自然资源等部门到现场进行开工查验，实地丈量批放宅基地，确定建房位置。

（8）住房竣工后验收到场。农户建房完工后，乡镇政府组织相关部门进行验收，实地检查农户是否按照批准面积、四至等要求使用宅基地，是否按照批准面积和规划要求建设住房，并出具《农村宅基地和建房（规划许可）验收意见表》。

（9）申请办理不动产登记。新建房屋通过验收的农户，可以向不动产登记部门申请办理不动产登记。

本条第2款关于农用地转用审批手续和林地使用审批手续的规定。即村民申请的宅基地涉及占用农用地的，应当依法办理农用地转用审批手续，涉及占用林地的依法办理林地使用审批手续。此处的"依法"是指依照法律法规以及地方性法规。除了依照《土地管理法》和《土地管理法实施条例》，还要按照《广东省实施〈中华人民共和国土地管理法〉办法》的具体规定办理审批手续。《土地管理法实施条例》第23条规定："在国土空间规划确定的城市和村庄、集镇建设用地范围内，为实施该规划而将农用地转为建设用地的，由市、县人民政府组织自然资源等部门拟订农用地转用方案，分批次报有批准权的人民政府批准……农用地转用方案经批准后，由市、县人民政府组织实施。"

《土地管理法实施条例》第24条规定："建设项目确需占用国土空间规划确定的城市和村庄、集镇建设用地范围外的农用地，涉及占用永久基本农田的，由国务院批准；不涉及占用永久基本农田的，由国务院或者国务院授权的省、自治区、直辖市人民政府批准。具体按照下列规定办理：（一）建设项目批准、核准前或者备案前后，由自然资源主管部门对建设项目用地事项进行审查，提出建设项目用地预审意见。建设项目需要申请核发选址意见书的，应当合并办理建设项目用地预审与选址意见书，核发建设项目用地预审与选址意见书。（二）建设单位持建设项目的批准、核准或者备案文件，向市、县人民政府提出建设用地申请。市、县人民政府组织自然资源等部门拟订农用地转用方案，报有批准权的人民政府批准；依法应当由国务院批准的，由省、自治区、直辖市人民政府审核后上报。农用地转用方案应当重点对是否符合国土空间规划和土地利用年度计划以及补充耕地情况作出说明，涉及占用永久基本农田的，还应当对占用永久基本农田的必要性、合理性和补划可行性作出说明。（三）农用地转用方案经批准后，由市、县人民政府组织实施。"

《广东省城乡规划条例》第 51 条第 1、2 款规定："在村庄规划确定的宅基地范围内建设农村村民住宅的，应当持村民委员会签署的书面同意意见、土地使用证明、住宅设计图件等材料，向镇人民政府提出申请，由镇人民政府报城市、县人民政府城乡规划主管部门核发乡村建设规划许可证。镇人民政府应当自受理申请材料之日起五个工作日内将申请材料报送城市、县人民政府城乡规划主管部门。城市、县人民政府城乡规划主管部门应当自收到申请材料之日起二十个工作日内作出是否许可的决定，并告知镇人民政府。"[1]

综上，城市、县人民政府城乡规划主管部门可以委托镇人民政府核发本条规定的乡村建设规划许可证。

---

　　〔1〕　参见"农村建房：如何申请和审批宅基地?"，载 https://m. thepaper. cn/baijiahao_ 1268 9396，最后访问时间：2021 年 6 月 10 日。

第十九条 【规划许可证】

城镇开发边界内的农村村民住房建设应当依法申请办理建设工程规划许可证，城镇开发边界外的农村村民住房建设应当依法申请办理乡村建设规划许可证，并按照许可证的内容建设。

农村村民住房建设未取得建设工程规划许可证或者乡村建设规划许可证和农村宅基地批准书的，不得施工建设。

【主旨】为防止农村集体经济组织成员未批先建、违法建房，本条明确了农村村民住房建设应当依法办理建设工程规划许可证或者乡村建设规划许可证和农村宅基地批准书的相关规定。

[导读与释义]

本条是关于建设工程规划许可证和乡村建设规划许可证的规定。城镇开发边界内的农村村民住房建设应当依法申请办理建设工程规划许可证，所谓建设工程规划许可证，即经城乡规划主管部门依法审核，建设工程符合城乡规划要求的法律凭证。城镇开发边界外的农村村民住房建设应当依法申请办理乡村建设规划许可证，乡村建设规划许可证是单位或个人进行乡镇企业、乡村公共设施以及公益事业项目建设时，经镇乡人民政府审核批准后报市县城乡规划行政部门确认建设项目地理位置、区域范围符合相关规划的法律凭证。乡村建设规划许可证是农村住房建设的先决条件。村民建房不仅要申办乡村建设规划许可证，而且要按照许可证的内容建设，不能超越乡村建设规划许可证规定的范围建房。

本条的立法目的是为防止农村集体经济组织成员未批先建、违法建房，抑制和治理农村住房建设中的无序状况。

本条的直接法律依据是：

（1）《城乡规划法》第 40 条。该条规定："在城市、镇规划区内进行建筑物、构筑物、道路、管线和其他工程建设的，建设单位或者个人应当向城市、县人民政府城乡规划主管部门或者省、自治区、直辖市人民政府确定的镇人民政府申请办理建设工程规划许可证。申请办理建设工程规划许可证，应当提交使用土地的有关证明文件、建设工程设计方案等材料。需要建设单位编制修建性详细规划的建设项目，还应当提交修建性详细规划。对符合控制性详细规划和规划条件的，由城市、县人民政府城乡规划主管部门或者省、自治区、直辖市人民政府确定的镇人民政府核发建设工程规划许可证。城市、县人民政府城乡规划主管部门或者省、自治区、直辖市人民政府确定的镇人民政府应当依法将经审定的修建性详细规划、建设工程设计方案的总平面图予以公布。"

（2）《城乡规划法》第 64 条。该条规定："未取得建设工程规划许可证或者未按照建设工程规划许可证的规定进行建设的，由县级以上地方人民政府城乡规划主管部门责令停止建设；尚可采取改正措施消除对规划实施的影响的，限期改正，处建设工程造价百分之五以上百分之十以下的罚款；无法采取改正措施消除影响的，限期拆除，不能拆除的，没收实物或者违法收入，可以并处建设工程造价百分之十以下的罚款。"

（3）《广东省城乡规划条例》第 41 条。该条规定："建设单位或者个人申领建设工程规划许可证，应当持使用土地的证明文件、建设工程设计方案和法律、法规规定的其他材料，向城市、县人民政府城乡规划主管部门或者省人民政府指定的镇人民政府提出申请。规划条件要求编制修建性详细规划的，应当同时提交经审定的修建性详细规划。属于原有建筑物改建、扩建的，应当同时提供房屋产权证明。城市、县人民政府城乡规划主管部门或者省人民政府指定的镇人民政府依据经批准的城乡规划、规划条件、相关技术标准和规范对建设工程设计方案进行审查，提出审查意见。符合条件的，核发建设工程规划许可证。建设工程规划许可证应当载明建设项目位置、建设规模和使用功能等内容，附经审定的建设工程设计方案总平面图。建设单位或者个人应当在建设项目施工现场或者其他显著地点设置建设工程规划许可公告牌，载明建设工程规划许可的主要内容和图件。公告内容应当真实、有效，不得隐瞒、虚构。取得建设工程规划许可证一年后尚未开工的，应当向原许可机关办理延期手续，延长期限不得超过六个月。未办理延期手续或者办理延期手续逾期仍未开工的，建设工程规划许可证自行失效。"

本条涉及的建设工程规划许可证或者乡村建设规划许可证是两个不同的许可证。《城乡规划法》始于2008年1月1日起施行。该法创立了一个新的制度，即乡村建设规划许可证。而建设工程规划许可证和乡村建设规划许可证是有区别的。二者主要的不同点是：第一，适用的空间范围不同。前者适用于城市或城镇规划区域；后者适用乡村规划范围。第二，内容不同。前者针对城市或城镇规划范围内的工程类项目建设，后者仅限于乡镇企业、乡村公共设施以及公益事业项目建设项目三类。第三，审批的机关不同。前者由县级人民政府建设规划行政主管部门审批；后者是向乡镇人民政府提出申请，然后依照法定程序批准。根据《自然资源部关于以"多规合一"为基础推进规划用地"多审合一、多证合一"改革的通知》，建设用地规划许可证由市、县自然资源主管部门向建设单位核发。进一步细化：设市城市的建设工程规划许可证由市人民政府城市规划行政主管部门核发；县人民政府所在地镇和其他建制镇的建设工程规划许可证由县人民政府城市规划行政主管部门核发。

《城乡规划法》第3条第1、2款规定："城市和镇应当依照本法制定城市规划和镇规划。城市、镇规划区内的建设活动应当符合规划要求。县级以上地方人民政府根据本地农村经济社会发展水平，按照因地制宜、切实可行的原则，确定应当制定乡规划、村庄规划的区域。在确定区域内的乡、村庄，应当依照本法制定规划，规划区内的乡、村庄建设应当符合规划要求。"广东省出台的一系列政策也强调了规划的重要性。《广东省农业农村厅、广东省自然资源厅关于规范农村宅基地审批管理的通知》要求：农村村民住房建设未取得建设工程规划许可证或者乡村建设规划许可证和农村宅基地批准书的，不得施工建设。[1]

根据《建设部关于统一实行建设用地规划许可证和建设工程规划许可证的通知》的规定，申请建设工程规划许可证的一般程序：

（1）凡在城市规划区内新建、扩建和改建建筑物、构筑物、道路、管线和其他工程设施的单位与个人，必须持有关批准文件向城市规划行政主管部门提出建设申请。

（2）城市规划行政主管部门根据城市规划提出建设工程规划设计要求。

（3）城市规划行政主管部门征求并综合协调有关行政主管部门对建设工程设计方案的意见，审定建设工程初步设计方案。

（4）城市规划行政主管部门审核建设单位或个人提供的工程施工图后，核发建设工程规划许可证。

建设工程规划许可证所包括的附图和附件，按照建筑物、构筑物、道路、管线以及个人建房等不同要求，由发证单位根据法律、法规规定和实际情况制定。附图和附件是建设工程规划许可证的配套证件，具有同等法律效力。

根据《城乡规划法》第40条的规定，建设工程规划管理的行政主体是城市、县人民政府城乡规划主管部门或者省、自治区、直辖市人民政府确定的镇人民政府。城市、县人民政府城乡规划主管部门或者省、自治区、直辖市人民政府确定的镇人民政府依法对该城市、镇规划区内进行建筑物、构筑物、道路、管线和其他工程建设实施建设工程规划管理职责，行使规划许可职权。

核发建设工程规划许可证并不意味着建设工程规划管理职责的终止，此后还必须对建设工程在建设过程中是否符合规划条件进行核查，经过

---

〔1〕　参见《广东省农业农村厅、广东省自然资源厅关于规范农村宅基地审批管理的通知》。

规划核实后查实符合规划条件的才能组织竣工验收。竣工验收后，建设单位应依法在规定的时间内向城乡规划主管部门报送有关竣工验收资料，包括竣工图纸和必要的有关文件材料。

根据《城乡规划法》第 40 条和第 45 条的规定，建设工程规划管理的主要程序为申请、审核、核发建设工程规划许可证和竣工验收前的规划核实及报送竣工验收资料。

（1）具备申请条件的建设单位或者个人以书面方式提出申请。建设单位或者个人在城市、镇规划区内从事各项建设活动，都应当向城市、县人民政府城乡规划主管部门提出申请。申请时，需要提交使用土地的有关证明文件，包括国有土地使用权出让合同、建设用地规划许可证、土地使用权属证书等。需要提交修建性详细规划和建设工程设计方案等。建设工程设计方案审定后，还应当提交建设工程总平面图，单体建筑平、立、剖面图及基础图，地下室平、立、剖面图等施工图纸文件。道路交通和管线工程同样提交相应的工程设计图纸文件。此外，还应提供建设工程设计编制单位的资质证明材料等。

（2）城乡规划主管部门审核。城乡规划主管部门受理建设工程办理规划许可证的申请后，先后进行形式审核和实质性审核。一是形式审核，即审核申请者是否符合法定资格，申请事项是否符合法定程序和法定形式，报送的有关文件、图纸、资料是否完备，是否符合申请核发建设工程规划许可证的应有条件和要求；二是实质性审核，即审核修建性详细规划建设工程设计方案，签发设计方案。建设工程设计方案审定后，审核依据审定的建设工程设计方案做出的应提交的有关图纸文件。

（3）城乡规划主管部门核发建设工程规划许可证。县级人民政府城乡规划主管部门对建设工程申请的有关材料，经审核后符合规划要求的，向建设单位或者个人核发建设工程规划许可证及其附件。经审查认为不合格并决定不给予规划许可的，应说明理由，并给予书面答复。建设单位或者个人，只有在取得建设工程规划许可证和其他有关批准文件后，才可以申请办理建设工程施工手续，没有建设工程规划许可证的建设工程不得施工。

（4）规划和建设行政主管部门监督。建设工程施工后，到建设工程竣工验收前，县级以上地方人民政府城乡规划主管部门要对建设工程是否按照建设工程规划许可证及其附件、附图确定的内容进行建设施工现场审核，对于符合规划许可内容要求的，发给建设工程规划核实证明。对于经规划核实，该建设工程违反规划许可内容要求的，要及时依法提出处理意见。如果经规划核实不合格的或者是未经规划核实的建设工程，建设单位不得组织竣工验收。此外，建设行政主管部门应当依职权对建设单位的建设项目进行安全监督管理。

（5）竣工验收。建设工程竣工验收后 6 个月内，建设单位应向城乡规划主管部门报送有关竣工验收资料，包括竣工图纸和必要的有关材料，以便城乡规划主管部门收集、整理、保管各项建设工程竣工资料，建立完整、准确、系统、可靠的城镇建设档案。

农村住房建设应当先办理乡村建设规划许可证。设置这项规划许可制度，主要是为了加强对农村住房建设活动的管理，防止农村住房建设的随意性，让农村住房建设活动能够依照乡村规划来开展，以改变农村住房的杂乱状况。此外，设置规划许可制度可以促进土地的集约节约使用，提高土地的利用效率，防止随意占地和土地浪费，抑制非法占用土地的行为。按照《城乡规划法》第 41 条的规定，建设单位或者个人提出申请，由乡、镇人民政府进行审核后，报城市、县人民政府城乡规划主管部门核定才可以发放乡村建设规划许可证。乡、镇人民政府审核的主要内容是确认建设项目的性质、规模、位置和范围是否符合相关的乡规划和村庄规划；城乡规划主管部门核定的主要内容是有关建设活动是否符合交通、环保、防灾、减灾、文物保护等方面的要求。

申请乡村建设规划用地许可证的一般程序：①在乡、村庄规划区内进行乡镇企业、乡村公共设施和公益事业建设的，建设单位或者个人应当持批准建设项目的有关文件，向乡、镇人民政府提出建设用地申请，由乡、镇人民政府报县级人民政府建设规划主管部门核发乡村建设规划许可证。②县级人民政府建设规划行政主管部门按照乡、村庄规划的要求和项目的性质，核定用地规模等，确定用地项目的具体位置和界限；③根据需要，征求有关行政主管部门对用地位置和界限的具体意见；④建设规划行政主管部门根据乡、村庄规划的要求向用地单位和个人提供规划设计条件；⑤审核用地单位和个人提供的规划设计图；⑥核发乡村建设规划用地许可证。

在原有宅基地上建房的申请程序：①经乡级人民政府核实，向县级人民政府规划建设行政主管部门提出建房申请；②根据需要，征求四邻对用地位置和界限的具体意见；③县级建设规划行政主管部门根据乡、村庄规划的要求，向用地建房人提出设计要求；④核发乡村建设规划用地许可证。

本条除了规定农村住房建设应当办理乡村建设规划许可证，还规定要申领宅基地批准书。宅基地批准书的申请、批准和取得详见《管理条例》第18条的导读与释义。

第二十条【限时办结】

镇、民族乡人民政府应当设立宅基地和农村住房建设管理集中审批窗口，实行一站式限时办结。

涉及市、县（市、区）人民政府有关主管部门办理的事项，由市、县（市、区）人民政府相应的主管部门受理，限时办结。

【主旨】高效便民是行政服务和行政管理的基本原则，为方便群众办理建房申请事宜，本条规定镇、民族乡人民政府应当设立宅基地和农村住房建设管理集中审批窗口，实行一站式办理，限时办结。涉及县（市、区）人民政府有关主管部门办理的事项，则由其办结。

[导读与释义]

本条是关于农村住房建设管理活动中的便民措施的规定。高效便民是《行政处罚法》修改的"行政"基础，宜通过简化简易程序、调查程序、执行程序，推进繁简分流。[1]高效便民原则是指行政主体在行使职能时要在合法的前提下以最快的效率和最低的成本实现办事目标，不能以任何形式拖延审批事项，并且对审批的标准和条件进行设定，以降低成本的方式提升效益，降低审批事项的社会成本，提高办事的效率，从而获取更大的社会效益，保障社会公众的权利不受损害。另外，行政主体要对责任进行细致划分，对审批程序进行简化，以人性化为办事原则，尽可能满足申请人的合法要求，为申请人提供优质而便捷的服务。[2]

〔1〕 袁雪石："整体主义、放管结合、高效便民：《行政处罚法》修改的'新原则'"，载《华东政法大学学报》2020年第4期。
〔2〕 王振华："从行政许可法看行政法中的高效便民原则"，载《法制与社会》2018年第13期。

从学理上分析，高效便民原则可以分为两方面的内容，其一是效率原则，其二是便民原则，这二者之间具有紧密的关系，同时也相互影响、相互促进，并且都是行政许可主体行使职能的目标。效率原则对于行政主体行使职能的质量高低具有重要作用，也是高效便民原则的核心，只有具备高程度的办事效率，才能为人民带来便捷的服务；而便民原则是行政主体行使职能时必须遵循的原则，将服务人民、方便人民作为行动的准则，以此促进工作效率的不断提升。因此，在行政许可中要对高效便民原则进行辩证的看待，既不能脱离便民原则单纯地追求工作效率的提升，也不能一味追求便民降低工作的效率，而是将二者协调看待、统筹规划，从而在节约社会成本的基础上为人民提供优质便捷的服务。[1]

本条的直接法律依据是：

（1）《行政许可法》。该法第6条规定："实施行政许可，应当遵循便民的原则，提高办事效率，提供优质服务。"第42条规定："除可以当场作出行政许可决定的外，行政机关应当自受理行政许可申请之日起二十日内作出行政许可决定。二十日内不能作出决定的，经本行政机关负责人批准，可以延长十日，并应当将延长期限的理由告知申请人。但是，法律、法规另有规定的，依照其规定。依照本法第二十六条的规定，行政许可采取统一办理或者联合办理、集中办理的，办理的时间不得超过四十五日；四十五日内不能办结的，经本级人民政府负责人批准，可以延长十五日，并应当将延长期限的理由告知申请人。"

（2）广东省委出台的《广东省农村宅基地和农房建设管理的指导意见（2019年征求意见稿）》。该意见提出："行政机关在办理农村住房建设管理活动中要简化办事环节，提升服务质效。各地基层政府要大力推进简政为民服务，设立乡镇人民政府（街道办事处）宅基地和农房建设管理服务机构，整合自然资源、住建、农业农村部门资源，一站式办理宅基地和农房建设审批管理服务事项。以县、镇（街）、村（居）政务

---

〔1〕 王振华："从行政许可法看行政法中的高效便民原则"，载《法制与社会》2018年第13期。

服务中心（站）为依托，实施'一门式、一站式'服务，统一受理农村宅基地和农房建设申请，按实际情况分别由乡镇人民政府（街道办事处）或县人民政府审批。简化农民用地、建房申请审批流程，实行'一张申请表、一个许可证'联合审批。农村用地建房未取得《乡村建设规划许可证》，不得施工建设。农房竣工经验收合格后，凭验收材料和《乡村建设规划许可证》向所在属地的不动产登记机构申请办理'房地一体'不动产确权登记颁证。支持研发农村宅基地和农房建设审批管理系统，通过信息化建设进行规范管理、提升效率。"

（3）《广东省农业农村厅、广东省自然资源厅关于规范农村宅基地审批管理的通知》。该文件对农村住房建设管理活动的行政审批作出了统一要求："乡镇政府要依托乡镇行政服务中心等平台，建立一个窗口对外受理、多部门内部联动运行或整合相关资源力量集中办公的农村宅基地用地建房联审联办制度。"

所谓"一站式办理、一站式服务"，是指有关业务办理机构打破原来分散、隔离的状态，借助于现代企业流水线作业方式，将业务办理部门集中在一起或通过网络有效地实现流程连贯和衔接，并运用物联网线上线下自助服务的智慧服务中心。

一站式的服务是行政服务简便化、便捷化理念的具体表现，是现代社会提升服务质量和效率的要求，是提高行政服务水平的重要途径。让政务服务更好地服务人民群众，让政务服务变得更加便民、惠民、利民，一直是行政机关和其他企事业单位的努力方向。现在越来越多的"一站式办理""一网通办"等方式实现了现场审批或网上审批，把优质的服务送到群众身边，为人民群众打造"家门口"式的服务体系，不断地探索新型的"放管服"改革的新举措，让越来越多的服务可以"一站式"办成，让政务服务真正地便民、惠民。这既方便了群众办事，节省了时间和金钱，也提高了行政效率。随着我国行政领域改革的全面深化，探索简政放权、优化服务、创新发展的道路上，不断有新的理念和方式被提出和应用，这些改革让我们的治理能力更加现代化、法治化，让我们的政务服务更加符合当今时代的发展，大大精简了过去复杂的审批手续，简化规则适应发展规律、降低企业成本、释放政策红利，越来越多的服务变得高效，营造了全社会的便利环境，提高了整个社会的效率。

本条规定的限时办结是指限定时间的含义。《管理条例》对限时只作一般性规定，具体的时限由行政机关根据实际情况而定。

因此，韶关市的镇、民族乡人民政府应当设立宅基地和农村住房建设管理集中审批窗口，实行一站式限时办结。根据每一项业务的具体指向制订包括办理依据、所需材料、办理流程、办理地点、办结时限等内容的一次性告知单和办事指南，并通过网络对外公布，以保证业务办理的高效、准确。同时，韶关市政府还需紧紧围绕改革要求和群众需求，创新措施，优化服务，努力开创一窗受理、一章审批、一网管理、一站服务的新格局，积极推进便民、惠民、便捷、高效的审批服务。

第二十一条【不予批准的情形】

有下列情形之一的，农村村民宅基地申请不予批准：

（一）不符合一户一宅原则的；

（二）不符合村庄规划的；

（三）削坡建房存在安全隐患的；

（四）建房用地存在权属争议的；

（五）原有住房和宅基地被征收已依法安置的；

（六）将住房出卖、出租或者赠与他人的；

（七）将现有住房改作非生活居住用房的；

（八）法律法规规定不予批准的其他情形。

【主旨】本条规定了农村村民宅基地申请不予批准的八种情形。

［导读与释义］

本条规定了农村村民宅基地申请不予批准的八种情形，是宅基地申请的负面清单。

本条依据《城乡规划法》第3条，《土地管理法》第14条、第62条以及参照《广东省城乡规划条例》第47条规定而制定。

《城乡规划法》第3条规定："城市和镇应当依照本法制定城市规划和镇规划。城市、镇规划区内的建设活动应当符合规划要求。县级以上地方人民政府根据本地农村经济社会发展水平，按照因地制宜、切实可行的原则，确定应当制定乡规划、村庄规划的区域。在确定区域内的乡、村庄，应当依照本法制定规划，规划区内的乡、村庄建设应当符合规划要求。县级以上地方人民政府鼓励、指导前款规定以外的区域的乡、村庄制定和实施乡规划、村庄规划。"

《土地管理法》第 14 条规定："土地所有权和使用权争议，由当事人协商解决；协商不成的，由人民政府处理。单位之间的争议，由县级以上人民政府处理；个人之间、个人与单位之间的争议，由乡级人民政府或者县级以上人民政府处理。当事人对有关人民政府的处理决定不服的，可以自接到处理决定通知之日起三十日内，向人民法院起诉。在土地所有权和使用权争议解决前，任何一方不得改变土地利用现状。"

《土地管理法》第 62 条规定："农村村民一户只能拥有一处宅基地，其宅基地的面积不得超过省、自治区、直辖市规定的标准。人均土地少、不能保障一户拥有一处宅基地的地区，县级人民政府在充分尊重农村村民意愿的基础上，可以采取措施，按照省、自治区、直辖市规定的标准保障农村村民实现户有所居。农村村民建住宅，应当符合乡（镇）土地利用总体规划、村庄规划，不得占用永久基本农田，并尽量使用原有的宅基地和村内空闲地。编制乡（镇）土地利用总体规划、村庄规划应当统筹并合理安排宅基地用地，改善农村村民居住环境和条件。农村村民住宅用地，由乡（镇）人民政府审核批准；其中，涉及占用农用地的，依照本法第四十四条的规定办理审批手续。农村村民出卖、出租、赠与住宅后，再申请宅基地的，不予批准。国家允许进城落户的农村村民依法自愿有偿退出宅基地，鼓励农村集体经济组织及其成员盘活利用闲置宅基地和闲置住宅。国务院农业农村主管部门负责全国农村宅基地改革和管理有关工作。"

《广东省城乡规划条例》第 47 条规定："房屋使用人应当按照建设工程规划许可证或者房地产权证书载明的用途使用房屋。确需变更房屋用途的，应当向城市、县人民政府城乡规划主管部门申请办理变更手续。"

本条用列举方式，明确了八种情形不得申请使用宅基地。

第一，不符合一户一宅原则的。一户一宅是农村宅基地分配的基本原则，也是《土地管理法》确立的基本原则。对于农村宅基地使用权的规范不仅包括对建有房屋的宅基地的规范，而且也包括对附属用地的规范。其中，对于宅基地的规范，不仅包括建成房屋的宅基地，而且还包括房屋拆迁后的宅基地和准备建设房屋的宅基地的规范。[1]一户一宅原则的户指的是具有本村常住户口且享受集体资产分配的集体经济组织成员家庭；宅指的是宅基地。一户一宅是对农村村民拥有宅基地处数的规定。《土地管理法》第62条第1款规定："农村村民一户只能拥有一处宅基地，其宅基地的面积不得超过省、自治区、直辖市规定的标准。"从这规定可看出宅基地一户只能申请一处，也就是说一家人只能申请一块宅基地，然后在该地块上建房，不得有两处甚至更多的宅基地。农村宅基地分配中务必坚守这一原则，否则，土地分配就会有违公平公正，也会导致土地走向集中。此外，一户家庭多出宅基地造成土地浪费、土地利用效率低的现象产生。

第二，不符合村庄规划的。农村建房必须先提出申请，建房的选址、体量等要符合乡村规划，不能随心所欲，想怎么建就怎么建。违背乡村规划的，不得申请宅基地。村庄是农村居民生活和生产的聚居点。村庄规划是做好农村地区各项建设工作的基础，是各项建设管理工作的基本依据，农村住房建设实行规划许可，对改变农村落后面貌，加强农村地区生产设施和生活服务设施、社会公益事业和基础设施等各项建设，推进社会主义新农村建设具有重大意义，有利于创建社会主义新农村，改变农村原有的"脏、乱、差"面貌。改变以前先占先得，想在哪建就在哪建的局面，一定程度上减少了因建房产生的邻里矛盾，化解了农村不稳定因素。[2]

2019年中央一号文件指出：强化乡村规划引领。把加强规划管理作为乡村振兴的基础性工作，实现规划管理全覆盖。以县为单位抓紧编制

---

〔1〕周洪亮、陈晓筠："从'一户一宅'的视角探讨农村宅基地使用权取得"，载《中国农业大学学报（社会科学版）》2017年第1期。

〔2〕"农村实施宅基地'一户一宅'制度，它给农民带来了哪些好处？"，载 https://www.tuliu.com/read-66387html，最后访问时间：2017年11月9日。

或修编村庄布局规划，县级党委和政府要统筹推进乡村规划工作。按照先规划后建设的原则，通盘考虑土地利用、产业发展、居民点建设、人居环境整治、生态保护和历史文化传承，注重保持乡土风貌，编制多规合一的实用性村庄规划。[1]

第三，削坡建房存在安全隐患的。削坡建房是指通过采取切削山坡方式平整出的土地上所建设的潜在边坡安全风险的农村房屋设施，即通过削除山坡来获得更多平坦宽阔的土地从而获得建房对土地的需求。韶关市以山地丘陵为主，多高大山脉，平原、台地约占20%，地形地势与建房之间存在矛盾，人们积极寻求各种方式以扩大居住环境。削坡建房为人们开辟了更多宅基地，为提高生活质量提供了可能，满足了人们对美好生活的需求，但这并不意味着人们就能安居乐业。由于群众缺乏自我保护意识、科学技术不足，边坡支护等设施未能同时跟进，易引发地质灾害。同时，韶关市地处南岭山脉南部，处于华夏活化陆台的湘粤褶皱带，地质构造复杂，在地质历史上属间歇上升区，流水侵蚀作用强烈，造成峡谷众多、山地陡峻以及发育成各级夷平面，在这样地质脆弱的地区削坡建房极易引发地质灾害，威胁人们的生命安全。对削坡建房有安全隐患的限制其申请宅基地，可以减少土地破坏，确保有效减少和避免因削坡建房引发地质灾害和房屋安全事故，保障人民群众生命财产安全。

第四，建房用地存在权属争议的。根据《土地权属争议调查处理办法》第2条的规定，建房用地的权属争议是指对建设房屋所用的土地的所有权或者使用权归属争议。获得建房土地的权属需要办理该土地的土地证，而土地证的作用就是证明本人拥有该地块的合法使用权，在此土地上的合法活动受法律的保护。为确保土地使用权主体在土地上的活动及合法利益不受侵犯，保障公民的权益，对建房用地有权属争议的对其申请宅基地进行限制。一方面，可以有效避免争议的双方都前往申请的情况，减少因工作失误而出现两方同时申请同一片宅基地的情况，避免

---

[1] 《中共中央、国务院关于坚持农业农村优先发展做好"三农"工作的若干意见》。

了后期界定宅基地归属权等一系列复杂问题；另一方面，在一定程度上减少了查重及解释争议的事件发生，有效提高了相关人员的工作效率。

第五，原有住房和宅基地被征收已依法安置的。农村村民已经通过征收补偿等方式获得货币安置或房屋安置的，不得再向集体组织申请宅基地。否则，有违公平原则。

第六，将住房出卖、出租或者赠与他人的。宅基地的所有权属于农村农民集体成员所有，使用权由村民享有，二者是分离的。而且使用权是不可侵犯的，不可转让给非本村村民。除本集体经济成员之间可以流转之外，其他人员严厉禁止买卖。符合宅基地申请条件的农户，以户为单位向所在村民小组提出宅基地和建房（规划许可）书面申请，村民小组收到申请后，应提交村民小组会议讨论，并将申请理由、拟用地位置和面积、拟建房层高和面积等情况在本小组范围内公示。另外，宅基地与城市房屋的区别有：其一，城市土地经合法开发后，可进行销售，具有商业性质，城市房屋可以交易，可买一套甚至更多；而宅基地虽说也可流转，但主体仅限于本村村民之间。农村土地属于集体所有，农民仅享有使用权，不具有商业性质。其二，宅基地申请者只要有农村户口，就享有永久居住权和使用权；而城市房屋有具体使用期限，购买者不具有永久居住权和使用权。[1]

第七，将现有住房改作非生活居住用房的。将住房出卖、出租或者赠与他人的，即是一种转变宅基地使用权与所有权的手段，或将现有住房改作非生活居住用房的，是自行改变房屋用途和属性，导致自身无房可居的结果应当由其自己承担。该行为表明该户家庭并不存在无处可住的现象。对此款行为进行相关限制是由于地理位置等因素影响，农村因位置偏远、交通不便、基础设施薄弱而导致经济落后于城市。对宅基地和房屋用途改变进行一定的限制，有利于保障广大农民的居住权，防止农民出现居无定所甚至无处居住的问题，也防止互相赠与而使一户家庭

_____

〔1〕 "农村宅基地申请和不动产确权登记有关知识"，载《致富天地》2020 年第 2 期。

拥有多处宅基地造成土地浪费、降低土地利用效率的问题。同时，此款如此规定可以有效避免本村贫富差距过大而引起富者多地，穷者无地以致无法居住生存的局面。

第八，法律法规规定不予批准的其他情形。本条第 8 项是兜底条款。而针对法律法规规定不予批准的其他情形，则涉及法律适用方面的问题。

本条对宅基地申请不予批准的情况进行规定，与《管理条例》第 17 条相互呼应，从正反两个方面对宅基地的申请作了全面而完整的规范，有助于民众懂法、守法，也有助于部门执法、司法，从而共同构筑宅基地法律体系。

第二十二条【许可证变更】

农村村民取得建设工程规划许可证或者乡村建设规划许可证和农村宅基地批准书后，不得擅自变更许可证和批准书所记载内容进行建设。确需变更的，应当依法向镇、民族乡人民政府申请办理变更手续。规划许可证的变更，由镇、民族乡人民政府报上级人民政府自然资源主管部门审批。

【主旨】 本条是关于农村村民取得建设工程规划许可证或者乡村建设规划许可证内容和农村宅基地批准书后的变更的规定。

［导读与释义］

本条规定的是农村村民取得建设工程规划许可证或者乡村建设规划许可证和农村宅基地批准书后，应当按照许可证限定的范围进行建设，不得擅自变更。确需变更的，应当依法向镇、民族乡人民政府申请办理变更手续。而规划许可证的变更，则由镇、民族乡人民政府报上级人民政府自然资源主管部门审批。

本条的立法依据是：

（1）《城市规划法》（已失效）第 32 条。该条规定："在城市规划区内新建、扩建和改建建筑物、构筑物、道路、管线和其他工程设施，必须持有关批准文件向城市规划行政主管部门提出申请，由城市规划行政主管部门根据城市规划提出的规划设计要求，核发建设工程规划许可证件。建设单位或者个人在取得建设工程规划许可证件和其他有关批准文件后，方可申请办理开工手续。"

（2）《城乡规划法》第 40 条。该条规定："在城市、镇规划区内进行建筑物、构筑物、道路、管线和其他工程建设的，建设单位或者个人应当向城市、县人民政府城乡规划主管部门或者省、自治区、直辖市人民政府确定的镇人民政府申请办理建设工程规划许可证。申请办理建设工程规划许可证，应当提交使用土地的有关证明文件、建设工程设计方案等材料。需要建设单位编制修建性详细规划的建设项目，还应当提交修建性详细规划……"

（3）《城乡规划法》第 43 条。该条规定："建设单位应当按照规划条件进行建设；确需变更的，必须向城市、县人民政府城乡规划主管部门提出申请。变更内容不符合控制性详细规划的，城乡规划主管部门不得批准。城市、县人民政府城乡规划主管部门应当及时将依法变更后的规划条件通报同级土地主管部门并公示。建设单位应当及时将依法变更后的规划条件报有关人民政府土地主管部门备案。"

农村宅基地批准书是基层群众自治组织和基层政权对合乎各项法律法规的农村宅基地经有权机关予以批准的一种法律凭证。宅基地批准书是农村村民申请建设个人住房的前提条件，也是农村住房建设的前置程序。农村村民的住房建设活动首先应当先向村集体组织提出用地申请，获得批准后方可进行下一步程序。

建设工程规划许可证是建设工程进行规划、开工建设、验收等活动的法定要件。它是建设活动合法性的根本保障，也是有关建设单位和个人的合法权益的保证。没有建设工程规划许可证的工程建筑是违章建筑，其正常运行及活动无法受到法律的保护，建设工程无法取得法律权属证书。未取得建设工程规划许可证或者违反建设工程规划许可证的规定进行开发建设，严重影响城市规划的，其法律后果是：由城市规划行政主管部门责令停止建设，限期拆除或者没收违法建筑物、构筑物及其他设施，对有关责任人员，可由所在单位或者上级主管机关给予行政处分。

乡村建设规划许可证是农村住房建设的法定凭证，是合法开展农村住房建设的前置程序。实行乡村建设规划许可证管理制度是乡村建设的新要求，乡村建设规划许可证制度主要是遏制农村无序建设和浪费土地。设置这一规划许可制度，一是有利于保证农村住房建设活动能够依据法定的乡规划和村庄规划进行，避免建设活动的随意性和散乱性；二是有利于集约用地、节约用地，统筹安排宅基地；三是保证土地管理部门在乡或村庄规划区内行使权属管理职能时能够有法可依；四是防止农村土地过分集中于部分人，维护公平公正，平等保障村民的合法权益；五是有利于保护农村自然环境。[1]

（4）《农业农村部、自然资源部关于规范农村宅基地审批管理的通知》。该通知提出："市、县人民政府有关部门要加强对宅基地审批和建房规划许可有关工作的指导，乡镇政府要探索建立一个窗口对外受理、多部门内部联动运行的农村宅基地用地建房联审联办制度，方便农民群众办事。公布办理流程和要件，明确农业农村、自然资源等有关部门在材料审核、现场勘查等各环节的工作职责和办理期限。审批工作中，农业农村部门负责审查申请人是否符合申请条件、拟用地是否符合宅基地合理布局要求和面积标准、宅基地和建房（规划许可）申请是否经过村组审核公示等，并综合各有关部门意见提出审批建议。自然资源部门负责审查用地建房是否符合国土空间规划、用途管制要求，其中涉及占用农用地的，应在办理农用地转用审批手续后，核发乡村建设规划许可证；在乡、村庄规划区内使用原有宅基地进行农村村民住宅建设的，可按照本省（区、市）有关规定办理规划许可。涉及林业、水利、电力等部门的要及时征求意见。根据各部门联审结果，由乡镇政府对农民宅基地申请进行审批，出具《农村宅基地批准书》，鼓励地方将乡村建设规划许可证由乡镇一并发放，并以适当方式公开。乡镇要建立宅基地用地建房审批管理台账，有关资料归档留存，并及时将审批情况报县级农业农村、自然资源等部门备案。"

本条包括两方面的内容：第一，明确建设工程规划许可证或者乡村

---

〔1〕　参见安建主编：《中华人民共和国城乡规划法释义》，法律出版社2009年版。

建设规划许可证和农村宅基地批准书的权威性，即：村民在农村住房建设过程中，已经取得建设工程规划许可证或者乡村建设规划许可证和农村宅基地批准书的，应当严格按照许可证限定的范围、区域进行建设，不能私自随意变动；第二，考虑到实际情况的特殊性，许可证确实需要变更的，建房户应当依照法定程序进行变更。本条指明了变更许可证的基本程序，即：凡涉及农村宅基地批准书的，由村民依法向镇、民族乡人民政府申请办理变更手续；凡涉及规划许可证的，则先由村民依法向镇、民族乡人民政府申请办理，后由镇、民族乡人民政府报上级人民政府自然资源主管部门审批。自然资源主管部门负责审查用地建房是否符合国土空间规划、用途管制要求，符合的则应在办理农用地转用审批手续后，最终核发乡村建设规划许可证。可见，乡村规划许可证变更只有走向法治化才能有效发挥乡村规划的公共政策职能，才能有效防止公权的滥用，才能保证规划的落实。

第二十三条【规划验线和竣工核实管理】

镇、民族乡人民政府应当加强农村住房建设过程中的监督管理，组织有关单位和人员对农村村民住房建设进行规划验线和核实。

农村村民在取得建设工程规划许可证或者乡村建设规划许可证和宅基地批准书后，应向镇、民族乡人民政府申请验线，镇、民族乡人民政府应当自受理申请之日起十个工作日内组织验线。未经验线，住房建设不得开工。

城镇开发边界外的农村村民住房竣工后，应当向镇、民族乡人民政府申请核实，镇、民族乡人民政府应当自受理申请之日起十个工作日内组织核实。符合规划和建设要求的，出具农村宅基地和建房规划许可验收意见材料，并报县（市、区）人民政府自然资源主管部门备案。城镇开发边界内的农村村民住房竣工后，应当办理竣工验收手续。

【主旨】本条规定了镇、民族乡人民政府应当加强农村住房建设过程中的监督管理，组织有关单位和人员对农村村民住房建设进行规划验线、核实和验收，并将之进一步细化、明确。

[导读与释义]

本条是关于加强对农村住房建设活动中的规划验线、核实、竣工验收的规定，即镇、民族乡人民政府应当加强农村住房建设过程中的监督管理，组织有关单位和人员对农村村民住房建设进行规划验线、核实和验收，是对监督管理工作的具体化和规范化。

本条的直接法律依据是：《城乡规划法》和《广东省城乡规划条例》。

《城乡规划法》第45条规定："县级以上地方人民政府城乡规划主管

部门按照国务院规定对建设工程是否符合规划条件予以核实。未经核实或者经核实不符合规划条件的，建设单位不得组织竣工验收。建设单位应当在竣工验收后六个月内向城乡规划主管部门报送有关竣工验收资料。"

《广东省城乡规划条例》第52条规定："建设单位或者个人应当按照乡村建设规划许可的内容进行建设，不得擅自变更；需要变更的，应当经原许可机关批准。取得乡村建设规划许可证的建设工程开工前，建设单位或者个人应当向城市、县人民政府城乡规划主管部门申请验线。城乡规划主管部门应当自受理申请之日起十个工作日内进行验线。未经验线，建设工程不得开工。乡村建设项目竣工后，建设单位或者个人应当就建设工程是否符合乡村建设规划许可的内容，向城市、县人民政府城乡规划主管部门申请核实。城市、县人民政府城乡规划主管部门可以委托镇人民政府对农村村民自建住宅进行规划验线和核实。"

《广东省农业农村厅、广东省自然资源厅关于规范农村宅基地审批管理的通知》指出：各地级政府职能部门要严格用地建房全过程管理。乡镇政府应推行农村宅基地和建房规划许可申请审批管理"五公开"制度，落实村庄规划、申请条件、审批程序、审批结果、投诉举报方式公开。全面落实"三到场"要求，乡镇政府应及时组织农业农村、自然资源等有关部门进行实地审查，做到申请审查到场、批准后丈量批放到场、住宅建成后核查到场，出具《农村宅基地和建房（规划许可）验收意见表》。通过验收的农户可以向不动产登记部门申请办理不动产登记。各地要依法组织开展农村用地建房动态巡查，及时发现和处置涉及宅基地使用和建房规划的各类违法违规行为；指导村级组织完善宅基地民主管理程序，探索设立村级宅基地协管员。该文件充分说明了农村住房建设活动加强监管的重要性。

本条共分3款。第1款规定镇、民族乡人民政府应当加强农村住房建设过程中的监督管理，组织有关单位和人员对农村村民住房建设进行规划验线和核实。此处的"有关单位"主要是指村民委员会、村民小组等。"人员"是指具体负责管理、监督或巡查工作的相关人员。第2款规定了村民主动申请验线的法律义务，即农村村民在取得建设工程规划许可证或者乡村建设规划许可证和宅基地批准书后，应当主动向镇、民族乡人民政府申请验线。同时，镇、民族乡人民政府作为基层管理机关应当自受理村民验线申请之日起10个工作日内组织验线。未经验线，住房建设不得开工。以确保农村住房建设是严格按照许可证确定的范围进行。第3款规定了农村住房建设完工后，建房户和管理者应当履行的法律义务，即城镇开发边界外的农村村民住房竣工后，应当向镇、民族乡人民政府申请核实，镇、民族乡人民政府应当自受理申请之日起10个工作日内组织核实。对符合规划和建设要求的，出具农村宅基地和建房规划许可验收意见材料，并报县（市、区）人民政府自然资源主管部门备案。城镇开发边界内的农村村民住房竣工后，应当办理竣工验收手续。

可见，在农村住房建设过程中，镇、民族乡人民政府应当加强监督管理，组织有关单位和人员对农村村民住房建设进行规划验线和核实。验线是指经批准的建筑设计方案，在实地放线定位以后的核对工作。它主要检查建筑物定位是否与批准的宅基地位置、面积等以及规划要求相符，检查建筑物退红线是否符合规划设计要点要求。验线也是监督农村住房建设合理合法的有效途径。通过验线，可尽早发现与许可证不同的建设中的房屋，及时通告制止、减少一些后续问题如乱占土地而纠纷频发的问题。由此，不经验线的农村住房建设不予开工是合理的。可验收意见材料是针对已建房屋安全性提出的相关修改意见，使建筑更合理、更安全，更符合国家法律法规对房屋的要求，有利于保护居民的生命安全。符合规划和建设要求的，出具农村宅基地和建房规划许可验收意见材料。农村住房建设竣工后应及时向有关主管部门申报并办理验收手续。

竣工验收是全面考核农村住房建设工作，检查是否符合许可证要求和规划要求的重要环节，有利于确保农村住房依法建设，确保建设工程规划许可证、乡村建设规划许可证和宅基地批准书的权威性。

第二十四条【申请不动产登记】

农村村民取得竣工验收证明或者农村宅基地和建房规划许可验收意见材料后，可以依法向不动产登记机构申请办理不动产登记。

【主旨】 宅基地使用权作为不动产物权，需要申请不动产登记进行公示公信。本条规定农村村民取得《农村宅基地和建房（规划许可）验收意见表》后，符合不动产登记条件的，可以依法向不动产登记机构申请不动产登记。

[导读与释义]

本条规定农村村民取得竣工验收证明或者农村宅基地和建房规划许可验收意见材料后，可以依法向不动产登记机构申请不动产登记，从而达到确认自身利益、保护自身权益的目的。申请不动产登记应进行公示公信。

本条的直接法律依据为《民法典》和《不动产登记暂行条例》。

《民法典》第 209 条第 1 款规定："不动产物权的设立、变更、转让和消灭，经依法登记，发生效力；未经登记，不发生效力，但是法律另有规定的除外。"

《不动产登记暂行条例》第 5 条规定："下列不动产权利，依照本条例的规定办理登记：（一）集体土地所有权；（二）房屋等建筑物、构筑物所有权；（三）森林、林木所有权；（四）耕地、林地、草地等土地承包经营权；（五）建设用地使用权；（六）宅基地使用权；（七）海域使用权；（八）地役权；（九）抵押权；（十）法律规定需要登记的其他不动产权利。"

《广东省农业农村厅、广东省自然资源厅关于规范农村宅基地审批管理的通知》指出："通过验收的农户可以向不动产登记部门申请办理不动产登记。"为贯彻落实2019年中央一号文件和《国民经济和社会发展第十三个五年规划纲要》等文件精神，加快落实《中共广东省委、广东省人民政府关于对标三年取得重大进展硬任务扎实推动乡村振兴的实施方案》关于全面加强宅基地管理的任务要求，有效保障农民合法财产权益，2019年12月26日，广东省自然资源厅发布《广东省加快推进"房地一体"农村不动产登记发证工作方案》（以下简称《方案》）。《方案》对农村房地一体化产权登记作出了较详细的规定。农村房地确权登记原则为：

各地要按照有关法律法规政策规定，坚持"依法依规、尊重历史、为民利民"的原则，加快开展"房地一体"农村不动产登记发证工作。

（一）有合法的宅基地使用权来源材料，地上房屋已办理村镇（庄）规划审批手续且竣工的，依法予以确权登记。

（二）有合法的宅基地使用权来源材料，地上房屋未办理村镇（庄）规划审批手续，已经竣工的，按以下原则办理：

1993年11月1日《村庄和集镇规划建设管理条例》实施前，占用宅基地建房且至今未扩建，按权属来源确定的宅基地使用面积和房屋实际建筑面积予以确权登记。

1993年11月1日《村庄和集镇规划建设管理条例》实施后，占用宅基地建房，补办村镇（庄）规划审批手续后按批准面积予以确权登记。宅基地实际使用面积和房屋实际建筑面积超过权属来源确定和补办村镇（庄）规划审批的部分，在登记簿和权属证书附记栏中注明。

（三）无合法的宅基地使用权来源材料，地上房屋已经竣工的，按以下原则办理：

1982年2月13日《村镇建房用地管理条例》实施前占用宅基地建房且至今未扩建，无论是否超过其后当地规定面积标准，由村集体经济组织或村民委员会出具证明并公告 30 天无异议，经乡（镇、街道）人民政府（办事处）审核后，均按照实际使用面积予以确权登记。

1982 年 2 月 13 日《村镇建房用地管理条例》实施时起至 1987 年 1 月 1 日《中华人民共和国土地管理法》实施时止，占用宅基地建房且至今未扩建，由村集体经济组织或村民委员会出具证明并公告 30 天无异议，经乡（镇、街道）人民政府（办事处）审核后，按审核确认的宅基地使用面积和房屋实际建筑面积予以确权登记。

1987 年 1 月 1 日《中华人民共和国土地管理法》实施时起至 1993 年 11 月 1 日《村庄和集镇规划建设管理条例》实施时止，未经批准占用宅基地建房且至今未扩建，符合建房资格且经村集体经济组织或村民委员会同意并公告 30 天无异议的，按规定报县级以上人民政府补办用地审批手续，根据批准面积确定宅基地使用权面积，房屋所有权按照实际建筑面积予以确权登记。宅基地实际使用面积超过审批确认的部分，在登记簿和权属证书附记栏中注明。

1993 年 11 月 1 日《村庄和集镇规划建设管理条例》实施后，未经批准占用宅基地建房，符合建房资格且经村集体经济组织或村民委员会同意并公告 30 天无异议的，按规定报县级以上人民政府补办用地审批手续，根据批准的面积确定宅基地使用权面积，予以确权登记；对批准的宅基地使用权范围的房屋，未办理房屋村镇（庄）规划审批手续的，补办房屋村镇（庄）规划审批手续后，按照批准的建筑面积确定房屋所有权。宅基地实际使用面积和房屋实际建筑面积超过审批确认的部分，在登记簿和权属证书附记栏中注明。

涉及扩建的，由各地根据实际情况自行确定处理原则。

（四）农村集体经济组织成员或农村村民经批准建房的，按照批准面积予以确权登记，建房实际占地面积少于批准面积的，按批准占地面积确权登记。

（五）县级以上人民政府要对未覆盖村镇（庄）规划的乡村及未覆

盖的时间界限作出认定。房屋建造时所在乡村未覆盖村镇（庄）规划的地区，当事人申请宅基地使用权及其地上房屋所有权登记时，可不提供房屋符合村镇（庄）规划的审批手续。

（六）宅基地使用权应按照"一户一宅"要求确权登记到户。其中，每名已成年子女可单独视为宅基地确权登记条件中的一"户"。

（七）因继承、交换、分家析产等造成宅基地使用权与其地上房屋权利人不一致的，可由村集体经济组织或村民委员会出具证明或提供调解协商证明材料，明确房地统一登记的权利主体。农村妇女作为家庭成员，其宅基地权益应记载到不动产登记簿及权属证书上；农村妇女因婚嫁离开原农村集体经济组织，取得新家庭宅基地使用权的，应予以确权登记，同时不动产登记部门应根据原不动产所在地的村集体经济组织或村民委员会依法收回的证明文件注销其原拥有的宅基地使用权。

（八）集体建设用地使用权确权登记按以下原则办理：

1987年1月1日《中华人民共和国土地管理法》实施前，使用集体土地兴办乡（镇）村公益事业和公共设施，经所在乡（镇、街道）人民政府（办事处）审核后，可依法对集体建设用地使用权予以确权登记。乡镇企业用地和其他经依法批准用于非住宅建设的集体土地，至今仍继续使用的，经所在村集体经济组织或村民委员会同意，报乡（镇、街道）人民政府（办事处）审核后，依法对使用单位的集体建设用地使用权予以确权登记。1987年1月1日《中华人民共和国土地管理法》实施后，乡（镇）村公益事业和公共设施用地、乡镇企业用地和其他经依法批准用于非住宅建设的集体土地，应当依据县级以上人民政府批准文件，对使用单位的集体建设用地使用权予以确权登记。

对于没有权属来源材料的集体建设用地，应当查明土地历史使用情况和现状，认定属于合法使用的，经所在村集体经济组织或村民委员会同意，并公告30天无异议，经乡（镇、街道）人民政府（办事处）审核，报县级以上人民政府批准，予以确权登记。

集体建设用地上的建筑物、构筑物所有权依照有关法律法规规定办理。

（九）对宅基地使用权及其地上房屋所有权和集体建设用地使用权及其地上建筑物、构筑物所有权权属存在争议的，各地要加大争议调处力度，待权属明晰后再予以确权登记。

韶关市农业农村局和韶关市自然资源局出台的《韶关市农村宅基地审批管理工作指引》指出："农房竣工验收合格后，建房村民可以依法向县级不动产登记部门申请办理不动产登记，核发不动产证书。"

本条具有较明确的指引作用，法的指引作用（主要是法律规范）对本人行为能起到导向、引领的作用。[1]本条的目的是指引农村村民保护和行使自身的合法权益，及时将建设好的住房进行产权登记。由于农村住房缺乏流动性，难以进入市场交易，所以，很少有村民主动办理房产证。也有部分村民因缺乏对法律法规的了解，不知道如何办理不动产登记。为此，本条发挥法的指引作用，提示和引导村民积极办理房地产证。

不动产既指实物形态的不动产土地和附着于土地上的改良物，包括附着于地面或位于地上和地下的附属物，也指依自然性质或法律规定不可移动或者移动后会引起性质、形状改变的财产，包括建筑物、构筑物等。不动产不一定是实物形态的，它既包括物质实体又包括依托于物质实体上的权益。2013 年 11 月 20 日，国务院常务会议决定，整合不动产登记职责、建立不动产统一登记制度。不动产登记要参照《不动产登记暂行条例》。2018 年 6 月，全国统一的不动产登记信息管理基础平台已实现全国联网，不动产登记体系进入到全面运行阶段。

不动产登记制度起源于近代抵押权与破产法上的登记制度，是人类法律生活中一项重大的基本制度，对整个社会的经济发展具有重大意义。它一方面给人们的交易活动带来了便利，为有关不动产物权变动的交易

---

[1] 张文显主编：《法理学》（第 3 版），法律出版社 2007 年版，第 296~297 页。

活动提供了一个明确基础，使交易人可以简便、清楚地了解该不动产物权的权利归属情况，而且也使物权变动不必再以交付标的物的占有为要件；另一方面，也便于国家对物权变动进行管理，维护交易人的正当合法利益。

宅基地使用权和房屋产权作为不动产物权，其合法权利要得到保障，需要申请不动产登记。而宅基地一类申请不动产需要取得竣工验收证明或者农村宅基地和建房规划许可验收意见材料。因为只有拥有相关竣工证明，其建筑才是合法建筑，其合法权益才能得到保障；同时，它也能作为一种凭证来证明土地上的房屋是不动产。

第二十五条【住房建设服务】

镇、民族乡人民政府应当指导农村村民选用政府提供的农村住房设计图样建设，引导农村村民委托具有相应资质的施工企业或者建筑工匠施工，鼓励农村村民委托具有相应资质的第三方机构对住房施工进行监理。

【主旨】 本条规定的是对农村住房建设工程质量和安全生产的监督管理和服务。

[**导读与释义**]

本条规定了镇政府或乡政府对农村住房建设活动的指导、监督、管理以及服务职责。本条在内容上可划分为三个层次：第一，镇、民族乡人民政府应当指导农村村民选用政府提供的农村住房设计图样进行建设住房；第二，镇、民族乡人民政府应当引导农村村民委托具有相应资质的施工企业或者建筑工匠施工，以保证农村住房的建设质量和安全；第三，镇、民族乡人民政府应当鼓励农村村民委托具有相应资质的第三方机构对住房施工进行监理。农村住房建设选用何种设计图样以及是否雇请有资质的施工企业或者建筑工匠施工是村民的个人自由和权益，是否委托具有相应资质的第三方机构对住房施工进行监理也由村民自行决定。《管理条例》第16条也规定：县（市、区）人民政府住房和城乡建设主管部门应当无偿提供农房设计图集供村民选用。因此，本条对此不作强制性要求，而采取"引导""指导"和"鼓励"的方式为村民农村住房建设提供服务。

引导村民选用政府提供的住房设计图样是基于安全等因素的考虑。

政府所提供的相关住房设计图样，一般聘请专业人士设计，这一方面使得住房图样更合理、更安全，更能符合农村住房对于安全性的需求；另一方面，更能针对农村实际情况提出符合本地地理特征、气候特征等的合理建筑，增强实用性和舒适性。

农村建筑工匠通常没有经过专业培训，大都是自学成才。早在 1996 年，原建设部就发布了《村镇建筑工匠从业资格管理办法》，其中规定：建筑工匠在村镇从事房屋建筑活动的，需取得《村镇建筑工匠资格证书》，没有取得《村镇建筑工匠资格证书》的，无资格承揽村镇建筑工程。建筑工匠需要具备以下资格条件：第一，具备初中毕业以上文化程度或达到四级以上专业技工技术水平；第二，独立承担过二层及二层以下房屋的建筑施工；第三，具有 5 年以上施工经验，期间没有发生过伤亡事故和质量事故；第四，能够履行法律、法规规定的责任。[1]有了住房设计图样，施工企业或者建筑工匠就能根据房屋大小和图样按一定的比例对房屋进行施工。但有着合理的住房设计图样并不意味着一定能建筑安全舒适的房屋，更需要注重施工过程中对建筑材料、施工顺序、施工技巧等综合性的考量。同时，现在外出打工的农村年轻人越来越多，留在农村的多为老弱病残。一些农民没有其他技能但是因为长期干农活体力好就选择了做建筑工匠，而质量是房屋建设工的核心，建筑工匠的建筑施工能力是保证工程质量的基本条件。[2]农村房屋的质量事关人民群众的安全大事。因此，《管理条例》鼓励引导农村村民委托具有相应资质的施工企业或者建筑工匠施工就显得很有必要。

农村住房是农民实现"生活富裕"和"生产发展"的基础性条件。与城市住房单纯的居住生活功能不同，农村住房承载着更多的内容和功能，

---

〔1〕 该办法现已失效。随着行政领域放管服理念的兴起，越来越多的行政审批逐步被减少、取消。同时对农村工匠的资质限制也不作硬性要求。

〔2〕 唐烈英："论建筑企业资质对工程施工合同效力的影响"，载《中国不动产法研究》2014 年第 2 期。

对农民生产生活具有更直接和特殊的重要意义。[1]为更有效地保障农村村民的住房建设质量和安全，政府鼓励农村村民委托具有相应资质的第三方机构对住房施工进行监理。监理一般是对其所受委托的工程的实施过程进行质量、进度、投资和安全等方面的监督、控制和管理。村民委托正规的第三方机构进行监理，要求监理人员应具备一定的资格与资质。监理工程师是代表业主监控工程质量，是业主和承包商之间的桥梁，因此不仅要求其懂得工程技术知识、成本核算，还需要其非常清楚建筑法规。委托监理单位对住房建设进行监理，这样的住房建设更安全，质量更有保障。

---

　　[1]　刘李峰、牛大刚："加强农民住房建设管理与服务的几点思考"，载《城市规划》2009 年第 6 期。

第二十六条【建新拆旧并退还宅基地】

农村村民可以在原址上按村庄规划要求新建住房。

农村村民异地建设住房或者购买本村村民住房的，应当与集体经济组织签订拆除旧房和退还原有宅基地协议书，并明确拆除旧房和退还原宅基地的时间。

【主旨】本条是对农村村民建新房拆旧房的具体规定，是根据现有相关法律法规以及国家政策的基本精神而作出的创设性立法，是《土地管理法》关于"一户一宅"规定的具体化，也是落实"一户一宅"原则的需要。创设性立法是指行政立法机关根据法律的特别授权制定规范性文件的特别活动。由于创设性立法产生新的权利、义务规范，因此必须有权力机关的特别授权。创设性立法的效力范围、授权界限、效力等级必须有特别授权法的严格规定。

[导读与释义]

本条是关于建新拆旧、宅基地退还的规定。通过拆旧建新，改造提升，有利于着力推进农村人居环境整治，有序推进乡村振兴示范建设。

本条具体而直接的立法依据是：《土地管理法》第62条。该条规定："农村村民一户只能拥有一处宅基地，其宅基地的面积不得超过省、自治区、直辖市规定的标准。人均土地少、不能保障一户拥有一处宅基地的地区，县级人民政府在充分尊重农村村民意愿的基础上，可以采取措施，按照省、自治区、直辖市规定的标准保障农村村民实现户有所居。农村村民建住宅，应当符合乡（镇）土地利用总体规划、村庄规划，不得占用永久基本农田，并尽量使用原有的宅基地和村内空闲地。编制乡（镇）

土地利用总体规划、村庄规划应当统筹并合理安排宅基地用地，改善农村村民居住环境和条件。农村村民住宅用地，由乡（镇）人民政府审核批准；其中，涉及占用农用地的，依照本法第四十四条的规定办理审批手续。农村村民出卖、出租、赠与住宅后，再申请宅基地的，不予批准。国家允许进城落户的农村村民依法自愿有偿退出宅基地，鼓励农村集体经济组织及其成员盘活利用闲置宅基地和闲置住宅……"

　　本条共分 2 款。第 1 款规定农村村民可以在原址上按村庄规划要求新建住房。也就是说，如果是符合村庄规划的，一般鼓励村民在原宅基地上建设新房，原则上不再新批宅基地。否则，可以申请新批宅基地，但原有的宅基地要交回集体组织。第 2 款农村村民异地建设住房或者购买本村村民住房的，应当与集体经济组织签订拆除旧房和退还原有宅基地协议书，并明确拆除旧房和退还原宅基地的时间。本款包含两种情形：其一，经批准且符合乡村规划的，村民离开原宅基地去其他地方建设住房的，在申请批准新的宅基地之前，应当与集体组织签订协议，协议书里应当明确拆除旧房并退还原有宅基地的时间。其二，购买本村村民的房屋的，也要与集体经济组织签订拆除旧房和退还原有宅基地协议书。这样规定为了执行《土地管理法》所确立的一户一宅原则。

　　近年来，随着社会主义新农村建设热潮的掀起，韶关市农村村容村貌发生可喜变化，但农村村民建房领域仍存在不少问题和突出矛盾。其中之一就是：建新不拆旧，即村民建设了新房子，但老房子仍然破旧不堪地保留。这样，既违反了一户一宅的原则，也占有和浪费了宅基地资源。旧房子也成了危房，存在安全隐患。从近几年农民建房情况看，老宅基占而不用又要求在路边、村边或城乡接合部占耕地建房者甚多。一些农村老屋拆不了，新房又雨后春笋般不惜成片占用耕地。村内稍有空隙便你争我堵，东砌一处猪栏，西垒一处茅厕。久雨则村内泥泞难行，夏秋则蚊蝇成灾。"远看像朵花，近看脏乱差，外观楼房林立，内观残墙断壁"的空心村不断形成。这不仅导致了土地浪费、耕地破坏、用地混乱，也使相邻的排水、通风、通行和采光遭受影响，环境卫生恶化，还直接影响着农村两个文明建设和农民生活水平的提高。由宅基地问题引起的邻里纠纷、案件不断增多，同时给社会造成了诸多不稳定因素。[1]基于此，《管理条例》特别作出了建新拆旧的规定。建新拆旧包含以下几个方面：第一，严格遵循"一户一宅"的相关规定，避免资源浪费。《土地管理法》第62条第1款规定："农村村民一户只能拥有一处宅基地，其宅基地的面积不得超过省、自治区、直辖市规定的标准。"故农村村民应严格按照批准面积和建房标准建设住宅，禁止未批先建、超面积占用宅基地。第二，对历史形成的宅基地面积超标和"一户多宅"等问题，要按照有关政策规定分类进行认定和处置。人均土地少、不能保障一户拥有一处宅基地的地区，县级人民政府在充分尊重农民意愿的基础上，可以采取措施，按照省、自治区、直辖市规定的标准保障农村村民实现户有所居。为了增强法律的可实施性和可操作性，确保落实"一户一宅"原则，本条规定农村村民异地建设住房或者购买本村村民住房的，应当与集体经济组织签订拆除旧房和退还原有宅基地协议书，承诺拆除旧房和退还原宅基地的时间。第三，农村村民应严格按照批准面积和建房标准建设住宅，禁止未批先建、超面积占用宅基地。经批准建造住宅的，应严格按照"建新拆旧"要求，将原宅基地交还村集体。农村村民出卖、出租、赠与住宅后，再申请宅基地的不予批准。

自2019年以来，韶关市人民政府加大了对农村泥砖房等危房改造力度，随着建新拆旧政策的持续推进，韶关市各县市区的农村住房面貌大为改观。建新拆旧的目的在于改善农村村容村貌、人居环境、居民住房。随着生活水平的提高，农村村民建设新房的意愿日益高涨。但是，建设新房需要结合当地资源状况和节约、集约用地原则，严格确定和实施宅基地面积标准，避免资源浪费或因建房致贫返贫。

---

〔1〕参见陈炜、邱祥云："当前农村宅基地使用管理的对策与措施"，载《国土资源》2004年第10期。

　　建新拆旧助力乡村振兴，通过改造旧房屋、建设新房屋，美化乡村环境，改善生活质量，以此提高农村居民的获得感与幸福感，从而推动农村村民的生产积极性，使得乡村经济不断提高。在施行建新拆旧的同时，也需要注意保护乡村的自然生态环境，不要因为建造新房导致当地生态环境被破坏。

　　在建新拆旧管理工作上，福建省莆田市的做法值得借鉴：莆田市人民政府严格落实"一户一宅"制度。凡农村村民在原宅基地之外并符合村镇规划和土地利用总体规划的土地上申请新建住宅的，其原有的空闲宅基地必须由村民委员会或村集体经济组织收回，并签订《旧宅基地使用权收回合同》，所在地乡（镇）政府必须承担合同的监管和督促履行责任，并在合同中签署意见，收回合同必须在村内公布、公示。农村村民在《旧宅基地使用权收回合同》约定期限内自行拆除住宅后，自己复垦为耕地的，其经营权仍归该户村民使用，其复垦的耕地经国土部门验收合格的，可给予一定标准的复垦补助；在《旧住宅用地处置合同》约定期限内未履约拆除交回或复耕的，其旧住宅及用地由村民委员会无偿收回予以处置。

第二十七条 【宅基地收回】

有下列情形之一，应当撤销农村宅基地批准书或者注销不动产权属证书，由集体经济组织收回宅基地：

（一）实施旧村改造，已迁入新村居住的原宅基地；

（二）非本村村民因房屋倒塌或灭失的宅基地；

（三）使用权人死亡，且未有合法继承人的宅基地；

（四）其他应当收回的宅基地。

【主旨】 本条规定了农村集体经济组织收回宅基地的几种情形。对已经不符合宅基地使用条件的宅基地占有人，有权批准的机关应当按照法律规定的条件和程序及时撤销其农村宅基地批准书，有权颁发产权证的机关应当及时注销其不动产权属证书，农村集体经济组织应当将其占有的宅基地及时收回，以减少宅基地资源浪费，提高农村土地利用率。

[导读与释义]

本条的立法依据是：

（1）《土地管理法》第 62 条第 1 款。该款规定："农村村民一户只能拥有一处宅基地，其宅基地的面积不得超过省、自治区、直辖市规定的标准。"

（2）《土地管理法》第 66 条第 1 款。该款规定："有下列情形之一的，农村集体经济组织报经原批准用地的人民政府批准，可以收回土地使用权：（一）为乡（镇）村公共设施和公益事业建设，需要使用土地的；（二）不按照批准的用途使用土地的；（三）因撤销、迁移等原因而停止使用土地的。"

（3）《土地管理法实施条例》第 6 条。该条规定："县级以上人民政府自然资源主管部门应当加强信息化建设，建立统一的国土空间基础信息平台，实行土地管理全流程信息化管理，对土地利用状况进行动态监测，与发展改革、住房和城乡建设等有关部门建立土地管理信息共享机制，依法公开土地管理信息。"

（4）《民法典》第 365 条。该条规定："已经登记的宅基地使用权转让或者消灭的，应当及时办理变更登记或者注销登记。"

本条以列举的方式对集体经济组织收回宅基地的四种主要情形进行了规定。第一，由村集体统一组织搬迁，实施旧村改造，合并定居点，且村民已经迁入新地址的，原宅基地应当由集体经济组织收回。第二，农村宅基地上的房屋与土地通常是分离的，土地属于集体所有，而宅基地上的房屋则属于村民所有。在农村，有些房屋因继承等原因发生了物权转移，而继承人又因其他因素迁出本村，不属于本村村民。如果这种性质的房屋发生了倒塌且不能居住使用或者灭失的，该房屋所在的宅基地应当由集体经济组织收回。该房屋的所有人不能申请宅基地重建，也不可以在原址上翻新重建。第三，当宅基地的使用权人死亡，且该宅基地上的房屋没有任何合法继承人的情况下，该宅基地应当由集体经济组织收回。第四，其他应当收回的宅基地的情形主要有：宅基地使用人明确地放弃使用权；宅基地使用权人举家迁入大中城市并落户，等等。

《管理条例》之所以规定由集体经济组织收回宅基地，主要的原因是：首先，宅基地属于集体所有，集体经济组织有权利也有义务加强对宅基地的管理。其次，虽然《管理条例》第 26 条等规定了村民交回宅基地的义务，但是由于现实中并非所有的村民都能信守承诺，按时自觉交回宅基地，还有相当多的村民把宅基地视为自己的"祖宗地"，所以集体经济组织应当积极主动地开展工作，及时收回宅基地。最后，在特殊情况下，宅基地的原使用人已经死亡且未有合法继承人，交回宅基地的义务人已经不存在，此时宅基地只能由集体经济组织收回。村民作为被继承人，其房屋作为遗产由继承人继承，按照房地一体原则，继承人继承取得房屋所有权和宅基地使用权，农村宅基地不能被单独继承，非本农村集体经济组织成员（含城镇居民），因继承房屋占有宅基地的，可按相关规定办理确权登记，在不动产登记簿及附注栏注记的该权利人为非本村农民集体经济组织成员住宅的合法继承人。2020 年 9 月 9 日，自然资源部发布《对十三届全国人大三次会议第 3226 号建议的答复》（以下简称《答复》）。关于农村宅基地使用权登记问题，《答复》指出："农民的宅基地使用权可以依法由城镇户籍的子女继承并办理不动产登记。根据《继承法》规定，被继承人的房屋作为其遗产由继承人继承，按照房地一体原则，继承人继承取得房屋所有权和宅基地使用权，农村宅基地不能被单独继承。《不动产登记操作规范（试行）》明确规定，非本农村集体经济组织成员（含城镇居民），因继承房屋占用宅基地的，可按相关规定办理确权登记，在不动产登记簿及证书附记栏注记'该权利人为本农民集体经济组织原成员住宅的合法继承人'。"《答复》引起了一些人误解，有人甚至认为现今农村宅基地使用权可以由城镇户籍子女无条件继承了。此种理解显然没有完全把握《答复》的含义，片面地理解了《答复》，农村宅基地使用权的继承并不完全等同于其他财产类型的继承，其需要符合一定的条件才可合法继承并办理登记。简单地说，城镇户籍子女继承宅基地使用权的前提是"地上有房"，而且继承的是地上房屋而非宅基地。山东省东平县人民法院刘万金法官结合自己的司法审判经验，撰文指出，"切勿误读自然资源部'宅基地可由城镇户籍子女继承'的答复。农民的宅基地使用权可以依法由城镇户籍的子女继承并办理不动产登记"不能简单地解读为宅基地使用权可以没有任何条件地"由城镇户籍的子女继承"，而应当理解为：①"农村宅基地使用权不能被单独继承，只能在继承人继承房屋所有权的同时，间接继承（换言之，如果农村宅基地上的房屋已经灭失，则该宅基地使用权应当由农村集体经济组织收回，不能作为被继承人的合法遗产被继承）"；②不仅"城镇户籍的子女"可以继承，其他继承人（比方说"出嫁女"；被继承人子女之外的其他继承人）同样可以继承。其次，就相关法律规定来看，根据《土地管理法》第9条的规定，宅基地的所有权属于农民集体，农民个人只享有占有和使用的权利，不享有所有权。但是，由于房屋属于公民的合法财产，并且系不动产，按照房地一体原则，在房屋所有权被继承时，宅基地使用权应当与房屋所有权一并被继承。最后，自然资源部只是作为国务院土地主管部门进行回应，并不是在创设法律规范，不能将《答复》理解为"新规""新政"。并且，《答复》所依据的《继承法》《不动产登记操作规范（试行）》也并非新的规定，《答复》只是对上述文件进行了解读，并未创设新规。

《答复》的相关内容如下：

六、关于农村宅基地使用权登记问题。农民的宅基地使用权可以依法由城镇户籍的子女继承并办理不动产登记。根据《继承法》规定，被继承人的房屋作为其遗产由继承人继承，按照房地一体原则，继承人继承取得房屋所有权和宅基地使用权，农村宅基地不能被单独继承。《不动产登记操作规范（试行）》明确规定，非本农村集体经济组织成员（含城镇居民），因继承房屋占用宅基地的，可按相关规定办理确权登记，在不动产登记簿及证书附记栏注记"该权利人为本农民集体经济组织原成员住宅的合法继承人"。

对于宅基地的退出和收回，学术界有不同的看法。有人认为宅基地退出应包含自愿退出和强制退出两种类型。自愿退出是指农民作为宅基地使用权人基于真实自由意愿，将其合法占有的宅基地使用权归还集体或者转让他人，其中"一户多宅"等超标占用宅基地情形因形成原因的复杂性不可一概纳入强制退出进行处理，应将其纳入宅基地自愿退出范畴。强制退出是指在法定情形下宅基地使用权被强制收回，《土地管理法》第 66 条为强制收回宅基地使用权的法律依据。[1]也有学者认为农村宅基地退出可解释为在自愿有偿原则的前提下，农户作为宅基地使用权人将宅基地使用权归还于农村集体经济组织的行为，并强调宅基地的退出不同于国家土地征收中的强制退出，其实质为在政府引导下农户自愿作出的退出行为。[2]

笔者认为，无论退回还是收回，其实都是集体经济组织对宅基地管理的两个方面，都是为了加强对宅基地的管理和利用，防止宅基地被浪费。

---

〔1〕 高圣平、吴昭军："宅基地制度改革的试点总结与立法完善——以《土地管理法》修订为对象"，载《山东社会科学》2019 年第 8 期。

〔2〕 孙雪峰："农村宅基地退出：主要模式、驱动机理与政策设计"，南京农业大学 2016 年博士学位论文。

第二十八条【宅基地退出的激励机制】

县（市、区）人民政府应当制定退出宅基地奖励办法，对进城落户、移居国外、拥有多处宅基地等自愿退出农村宅基地的农村村民进行奖励。

【主旨】 本条旨在建立退出宅基地激励机制，鼓励农村村民自愿主动退出宅基地，以解决农村"空心村"问题和宅基地闲置、低效利用等问题。

[导读与释义]

本条的立法依据是：

（1）《土地管理法》第66条第6款。该款规定："国家允许进城落户的农村村民依法自愿有偿退出宅基地，鼓励农村集体经济组织及其成员盘活利用闲置宅基地和闲置住宅。"

（2）《土地管理法实施条例》第35条。该条规定："国家允许进城落户的农村村民依法自愿有偿退出宅基地。乡（镇）人民政府和农村集体经济组织、村民委员会等应当将退出的宅基地优先用于保障该农村集体经济组织成员的宅基地需求。"

2018年12月23日在第十三届全国人民代表大会常务委员会第七次会议上，国务院作了关于农村土地征收、集体经营性建设用地入市、宅基地制度改革试点情况的总结报告。关于宅基地管理制度，该报告提出：一是健全宅基地权益保障方式，科学确定"一户一宅"的分配原则，改革农民住宅用地取得方式，探索农民住房保障在不同区域户有所居的多种实现形式，健全农民住房保障机制。试点实践中，试点地区因地制宜探索户有所居的多种实现形式：传统农区实行"一户一宅"；在土地利用总体规划确定的城镇建设用地规模范围内，通过建设新型农村社区、农民公寓和新型住宅小区保障农民"一户一房"。因此，建议：对人均土地少、不能保障"一户一宅"的地区，允许县级人民政府在尊重农村村民意愿的基础上采取措施，保障其实现户有所居的权利。二是完善宅基地审批制度。《中共中央办公厅、国务院办公厅关于农村土地征收、集体经营性建设用地入市、宅基地制度改革试点工作的意见》要求，改革宅基地审批制度，使用存量建设用地的，下放至乡级政府审批；使用新增建设用地的，下放至县级政府审批。试点实践中，试点地区下放宅基地审批权限，并将相关环节全部纳入便民服务体系。浙江义乌等地还结合"最多跑一次"改革，实现申请更便利，审批更智能。但考虑到农民建住宅主要以盘活存量为主，且为确保耕地保护红线和促进节约、集约用地，对新增建设用地的农转用审批尚不具备下放条件。因此，建议：下放使用存量宅基地审批权，明确农村村民申请宅基地的，由乡（镇）人民政府审核批准，但涉及占用农用地的，应当依法办理农转用审批手续。三是探索宅基地有偿使用和自愿有偿退出机制。该意见还要求，对因历史原因形成超标准占用宅基地和一户多宅的，以及非本集体经济组织成员通过继承房屋等占有的宅基地，由农村集体经济组织主导，探索有偿使用。允许进城落户农民在本集体经济组织内部自愿有偿退出或转让宅基地。试点实践中，试点地区对宅基地有偿使用和自愿有偿退出做了多种尝试。如湖北宜城依据宅基地使用对象的身份及宅基地利用现状，对超占部分按照时段、面积、区域等标准收取有偿使用费；云南大理对利用宅基地上住房从事客栈餐饮等经营活动的由集体按使用面积收取土地收益金；江西余江、安徽金寨对退出宅基地或放弃建房进城购房的农户实行购房补贴；宁夏平罗探索建立农村老年人"以地养老"模式，允许农村老人自愿将宅基地、房屋、承包经营权退回集体，置换养老服务。因此，建议：原则规定鼓励进城落户的农村村民依法自愿有偿退出宅基地。

2019年7月，中共广东省委农村工作办下发《关于征求〈广东省农村宅基地和农房建设管理的指导意见（征求意见稿）〉意见的函》，提出："鼓励有序退出，促进闲置盘活。鼓励在尊重农民意愿和维护农民合法权益的前提下，经农村集体经济组织同意，通过有偿转让、有偿调剂、有偿收回等方式，引导宅基地有序规范退出。积极推动拆旧复垦农村旧住宅、废弃宅基地、空心村等闲置建设用地，复垦腾退出来的建设用地指标优先保障所在村建设需要后，结余部分以公开交易方式在省内流转用于城镇建设，促进闲置宅基地盘活变现。"

本条的核心是运用激励机制引导村民自愿主动退出宅基地。从人性角度来讲，几乎每一个人都希望能够占有更多的土地、房屋等资源，以拓展自己的活动空间。虽然《土地管理法》已明确规定一户一宅，不可多占有宅基地，本条例也对此作出了相应的法律规定，即多占用的宅基地应当退回集体；但是，对于由于历史原因等因素形成的一户多宅，有些村民不会自觉遵守法律规定，不愿意交回宅基地。执法者也不宜使用强制手段迫使宅基地使用者退出宅基地。《土地管理法实施条例》第36条规定："依法取得的宅基地和宅基地上的农村村民住宅及其附属设施受法律保护。禁止违背农村村民意愿强制流转宅基地，禁止违法收回农村村民依法取得的宅基地，禁止以退出宅基地作为农村村民进城落户的条件，禁止强迫农村村民搬迁退出宅基地。"

为此，县（市、区）人民政府应当运用财政措施，制定行之有效的退出宅基地奖励办法，对进城落户、移居国外、拥有多处宅基地等自愿退出农村宅基地的农村村民进行奖励，通过物质激励措施让宅基地使用者主动自愿退出宅基地。"关于自愿有偿退出宅基地，盘活利用闲置宅基地和闲置住宅的条件、方式、程序等，地方在宅基地'三权分置'改革试点中进行了多种有益探索，但由于理论研究和实践经验尚不丰富，还没有形成'可复制、能推广、利修法'的经验，新土地管理法没有进行详细规定，只作出倡导性的原则性规定。关于宅基地有偿退出，试点中，有的地方规定，集体经济组织成员自愿有偿退出原有宅基地但未承诺放弃宅基地使用权且未获得放弃宅基地使用权补偿的，保留有限宅基地资格权；有的地方规定，对于全部退出宅基地或放弃宅基地申请资格，现全家搬迁到城镇购房居住的，在规定的面积标准内，给予奖励和补偿等。"[1]本条例实施后，韶关南雄市积极探索农村宅基地退出奖励机制，制定了有关的配套政策，以引导村民退出多余、闲置的宅基地。2020年7月21日，南雄市人民政府印发了《宅基地增值收益分配指导意见（试行）》。该意见对宅基地回收和退出的方式以及补偿等作出了探索，创设了"地票制"。其规定："个人收益部分可通过'按比例享有'实施分配。村民已拆除的或其他形式的空置、闲置宅基地，由村集体统一收回集体统筹利用。村集体按照统一标准，确认村民拥有土地使用权并由集体统一收回的宅基地面积，做好登记存档，发放使用权属凭证，即'地票登记'。通过'地票登记'将已确认的村民宅基地面积，作为村民土地使用权属比例的依据。村集体内部可成立宅基地增值收益分配理事会，村民以宅基地作为资产形式加入作为成员。当年宅基地个人收益部分可在村集体宅基地增值收益分配理事会所有成员间进行分配，符合条件的成员所得收益以'地票'为依据，按比例享有。宅基地增值收益分配理事会要结合本村集体实际制定收益分配方案，收益分配方案需经村民事务理事会议和村民大会研究讨论通过。收益分配方式按本村宅基地增值收益分配方案实施。""地票制"是韶关南雄市从实际出发，实事求是，根据本地特殊情况而趟出的一条农村宅基地退出机制的新路子，但该机制的效果如何还有待实践的检验。

学者刘守英、熊雪锋通过对四川省泸县宅基地制度改革案例进行研究，提出了建立宅基地有偿使用制度这一激励措施以促使农民积极退出宅基地，并且强调要从多路径推动宅基地的退出，其中包括经济补偿激励措施、社会保障激励措施等。[2]学者黄健元、梁皓主张宅基地退出制度

〔1〕 施春风主编：《中华人民共和国土地管理法解读》，中国法制出版社2020年版，第22页。
〔2〕 刘守英、熊雪锋："经济结构变革、村庄转型与宅基地制度变迁——四川省泸县宅基地制度改革案例研究"，载《中国农村经济》2018年第6期。

的完善路径之一为设置宅基地退出激励机制，其中激励机制包括设置合理补偿标准和制定公平合理的退出程序。[1]

也有学者认为在普遍存在的宅基地低效利用的现状下，宅基地退出具有积极的现实意义，但在实践过程中，大部分地区的宅基地使用权人即农村集体经济组织成员对宅基地的退出持消极态度。汪莉、尤佳两位学者通过对安徽部分地区实行的宅基地退出激励措施进行总结归纳，得出安徽省宅基地退出工作难以有效推进的原因为宅基地退出过程中土地发展权的缺位，并以此提出了通过确立农村集体经济组织及其成员对新增建设用地指标享有支配权这一路径实现宅基地的退出激励。[2]土地发展权指在对土地利用的基础上进行再发展的权利，是在土地利用现状基础上进一步开发的权利，是一种可以与土地所有权分离而单独处分的权利。简单而言，就是变更土地使用权性质的权利。

另外，有学者认为我国宅基地退出工作不容乐观的一个重要因素为缺乏宅基地退出激励机制，并针对这一问题提出建立补偿标准与利益平衡的宅基地退出激励机制，综合多种补偿方式，完善农村养老保障制度，从解决农民宅基地退出顾虑入手，满足宅基地使用权人的利益需求，从而促使其主动产生退出意愿，加快宅基地退出进程。[3]还有学者认为农村宅基地制度改革完善的重点是建立宅基地退出激励机制，其中包括从正面施以好处而激励即正激励和从反面使人受损而激励即负激励两个方面。正激励包括构建合理的补偿制度和多元化的住房保障体系，从而推动农民主动退出宅基地。负激励指建立宅基地有偿使用制度，增加宅基地保有成本形成经济压力，从而促使宅基地使用权人自愿主动作出宅基地退出决定。[4]

---

[1]　黄健元、梁皓："农村宅基地退出制度的源起、现实困境及路径选择"，载《青海社会科学》2017年第6期。

[2]　汪莉、尤佳："土地整治中宅基地的退出奖励机制——以安徽省为例"，载《政法论坛》2015年第4期。

[3]　赵保海、张会萍："浅谈农村宅基地有偿退出的途径"，载《农业经济》2019年第10期。

[4]　欧阳安蛟、蔡锋铭、陈立定："农村宅基地退出机制建立探讨"，载《中国土地科学》2009年第10期。

第二十九条【历史建筑与环境保护】

农村住房建设应当注重传统村落和历史建筑及生态环境的保护，减少对森林植被、山水景观、乡村风貌等的破坏。

鼓励和支持农村村民建房使用节能环保的新技术、新工艺和新材料。

【主旨】本条规定农村住房建设应当注重古村落、历史建筑以及生态环境的保护，鼓励村民尽可能使用节能环保的新技术、新工艺和新材料，尽可能避免对森林植被、山水景观以及乡村风貌的破坏。

［导读与释义］

本条的立法依据是：

（1）《土地管理法》第 39 条。该条规定："国家鼓励单位和个人按照土地利用总体规划，在保护和改善生态环境、防止水土流失和土地荒漠化的前提下，开发未利用的土地；适宜开发为农用地的，应当优先开发成农用地。国家依法保护开发者的合法权益。"

（2）《土地管理法》第 40 条。该条规定："开垦未利用的土地，必须经过科学论证和评估，在土地利用总体规划划定的可开垦的区域内，经依法批准后进行。禁止毁坏森林、草原开垦耕地，禁止围湖造田和侵占江河滩地。根据土地利用总体规划，对破坏生态环境开垦、围垦的土地，有计划有步骤地退耕还林、还牧、还湖。"

（3）《土地管理法》第 42 条。该条规定："国家鼓励土地整理。县、乡（镇）人民政府应当组织农村集体经济组织，按照土地利用总体规划，对田、水、路、林、村综合整治，提高耕地质量，增加有效耕地面积，改善农业生产条件和生态环境。地方各级人民政府应当采取措施，改造中、低产田，整治闲散地和废弃地。"

（4）《城乡规划法》第30条。该条规定："城市新区的开发和建设，应当合理确定建设规模和时序，充分利用现有市政基础设施和公共服务设施，严格保护自然资源和生态环境，体现地方特色。在城市总体规划、镇总体规划确定的建设用地范围以外，不得设立各类开发区和城市新区。"

（5）《民用建筑节能条例》第11条。该条规定："国家推广使用民用建筑节能的新技术、新工艺、新材料和新设备，限制使用或者禁止使用能源消耗高的技术、工艺、材料和设备。国务院节能工作主管部门、建设主管部门应当制定、公布并及时更新推广使用、限制使用、禁止使用目录。国家限制进口或者禁止进口能源消耗高的技术、材料和设备……"

（6）《住房和城乡建设部农业农村部国家乡村振兴局关于加快农房和村庄建设现代化的指导意见》。该指导意见要求："提升农房设计建造水平。农房建设要先精心设计，后按图建造……新建农房的地基基础、结构形式、墙体厚度、建筑构造等要适应当地经济发展水平和建筑施工条件，满足质量安全及抗震设防要求。鼓励就地取材，利用乡土材料，推广使用绿色建材。鼓励选用装配式钢结构等安全可靠的新型建造方式……营造留住'乡愁'的环境。建立村庄历史文化遗产调查评估机制，充分挖掘和保护传承村庄物质和非物质文化遗存，保护并改善村落的历史环境和生态环境。农房建设要尊重乡土风貌和地域特色，精心打造建筑的形体、色彩、屋顶、墙体、门窗和装饰等关键要素。传统村落中新建农房要与传统建筑、周边环境相协调，营建具有地方特色的村庄环境。提炼传统民居特色要素，传承优秀传统建筑文化。提升传统民居空间品质，改善传统民居室内照明条件，保证传统民居房屋结构安全和消防安全。鼓励结合发展民宿、旅游等产业，进一步加强传统村落和传统民居保护与利用……提升村容村貌。以农房为主体，利用古树、池塘等自然景观和牌坊、古祠等人文景观，营造具有本土特色的村容村貌。保护村庄固有的乡土气息，鼓励宅前屋后栽种瓜果梨桃，构建'桃花红、李花白、菜花黄'的自然景观，营造'莺儿啼、燕儿舞、蝶儿忙'的乡村生境。保持村内街巷清洁，做到无断壁残垣、无乱搭乱建、无乱埋乱倒、无乱堆乱放，构建干净、整洁、有序的乡村空间。重视村庄公共活动空间的布局和建设，统领乡村容貌特色。"

　　本条共分2款，第1款规定农村住房建设应当注重本村传统古村落、历史建筑及本地生态环境的保护，减少对本村的森林植被、山水景观、乡村风貌等的破坏。注重保护与减少破坏是相辅相成、互相联系的。一方面，保护传统古村落、历史建筑及本地生态环境其实就是减少或避免对森林植被、山水景观、乡村风貌等的破坏；而避免或减少对森林植被、山水景观、乡村风貌等的破坏也就是注重对本村传统古村落、历史建筑及本地生态环境的保护。建设美丽乡村，"不能大拆大建，特别是要保护好古村落"；新农村建设一定要走符合农村实际的路子，遵循乡村自身发展规律，充分体现农村特点，"注意乡土味道，保留乡村风貌，留得住青山绿水，记得住乡愁"。2020年7月出台的《广东省人民政府关于全面推进农房管控和乡村风貌提升的指导意见》指出乡村住房建设要坚持传承历史文化与塑造现代风貌相结合，既重视传统村落和历史建筑的保护利用，又合理运用现代技术和生态环保材料，体现时代特色。根据《住房和城乡建设部办公厅关于开展农村住房建设试点工作的通知》的要求，农村住房建设在指导思想上要以习近平新时代中国特色社会主义思想为指导，认真贯彻中央经济工作会议精神，全面落实全国住房和城乡建设工作会议部署，坚持以人民为中心的发展思想，坚持共建共治共享的理念和方法，坚持政府引导、村民主体的基本原则，在尊重农民安居需求和农房建设实际的基础上，通过农村住房建设试点工作，提升农房建设设计和服务管理水平，建设一批功能现代、风貌乡土、成本经济、结构安全、绿色环保的宜居型示范农房，改善农民居住条件和居住环境，提升乡村风貌。而历史保留的农房多为带着乡土气息的古村落，具备当地地域特点以及代表当地的乡土人情。作为传承东方古国文明的传统古村落，大多都有其独特的建筑遗存、历史风貌、人与自然和谐共处的田园风光，最难能可贵的是原汁原味地保留了众多的非物质文化遗产。本条第2款规定鼓励和支持农村村民在农村住房建设活动中使用节能环保的新技术、新工艺和新材料。新技术和新产品是指新型节能的建筑装修装饰新技术、新产品。如今的时代，能源消耗问题日益严峻。科技不断进步，可利用资源却在不断变少。故而，使用节能绿色环保技术与产品正是大势所趋的建筑理念。何为绿色建筑理念？即在整个的建筑过程中，从最初的选址规划、开始施工到最后建成完工的整个过程中，要尽可能地做到资源节约、保护环境、回归自然，既在有限的时间内为用户提供一个舒适的住房环境，又在一定程度上保护原有自然环境以及减少对生态环境的破坏。运用到实际施工中，也就是要做到最大限度地使用天然材料，并将自然条件与住房条件有效地结合起来，在创造舒适住房环境的同时，要尽量地减少资源浪费、保护环境。[1]

　　本条旨在要求农村住房建设应当注重传统村落和历史建筑及生态环境的保护，其实质是倡议村民将农村住房改造建设与传统村落建筑以及自然生态环境相融合，促成人与自然、现代与历史的融合。古村落历经沧桑巨变而保存至今，有着它们独特的生命特征。众多的历史文化古村落不仅是中华文化的瑰宝，还具备和谐中国的历史风范和诸多宝贵的村落管理与发展的经验，因此一旦遭受破坏，再难恢复。所以，在新的发展形势下，对古村落生态环境的保护是必不可少的。但传统古村落在保护和开发上面临的问题十分严峻，一方面，传统古村落在城镇化进程中正面临着被破坏甚至消亡的威胁。在不可逆转的城镇化进程中，一部分村落重新集聚，一部分却正在逐步衰退以及萎缩。另一方面，农村的进步和经济社会的发展是一种必然趋势。古村落内居住的农民也有享受现

----

　　〔1〕　冯迎春："建筑设计中绿色建筑设计理念的运用探析"，载《住房与房地产》2019年第22期。

代物质文明的权利，古村落由于自然的或者人为的原因，大多老化、损毁、卫生条件差，早已不适宜村民居住。故而，保护古村落与推进现代化进程之间存在必然的矛盾。[1]

---

〔1〕 北京山合水易规划设计院："中国传统古村落的保护与开发"，载 https://www.taodocs.com/p-98719279.html，最后访问时间：2021 年 8 月 17 日。

第三十条【尊重相邻权】

农村住房建设应当遵循有利生产、方便生活、团结互助、公平合理的原则，不得影响相邻住户的通行、通风、采光等，不得给相邻的房屋安全造成危害。

【主旨】 本条是关于农村住房建设应当尊重相邻权的规定。相邻权指不动产的所有人或使用人在处理相邻关系时所享有的权利。

［导读与释义］

本条规定了处理相邻关系的四项原则，引导村民尊重相邻权，妥善处理相邻关系，减少邻里纠纷和矛盾。

本条的立法依据是：《民法典》。《民法典》第 288 条规定："不动产的相邻权利人应当按照有利生产、方便生活、团结互助、公平合理的原则，正确处理相邻关系。"第 291 条规定："不动产权利人对相邻权利人因通行等必须利用其土地的，应当提供必要的便利。"第 292 条规定："不动产权利人因建造、修缮建筑物以及铺设电线、电缆、水管、暖气和燃气管线等必须利用相邻土地、建筑物的，该土地、建筑物的权利人应当提供必要的便利。"第 293 条规定："建造建筑物，不得违反国家有关工程建设标准，不得妨碍相邻建筑物的通风、采光和日照。"第 294 条规定："不动产权利人不得违反国家规定弃置固体废物，排放大气污染物、水污染物、土壤污染物、噪声、光辐射、电磁辐射等有害物质。"第 295 条规定："不动产权利人挖掘土地、建造建筑物、铺设管线以及安装设备等，不得危及相邻不动产的安全。"第 296 条规定："不动产权利人因用水、排水、通行、铺设管线等利用相邻不动产的，应当尽量避免对相邻的不动产权利人造成损害。"

"相邻关系，从权利角度来讲又称为相邻权，它是为调节在行使不动产所有权中的权益冲突而产生的一种权利。根据法律规定，不动产所有权人和使用权人行使权利，应给予相邻的不动产所有权人和使用权人以行使权利的必要的便利。"〔1〕相邻关系是相邻不动产的权利人行使其权利的延伸或限制，给对方提供必要便利的不动产权利人是权利受限制的一方，因此取得必要便利的不动产权利人是权利得以延伸的一方，这种延伸是行使所有权和使用权所必需的。相邻权指土地或房屋等不动产的所有人或使用人在处理相邻关系时所依法享有的权利。具体来说，在相互毗邻的不动产的所有人或者使用人之间，任何一方为了合理行使其所有权或使用权，享有要求其他相邻方提供便利或是接受一定限制的权利。相邻权实质上是对所有权的限制和延伸。

在现代社会，人们逐渐认识到不动产所有权的行使不能是绝对的，为避免所有权人因绝对行使权利而妨碍社会进步和公共利益需要，有必要对所有权的行使，特别是不动产物权的行使加以必要的限制。基于这一认识，世界各国的立法取向更加注重不动产所有权的"社会性义务"，给不动产所有权的行使提出了更多的限制性要求。〔2〕在乡村，因宅基地争议或建房而产生的纠纷层出不穷。一些地方为一寸土地而大打出手，甚至酿成命案的不在少数。为此，本条例规定农村住房建设活动中不得有以下四类侵权行为：第一，侵犯他人合法的相邻通行权。相邻通行权，又称"必要通行权"或"邻地通行权"，是指由于相邻不动产的地理条件的限制，一方必须利用相邻一方所有或者使用的土地，取得出行、通过等权利。通行权包含两个方面的含义：其一，一方必须在相邻一方使用的土地上通行的，应当予以准许；因此造成损失的，应当给予适当补

---

〔1〕 王利明主编：《民法》（第7版），中国人民大学出版社2018年版，第244页。
〔2〕 参见"民法典物权编第七章相邻关系（第288-296条）逐条理解与适用最高院法官执笔"，载 https://max.book118.com/html/2021/0222/8053035102003051.shtm，最后访问时间：2021年8月15日。

偿；其二，对于一方所有的或者使用的建筑物范围内历史形成的必经通道，所有权人或者使用权人不得堵塞。因堵塞影响他人生产、生活，他人要求排除妨碍或者恢复原状的，应当予以支持。但有条件另开通道的，可以另开通道。村民在农村的住房建设活动，要尊重历史，尊重他人的合法通行权，不可随心所欲地截断公共通道，妨碍他人通行。第二，侵犯他人合法的相邻通风权。相邻通风权是指相互毗邻不动产的所有人或使用人为获取通风而要求相邻方限制其不动产的间隔距离或建筑高度的一种权利。在一些土地资源较紧缺的乡村，房屋建筑间隔太近，甚至墙贴着墙，这种情形下就会造成空气不流通，通风不畅，影响相邻不动产所有人或使用人的通风权。第三，侵犯相邻采光权。采光权又可称为光照权，是指相互毗邻不动产的所有人或使用人为获取太阳日照或光线而要求相邻方限制其不动产的间隔距离或建筑高度的一种权利。空气、阳光（日照）是人类生存所必需的物质。清新的空气和必要的日照对于不动产占有人的生产、生活具有十分重要的意义。[1]"任何人不能滥用自己的所有权，在自己的土地上建造房屋阻挡他人的光线、日照、通风等。"

农村住房建设，不得妨碍相邻建筑物的通风、采光和日照。村民建造农村住房时应当本着公平原则和守法精神，充分考虑邻里关系和他人的合法权益，使得相邻房屋间保持一定的距离，不得妨碍邻人正常生活所必需的自然的通风、采光和日照。同时，要注重生态环境的保护。"我国《民法典》第9条保留了《民法总则》第9条的规定，明确民事活动'应当有利于节约资源、保护生态环境'的绿色原则。因此，对于采光权之类的相邻关系，在传统的解释框架之下着重考虑绿色原则要求，重新建构其中的利益平衡机制、发现相邻权绿色扩张的效力和边界，不仅符合生态文明建设的时代要求，也符合民法绿色原则精神，更具有化解相邻

---

〔1〕　王利明主编：《民法》（第7版），中国人民大学出版社2018年版，第247页。

关系矛盾、公平保护当事人权益的现实意义。"[1]

"在中国，相邻关系常常具有普遍性和复杂多样性。公民和法人、非法人组织在生产和生活中无不涉及这种关系。相邻关系处理得不好，容易发生纠纷，影响人民的生产和生活，甚至会造成人身伤亡和财产的重大损害，影响社会秩序的稳定。所以，物权法规定相邻关系，对于构建和谐社会、保护相邻人的合法权益、减少不必要的损失和浪费、保护环境、稳定社会经济秩序，都具有重要的意义。"[2]

因此，本条例特作此规定，以维护乡村的社会秩序和稳定。

相邻关系是一种重要的法律关系，妥善、合理处理相邻关系对维护乡村社会稳定意义重大。"处理相邻关系的原则：第一，依据法律、法规和习惯处理相邻关系；第二，团结互助、兼顾各方的利益；第三，有利生产、方便生活；第四，公平合理；第五，依法给予补偿。"[3]

---

［1］ 刘长兴："我国相邻权规范的绿色解释——以相邻采光为例"，载《政治与法律》2020年第 10 期。

［2］ 王利明主编：《民法》（第 7 版），中国人民大学出版社 2018 年版，第 245 页。

［3］ 王利明主编：《民法》（第 7 版），中国人民大学出版社 2018 年版，第 249 页。

第三十一条【禁止城镇居民非法买卖宅基地】

城镇居民不得以购买、交换、抵债或者其他非法形式使用农村宅基地建设住房。

【**主旨**】本条是强制性规则，也是义务性规则。禁止城镇居民购买、交换、抵债、合伙、合资、合营或者以其他名义申请使用农村宅基地建设私有住房。目的是保护农民特有的宅基地福利保障权益。

[**导读与释义**]

本条的立法依据是：

（1）《宪法》第 10 条。该条规定："城市的土地属于国家所有。农村和城市郊区的土地，除由法律规定属于国家所有的以外，属于集体所有；宅基地和自留地、自留山，也属于集体所有。国家为了公共利益的需要，可以依照法律规定对土地实行征收或者征用并给予补偿。任何组织或者个人不得侵占、买卖或者以其他形式非法转让土地。土地的使用权可以依照法律的规定转让。一切使用土地的组织和个人必须合理地利用土地。"

（2）《民法典》第 363 条。该条规定："宅基地使用权的取得、行使和转让，适用土地管理的法律和国家有关规定。"

（3）《土地管理法》第 2 条。该条规定："中华人民共和国实行土地的社会主义公有制，即全民所有制和劳动群众集体所有制。全民所有，即国家所有土地的所有权由国务院代表国家行使。任何单位和个人不得侵占、买卖或者以其他形式非法转让土地。土地地使用权可以依法转让。国家为了公共利益的需要，可以依法对土地实行征收或者征用并给予补偿。国家依法实行国有土地有偿使用制度。但是，国家在法律规定的范围内划拨国有土地使用权的除外。"

（4）《土地管理法》第 9 条。该条规定："城市市区的土地属于国家所有。农村和城市郊区的土地，除由法律规定属于国家所有的以外，属于农民集体所有；宅基地和自留地、自留山，属于农民集体所有。"

从我国的土地所有制性质来看，农村的宅基地属于集体所有，只有集体经济组织成员才有资格申请使用宅基地。而城镇居民因为不具有集体经济组织成员资格，所以无权申请使用宅基地建设自有住房。"宅基地带有强烈的福利保障性质"，[1]"诞生于 20 世纪 60 年代的宅基地使用权制度是以城乡二元户籍制度为基础、限制城乡人口流动为初衷、实现重工业优先发展战略为最终目的而作出的一种制度安排。从历史的维度看，宅基地的无偿分配是国家将原来属于农民所有的宅基地无偿收归集体以后的一种历史补偿，宅基地使用权便不可避免地打上了身份性和福利性的烙印"。[2]这种福利保障权益属于相应的集体经济组织成员所有。本集体经济组织之外，包括城市居民或城镇居民都不能享有。集体经济组织成员取得集体宅基地使用权须符合三个条件：其一，具备一定主体资格，是集体组织中的一员；其二，农村村民一户只能拥有一处宅基地且其宅基地的面积不得超过省、自治区、直辖市规定的标准；其三，农村村民出卖、出租住房后，再申请宅基地的，不予批准。由此观之，宅基地使用权的获得主要源于身份，无需向村集体支付相应对价，第二个条件与第三个条件均为限制滥用宅基地资源而设。城镇居民虽然可以享受经济适用房、公积金等住房保障政策，但仍需交纳土地出让金来换取城镇国有土地的使用权。农村村民虽然享受不到城镇居民的住房保障政策，但可以无偿取得农村宅基地使用权。相比之下，依然可以得出农村宅基地具

---

〔1〕 王崇敏："论我国宅基地使用权制度的现代化构造"，载《法商研究》2014 年第 2 期。

〔2〕 赵书博、薛长礼："论我国农村宅基地的社会保障性质"，载 https://www.chinacourt.org/article/detail/2015/09/id/1719902.shtml，最后访问时间：2021 年 8 月 30 日。

有保障村民居住功能的结论。[1]

为了进一步加强对农村宅基地的管理，保障农民的合法权益，国务院多次下文强调农村宅基地的管理，三令五申禁止非法买卖宅基地行为。1999 年出台的《国务院办公厅关于加强土地转让管理严禁炒卖土地的通知》强调："加强对农民集体土地的转让管理，严禁非法占用农民集体土地进行房地产开发。农民集体土地使用权不得出让、转让或出租用于非农业建设；对符合规划并依法取得建设用地使用权的乡镇企业，因发生破产、兼并等致使土地使用权必须转移的，应当严格依法办理审批手续。农民的住宅不得向城市居民出售，也不得批准城市居民占用农民集体土地建住宅，有关部门不得为违法建造和购买的住宅发放土地使用证和房产证。"2004 年出台的《国务院关于深化改革严格土地管理的决定》重申加强农村宅基地管理，禁止城镇居民在农村购置宅基地。2007 年出台《国务院办公厅关于严格执行有关农村集体建设用地法律和政策的通知》再一次明确农村住宅用地只能分配给本村村民，城镇居民不得到农村购买宅基地、农民住宅或"小产权房"。2019 年发布实施的《中央农村工作领导小组办公室、农业农村部关于进一步加强农村宅基地管理的通知》指出："要充分保障宅基地农户资格权和农民房屋财产权。不得以各种名义违背农民意愿强制流转宅基地和强迫农民'上楼'，不得违法收回农户合法取得的宅基地，不得以退出宅基地作为农民进城落户的条件。严格控制整村撤并，规范实施程序，加强监督管理。宅基地是农村村民的基本居住保障，严禁城镇居民到农村购买宅基地，严禁下乡利用农村宅基地建设别墅大院和私人会馆。严禁借流转之名违法违规圈占、买卖宅基地。"2019 年发布的《广东省农村宅基地和农房建设管理的指导意见（征求意见稿）》提出："对非法出售、转让宅基地，农村集体经济组织内部违规开设宅基地，采取非法手段骗取宅基地登记，超过批准用地面

---

[1]　赵书博、薛长礼："论我国农村宅基地的社会保障性质"，载 https://www.chinacourt. org/article/detail/2015/09/id/1719902shtml，最后访问时间：2021 年 8 月 30 日。

积或者擅自变更位置建住宅的，按非法转让土地论处，相关批准、登记文件无效；涉及犯罪的，移送司法机关追究相关人员的刑事责任。国家工作人员在宅基地管理工作中玩忽职守、滥用职权、徇私舞弊的，依法给予行政处分；构成犯罪的，依法追究刑事责任。农村集体经济组织的相关负责人在宅基地管理方面有违法违规情形的，依照相关法律法规处理。"

从现有的法律法规和国家政策来看，农村宅基地可以在集体经济组织内部进行，但是必须符合一定的条件：一是转让人与受让人必须是同一集体经济组织内部的成员；二是受让人没有住房和宅基地，且符合宅基地使用权申请分配的条件；三是转让行为需征得本集体经济组织的同意。"赠与"是《土地管理法》基于实践经验和需要新增加的一种方式。其法律效果和"出卖"基本相同。但是，农村村民出卖、出租、赠与住宅后，再申请宅基地的，不予批准。[1]

城镇居民非法买卖宅基地的情形主要有：第一，城镇居民通过与村民私下签订买卖合同，直接"购买"农村村民的宅基地。这种合同因违反法律法规的强制性规定而无效。第二，交换。即城镇居民与农村村民以以物易物的形式，买卖宅基地。第三，抵债。农村村民利用自己手中的宅基地向本村之外的债权人冲抵债务，其实际是宅基地买卖。第四，其他形式非法买卖宅基地。包括：城镇居民合伙建房、合资建房、合作建房、合营建房等。《民法典》第153条规定：违反法律、行政法规的强制性规定的民事法律行为无效。因此，前述非法买卖宅基地的民事行为都因违法而无效。其法理依据是："第一，宅基地使用权是集体经济组织成员享有的权利，与特定的身份关系相联系，不允许转让。目前农村私房买卖中买方人名义上是买房，实际上是买地，在房地一体的格局下，处分房屋的同时也处分了宅基地，损害了集体经济组织的权益，是法律

---

〔1〕 参见施春风主编：《中华人民共和国土地管理法解读》，中国法制出版社2019年版，第22页。

法规明确禁止的。第二，目前，农村房屋买卖无法办理产权证书变更登记，故买卖虽完成，但买受人无法获得所有权人的保护。第三，认定买卖合同有效不利于保护出卖人的利益。在许多案件中，出卖人相对处于弱者的地位，其返还私有房屋的要求更关涉其生存权益。第四，宅基地使用权的流转必然带来宅基地需求的加大，造成住宅用地向耕地延伸，显然不符合《土地管理法》等相关法律关于保护耕地的立法意图。第五，司法审判实践中，一般认定合同无效虽然可能引发一些诉讼，但可以制约众多潜在的房屋买受人，发挥司法应有的导向作用。"[1]

---

〔1〕　吕来明、祖鹏主编:《城乡土地纠纷案件法律实务》,法律出版社2016年版,第58~59页。

第三十二条【巡查机制】

县（市、区）、镇、民族乡人民政府应当建立巡查机制，加强对农村用地建房动态巡查，及时查处宅基地使用和住房建设的违法行为。

【主旨】本条明确了农村住房建设管理中县级人民政府及其县级以下各级人民政府监管职责的规定。县（市、区）人民政府和镇、民族乡人民政府应当建立联合巡查机制，对农村住房建设违法行为作出快速反应，及时予以制止和查处。

[导读与释义]

本条的立法依据是：

（1）《城乡规划法》第9条。该条规定："任何单位和个人都应当遵守经依法批准并公布的城乡规划，服从规划管理，并有权就涉及其利害关系的建设活动是否符合规划的要求向城乡规划主管部门查询。任何单位和个人都有权向城乡规划主管部门或者其他有关部门举报或者控告违反城乡规划的行为。城乡规划主管部门或者其他有关部门对举报或者控告，应当及时受理并组织核查、处理。"

（2）《广东省农村宅基地和农房建设管理的指导意见（征求意见稿）》。该指导意见提出："省、市、县级人民政府建立农业农村、自然资源、城管、住建、消防、公安、法院、供水、供电、供煤气等多部门共同参与的综合执法机制，强化信息连通、资源共享，完善农村违法用地建房巡查、制止、查处、治理、监管执法链条。乡镇人民政府（街道办事处）是宅基地违法查处的实施主体，负责履行'两违'巡查、监管、查处职责，发现新增违法行为第一时间通过执法联动机制停水停电，跟进后续拆除、整治。镇政府（街道办事处）向各村派驻报建员，在村民和政府部门之间架起一条'快速通道'：提供政策咨询，提高报建效率，协助村民合法建房。报建员同时是巡查员、网格管理员，通过开展日常责任区巡查，及时发现并制止违建。各级各部门要综合运用动态巡查、网格化管理、卫片执法、专项执法等多种执法手段和方式加强对农村宅基地和农房建设的管控，建立农村用地建房管理新秩序。"

考虑到农村实际情况，《广东省农村宅基地和农房建设管理的指导意见（征求意见稿）》进一步提出："要切实发挥村组作用，强化村民监督。乡镇人民政府（街道办事处）和有关部门要指导村组两级健全完善农村宅基地和农房建设的'村规民约'，以农村地籍调查成果为基础，实行村（居）宅基地管理'一张图'挂墙，实施分区管控，明确禁建区、限建区、可建区，指导村民依法实施农房建设活动。成立村宅基地管理委员会，或充分发挥村民理事会、村民议事会（厅）等作用，制定宅基地和农村建房管理制度，明确本农村集体经济组织申请宅基地的资格条件、申请程序、审核程序，明确收回、调剂旧宅基地、调处权属纠纷的工作要求等。及时组织召开集体经济组织成员代表大会，做好宅基地申请审核工作，对审批结果及时公示。及时发现和制止违法建设行为，并向镇（街）报告。"

本条立法的主要目的是建立县（市、区）、镇、民族乡两级政府联合巡查机制，以便能在农村住房建设监管中及时发现违法行为，并作出快速反应，将农村住房建设活动中的违法行为消灭在萌芽状态。建立农村住房建设管理动态巡查机制的优点在于：首先，有利于明确职责，整合力量，加大执法监督力度；其次，有助于发挥基层政权对农村住房建设熟悉的优势，及时发现并制止违法行为；再次，通过两级巡查，建立快速通道，降低行政执法成本，减少违法抗法的烈度，避免社会不稳定因素。最后，把动态巡查打造成有效的制约机制，有助于逐步营造"不敢违建、不能违建、不想违建"的氛围。本条中的"动态"是指：巡查不固定时间、不规定空间范围、不规定工作内容且不分白天或黑夜，随时随地对农村住房建设活动进行巡查。一有违法行为就立即进行处理。1999 年发布实施的《国土资源部关于在土地执法监察工作中实行动态巡查责任制有关问题的通知》（已失效）指出巡回检查是土地执法监察的有效形式，动态巡查责任制是对巡查制度的完善和发展，重在规范巡查职责，明确主体，严格考核，落实责任，以切实发挥巡查的作用。建议市（地）、县（市）土地行政主管部门和基层土地管理所应普遍实行动态巡查责任制。市（地）、县（市）土地行政主管部门及其派出机构（含区土地行政主管部门和乡镇土地管理所，下同）要普遍实行动态巡查责任制。实施动态巡查的主体是市（地）、县（市）土地行政主管部门的执法监察机构和所属执法监察专业队伍，日常巡查任务主要由执法监察专业队伍承担。在执行特殊巡查任务或组织统一巡查行动时，市（地）、县（市）土地行政主管部门其他业务机构应当予以配合。基层土地管理所可以加挂执法监察队的牌子，以执法监察队的名义执行巡查任务，其工作人员原则上都应承担巡查任务。划分巡查区域等级，明确各级巡查范围和职责。要把辖区内的土地划分不同等级的巡查区。尤其要把城乡接合部、公路干线两侧、村庄周围和基本农田保护区等作为一级巡查区实行重点巡查。具体的工作思路是实行分片包干、动态巡查。承担巡查任务的人员，应明确划分责任区，实行分片包干，责任到人。巡查人员的职责主要是及时发现和制止各种土地违法行为，并对拒不停止土地违法行为和已形成土地违法事实的，及时报告有行政处罚权的土地行政主管部门立案查处，同时对土地管理各项规章、制度贯彻执行情况进行监督检查。通过切实履行巡查职责，确保及时发现土地违法行为并将其消除在萌芽状态，维护土地管理秩序和土地所有者、使用者的合法权益。承担巡查任务的人员，要及时对包干的巡查责任区进行巡查。巡查要具有动态性，根据土地违法行为在地域、时段上的规律性，快速反应、机动巡查。巡查周期要适应及时发现并制止土地违法行为的需要。有条件的地方，要与"110"建立联动系统，实行全天候值班，遇有群众举报，及时处理。要建立、完善以村为基础的土地监察信息网络，充分发挥监察信息员的作用，扩大监督面，弥补巡查在人手、区域、周期方面的不足。另外，运用快速遥感监测等现代科学技术，利用监测结果并结合实地抽查，对巡查责任制落实情况进行督促和检查，提高动态巡查的科技含量。

第四章　法律责任

第三十三条【监管职责】

有关行政机关工作人员违反本条例规定，不履行或者不正确履行农村住房建设管理职责的，依法给予处分；构成犯罪的，依法追究刑事责任。

【主旨】本条是关于农村住房建设的主管部门及工作人员的法律责任的规定。

［导读与释义］

本条的立法依据是：

（1）《土地管理法》第84条。该条规定："自然资源主管部门、农业农村主管部门的工作人员玩忽职守、滥用职权、徇私舞弊，构成犯罪的，依法追究刑事责任；尚不构成犯罪的，依法给予处分。"

（2）《公职人员政务处分法》第39条。该条规定："有下列行为之一，造成不良后果或者影响的，予以警告、记过或者记大过；情节较重的，予以降级或者撤职；情节严重的，予以开除：（一）滥用职权，危害国家利益、社会公共利益或者侵害公民、法人、其他组织合法权益的；（二）不履行或者不正确履行职责，玩忽职守，贻误工作的；（三）工作中有形式主义、官僚主义行为的；（四）工作中有弄虚作假，误导、欺骗行为的；（五）泄露国家秘密、工作秘密，或者泄露因履行职责掌握的商业秘密、个人隐私的。"

（3）《行政许可法》第 77 条。该条规定："行政机关不依法履行监督职责或者监督不力，造成严重后果的，由其上级行政机关或者监察机关责令改正，对直接负责的主管人员和其他直接责任人员依法给予行政处分；构成犯罪的，依法追究刑事责任。"

行政机关是法律法规和国家政策的执行者，行政机关工作人员依照法律规定的各项职权依法行使权力，并严格履行对应规定的职责。行政机关的职责来源于法律、法规、规章等规范性文件的规定，也就是"先天应有"的行政职权。还有部分职权则来自行政机关根据法律法规的规定所作出的决定。这是"后天赋予"的行政职权。〔1〕行政法律责任是指行政主体和行政机关工作人员因违反行政法规范而依法必须承担的法律责任，它主要是行政违法引起的法律后果。负责农村宅基地与农村住房建设的主管部门及工作人员须履行相应职责，并且应当正确履行行政职责，违反本条例规定，情节较轻的，依法给予处分；情节严重，构成犯罪的行为，要依法追究刑事责任。

本条是关于负有监管职责的有关行政主管部门以及直接责任人员在农村住房建设管理工作中失职的法律责任。本条内容包含以下几层意思：首先，从《管理条例》第 4 条和第 5 条可以得知本条所指的责任主体是市、县（市、区）人民政府自然资源主管部门、农业农村主管部门、住房和城乡建设主管部门、生态环境、林业、水务、交通运输等主管部门以及镇、民族乡人民政府。其次，上述责任主体在农村住房建设管理工作方面渎职的，根据其情节轻重分别予以两种层面上的处理。一是给予处分。即：对直接负责的主管人员和其他直接责任人员，由上级行政机关或者有关部门依法给予处分。所谓直接负责主管人员，是指负有领导责任或者指挥责任的人员，如行政机关的正职领导等；其他直接责任人

---

〔1〕 张正钊、胡锦光主编：《行政法与行政诉讼法》（第 4 版），中国人民大学出版社 2009 年版，第 72 页。

员则是指具体实施行政强制的人员。这里的处分指的是行政处分，包括警告、记过、记大过、降级、撤职和开除六种。二是依法追究刑事责任。即：依照我国刑事法律和刑事诉讼法的相关规定，追究行为人的刑事责任。刑事责任分为主刑和附加刑。主刑为：管制、拘役、有期徒刑、无期徒刑、死刑。附加刑的种类：罚金、剥夺政治权利、没收财产。在农村住房建设管理活动中的犯罪行为主要表现为渎职犯罪，其犯罪形式主要有：滥用职权、玩忽职守、贪污受贿等。最后，责任主体的渎职形式为不履行或者不正确履行农村住房建设活动监管职责。行政机关及其工作人员不履行行政职责的形式有三种：①明示不履行，即行政机关及其工作人员以明示的方式表示不履行行政职责，拒绝履行法律义务。②暗示不履行，即行政机关及其工作人员在法律法规规定的期限内或者合理时间内不履行或不完全履行行政职责。如以拖延时间等方式表示不履行法定义务。[1]③结果未履行，即行政机关及其工作人员从行政事务的结果判断上没有履行相应职责。行政机关及其工作人员应当依照法律法规的规定，全面、合理、完整地履行应负的职责以及附随义务。部分履行或有瑕疵的履行都不是正确合理的履行。行政机关及其工作人员不履行或者不正确履行农村住房建设管理职责，情节较轻的，构成违法；情节严重，致使公共财产、国家和人民利益遭受重大损失的则构成玩忽职守罪。玩忽职守的行为，包括作为和不作为。所谓玩忽职守的作为，是指国家工作人员不正确履行职责义务的行为。[2]例如，工作马马虎虎，草率从事，敷衍塞责，违令抗命，极不负责任；阳奉阴违，弄虚作假，欺上瞒下，胡作非为等。所谓玩忽职守的不作为，是指国家工作人员不尽职责义务的行为。即对于自己应当履行的，而且也有条件履行的职责，不尽自己应尽的职责义务。例如，擅离职守，撒手不管；虽然未离职守，但

---

〔1〕 梁凤云：《行政诉讼法司法解释讲义》，人民法院出版社 2018 年版，第 237~239 页。

〔2〕 高铭暄、马克昌主编，赵秉志执行主编：《刑法学》（第 2 版），北京大学出版社、高等教育出版社 2005 年版，第 716 页。

却不尽职责，该管不管，该作不作，听之任之等。《刑法》第 397 条规定："国家机关工作人员滥用职权或者玩忽职守，以致使公共财产、国家和人民利益遭受重大损失的，处三年以下有期徒刑或者拘役；情节特别严重的，处三年以上七年以下有期徒刑。本法另有规定的，依照规定。"

　　本条关于刑事责任的表述问题。早在 1989 年，全国人大法工委在对宁夏回族自治区人大常委会关于"地方性法规能否规定追究刑事责任的条款"请示的答复中就已明确：地方性法规"所列构成犯罪、依法追究刑事责任的行为，都应是有刑法具体规定作依据的；刑法没有规定的，地方性法规不宜规定刑罚"。2000 年《立法法》出台，"犯罪与刑罚"被纳入全国人大及其常委会的专属立法权范畴内，因此在我国现行的立法体系中，地方立法不存在创设刑事法律责任的立法空间。有学者认为，目前地方立法中常见的"违反本条例情节严重构成犯罪的，依法追究刑事责任"的规定，侵越了国家的刑事立法权。[1]笔者认为，此类型的责任条款并没有对刑事责任作具体的规定，充其量只是在形式上对刑法的效力和威严进行警示，起到法的宣示作用。某种行为是否构成犯罪和是否追究刑事责任要由司法机关根据法律规定和程序，并根据事实和证据来作出具体判定。因此，本条例关于"构成犯罪的，依法追究刑事责任"的规定不存在越权立法问题。但必须承认的是，地方立法中这样的刑事责任条款的执行性和可诉性并不强。

---

〔1〕　黄喆："地方立法设定行政处罚的权限困境与出路"，载《政治与法律》2019 年第 7 期。

第三十四条【不符合规划建房的法律责任】

违反本条例第十九条规定未依法取得建设工程规划许可证、乡村建设规划许可证、未按照规划许可证许可的内容建房的，由有关部门依法责令停止建设，限期自行拆除或采取改正措施；逾期不拆除或不改正的，依法拆除。

【主旨】 本条是关于农村村民未批先建或未按规划许可证规定建房所应承担的法律责任的规定。

[**导读与释义**]

乡村建设规划许可证是村民在乡镇规划区、村庄规划区进行建设的法律凭证，未依法取得乡村建设规划许可证或者未按照乡村建设规划许可证的规定内容进行建房，属违法建设，应承担相应的法律后果。

本条的立法依据是：

（1）《城乡规划法》第64条。该条规定："未取得建设工程规划许可证或者未按照建设工程规划许可证的规定进行建设的，由县级以上地方人民政府城乡规划主管部门责令停止建设；尚可采取改正措施消除对规划实施的影响的，限期改正，处建设工程造价百分之五以上百分之十以下的罚款；无法采取改正措施消除影响的，限期拆除，不能拆除的，没收实物或者违法收入，可以并处建设工程造价百分之十以下的罚款。"

（2）《城乡规划法》第65条。该条规定："在乡、村庄规划区内未依法取得乡村建设规划许可证或者未按照乡村建设规划许可证的规定进行建设的，由乡、镇人民政府责令停止建设、限期改正；逾期不改正的，可以拆除。"

（3）《城乡规划法》第 68 条。该条规定："城乡规划主管部门作出责令停止建设或者限期拆除的决定后，当事人不停止建设或者逾期不拆除的，建设工程所在地县级以上地方人民政府可以责成有关部门采取查封施工现场、强制拆除等措施。"

（4）《行政许可法》第 81 条。该条规定："公民、法人或者其他组织未经行政许可，擅自从事依法应当取得行政许可的活动的，行政机关应当依法采取措施予以制止，并依法给予行政处罚；构成犯罪的，依法追究刑事责任。"

本条对农村住房建设活动中的三类违法行为以及法律后果进行了规定。这三种违法建房行为是：第一，违反《管理条例》第 19 条规定未依法取得建设工程规划许可证的。建设单位或者个人在乡、村庄规划区内进行乡镇企业、乡村公共设施和公益事业等建设活动，应当申领乡村建设规划许可证。这是建设的前提条件。第二，违反《管理条例》第 19 条规定未依法取得乡村建设规划许可证的。依照法律法规以及本条例的规定，农村村民建设住房应当申请乡村建设规划许可证，否则不得开工建设。第三，违反《管理条例》第 19 条和第 22 条规定，未按照规划许可证许可的内容建房的。规划许可证是严肃且权威的，农村村民取得建设工程规划许可证或者乡村建设规划许可证和农村宅基地批准书后，不得擅自变更许可证和批准书所记载的内容进行建设。确需变更的，应当依法向镇、民族乡人民政府申请办理变更手续。规划许可证的变更，由镇、民族乡人民政府报上级人民政府自然资源主管部门审批。擅自变更许可证的内容和范围进行建设的，构成违法犯罪。前述三种违法行为对应的法律责任为：首先，由镇、乡人民政府依法责令停止建设；其次，由镇、乡人民政府限期自行拆除或采取改正措施；最后，如果违法建房户逾期不拆除或者拒不改正的，由镇、乡人民政府依法拆除。行政执法，特别是行政强制执法必须严格遵守法律，注重程序的合法性、合理性。本条除了对农村住房建设活动中的三类违法行为以及法律后果作出规定，还特别强调了"依法拆除"。

本条所称的"依法拆除"是指：具有行政强制执法权的机关依照法律法规规定的权限和程序对农村违法建设的房屋或其他建筑物以及构筑物实行强制拆除。对农村住房中的违法建筑物实施强制拆除的程序大体上可划分为以下几个步骤或阶段：一是要调查认定。镇、乡人民政府有两名或两名以上的执法人员对违法事实进行调查认定。这是强制拆除程序的第一步。二是拟行政处罚。在作出行政处罚前，镇、乡人民政府工作人员要告知行政相对人违法事实和依据，并告知拟处罚的种类、方式和幅度等；同时需要告知其享有的陈述、申辩权利。"行政程序法的核心制度，一是事前的公告和听证制度；二是事后的申诉和赔偿制度。"〔1〕三是听取行政相对人的陈述、申辩意见。理由成立的，撤销处罚决定；理由不成立的，维持原行政处罚决定。四是责令限期改正。镇、乡人民政府工作人员在听取陈述、申辩后，认为理由不成立，仍需拆除的，将行政处罚决定书送达给行政相对人；同时，告知其提起行政复议和行政诉讼的时间和期限。行政复议是指公民、法人或者其他组织认为行政机关的具体行政行为侵犯其合法权益，依法向上级行政机关提出申请，由受理申请的行政机关对具体行政行为依法进行审查并作出处理决定的活动。〔2〕行政诉讼是指公民、法人或者其他组织认为行政机关和法律、法规或规章授权组织的具体行政行为侵犯其合法权益，依法定程序向人民法院起诉，人民法院在当事人及其他诉讼参与人的参加下，对具体行政行为的合法性进行审理并作出裁决的活动。〔3〕五是催告。对于逾期未自行拆除

---

〔1〕 张正钊、胡锦光主编：《行政法与行政诉讼法》（第4版），中国人民大学出版社2009年版，第24页。

〔2〕 张正钊、胡锦光主编：《行政法与行政诉讼法》（第4版），中国人民大学出版社2009年版，第59页。

〔3〕 张正钊、胡锦光主编：《行政法与行政诉讼法》（第4版），中国人民大学出版社2009年版，第277页。

或未自行采取更正措施的，经催告后仍不履行的，镇、乡人民政府可作出强制拆除的行政处罚决定。六是告知。镇、乡人民政府将强制拆除的行政处罚决定书送达给行政相对人并告知其提起行政复议或行政诉讼的时间和期限。公民、法人或者其他组织不服镇、乡人民政府作出的行政执法决定，可以依法向上一级人民政府申请行政复议或者向有管辖权的人民法院提起行政诉讼。七是公告。作出强制拆除决定后，应予以公告。八是强制执行。强制拆除的行政处罚公告后，行政相对人既不申请复议，也不提起诉讼，镇、乡人民政府可以组织人员强制拆除违法建筑物。

关于强制拆除的主体，由于本条例正式生效前，相关政策对行政执法权下放镇、乡人民政府的规定尚未明确，新修订的《行政处罚法》也尚未实施，故本条没有明确规定强制拆除的执法主体。2019 年 1 月 31 日发布实施的《中共中央办公厅、国务院办公厅关于推进基层整合审批服务执法力量的实施意见》提出积极推进基层综合行政执法改革，推进行政执法权限和力量向基层延伸和下沉。次年，中共中央办公厅印发《关于持续解决困扰基层的形式主义问题为决胜全面建成小康社会提供坚强作风保证的通知》，要求"深化治理改革为基层放权赋能"，"进一步向基层放权赋能，加快制定赋权清单，推动更多社会资源、管理权限和民生服务下放到基层"，加快推进镇街综合执法工作。为贯彻落实党中央改革部署，《中共广东省委关于深化乡镇街道体制改革完善基层治理体系的意见》将县级行政执法权调整由镇街实施，积极推进镇街体制改革。2020 年 8 月 7 日，广东省人民政府发布《广东省人民政府关于乡镇街道综合行政执法的公告》，正式宣布：部分县级人民政府及其所属行政执法部门行使的行政处罚权调整由乡镇人民政府和街道办事处以其自身名义行使，实行综合行政执法。自此，镇、乡人民政府取得行政执法权。[1]2021 年修订的《行政处罚法》第 24 条第 1、2 款规定："省、自治区、直辖市根据当地实际情况，可以决定将基层管理迫切需要的县级人民政府

---

〔1〕《广东省人民政府关于乡镇街道综合行政执法的公告》。

部门的行政处罚权交由能够有效承接的乡镇人民政府、街道办事处行使，并定期组织评估。决定应当公布。承接行政处罚权的乡镇人民政府、街道办事处应当加强执法能力建设，按照规定范围、依照法定程序实施行政处罚。"可见，新修订的《行政处罚法》对乡、镇人民政府的综合行政执法权在法律上进行了确认。

第三十五条【违反一户一宅原则的法律责任】

违反本条例第二十六条第二款规定，不按约定自行拆除原有房屋并退还宅基地的，由有关部门依照《中华人民共和国土地管理法》第七十八条的规定进行处理。

【主旨】本条明确了违反《管理条例》第 26 条第 2 款规定的法律后果。

[导读与释义]

本条的立法依据是：《土地管理法》第 78 条。该条规定："农村村民未经批准或者采取欺骗手段骗取批准，非法占用土地建住宅的，由县级以上人民政府农业农村主管部门责令退还非法占用的土地，限期拆除在非法占用的土地上新建的房屋。超过省、自治区、直辖市规定的标准，多占的土地以非法占用土地论处。"

《土地管理法》第 78 条对非法占有宅基地的行为的处罚包括两个方面：第一，对于一户多宅的，如果两处宅基地的土地面积没有超过省、自治区、直辖市规定的标准，则由县级以上人民政府农业农村主管部门责令退还非法占用的土地，并限期拆除在非法占用的土地上新建的房屋；第二，违反"一户一宅"原则，且宅基地总面积超过省、自治区、直辖市规定的标准，那么村民多占的土地以非法占用土地论处。非法占用土地是指单位或者个人未经批准擅自占用土地、采取欺骗手段骗取批准占用土地以及超过批准的数量多占土地的违法行为。非法占用土地的，由县级以上人民政府土地行政主管部门责令退还非法占用的土地，对违反土地利用总体规划擅自将农用地改为建设用地的，限期拆除在非法占用的土地上新建的建筑物和其他设施，恢复土地原状，对符合土地利用总体规划的，没收在非法占用的土地上新建的建筑物和其他设施，可以并处罚款；构成犯罪的，依法追究刑事责任。我国《刑法》第 342 条规定："违反土地管理法规，非法占用耕地、林地等农用地，改变被占用土地用途，数量较大，造成耕地、林地等农用地大量毁坏的，处五年以下有期徒刑或者拘役，并处或者单处罚金。"《最高人民法院关于审理破坏土地资源刑事案件具体应用法律若干问题的解释》第 3 条规定："违反土地管理法规，非法占用耕地改作他用，数量较大，造成耕地大量毁坏的，依照刑法第三百四十二条的规定，以非法占用耕地罪定罪处罚：（一）非法占用耕地'数量较大'，是指非法占用基本农田五亩以上或者非法占用基本农田以外的耕地十亩以上。（二）非法占用耕地'造成耕地大量毁坏'，是指行为人非法占用耕地建窑、建坟、建房、挖沙、采石、采矿、取土、堆放固体废弃物或者进行其他非农业建设，造成基本农田五亩以上或者基本农田以外的耕地十亩以上种植条件严重毁坏或者严重污染。"

《管理条例》第 26 条第 2 款规定："农村村民异地建设住房或者购买本村村民住房的，应当与集体经济组织签订拆除旧房和退还原有宅基地协议书，并明确拆除旧房和退还原宅基地的时间。"建房户与集体经济组织签订拆除旧房和退还原有宅基地协议书，这是平等主体之间的民事行为。一方违约的话，应当承担民事违约责任。《民法典》第 179 条规定："承担民事责任的方式主要有：（一）停止侵害；（二）排除妨碍；（三）消除危险；（四）返还财产；（五）恢复原状；（六）修理、重作、更换；（七）继续履行；（八）赔偿损失；（九）支付违约金；（十）消除影响、恢复名誉；（十一）赔礼道歉。法律规定惩罚性赔偿的，依照其规定。本条规定的承担民事责任的方式，可以单独适用，也可以合并适用。"

显然，从本条规定的内容来看，违反约定的村民承担的不是民事责任而是行政处罚或刑事责任。从法理上讲，集体经济组织作为民事主体可以原告的名义依照《民法典》的规定以违反宅基地协议书约定的事由起诉建房户，要求建房户履行宅基地协议书约定义务。考虑到法律程序的繁琐和冗长以及实践操作性，本条立法从违法占有宅基地本身出发，规定了适用上位法《土地管理法》第78条的规定进行处理，从而避免了集体经济组织为收回多占的宅基地而陷入旷日持久的民事诉讼，也避免了胜诉后的执行难问题，使得运用行政执法手段能够更快捷、更有效地及时处置违法占有宅基地行为。对农村住房建设活动中违法占有土地的行为，《土地管理法》第83条对此作出了进一步的规定："依照本法规定，责令限期拆除在非法占用的土地上新建的建筑物和其他设施的，建设单位或者个人必须立即停止施工，自行拆除；对继续施工的，作出处罚决定的机关有权制止。建设单位或者个人对责令限期拆除的行政处罚决定不服的，可以在接到责令限期拆除决定之日起十五日内，向人民法院起诉；期满不起诉又不自行拆除的，由作出处罚决定的机关依法申请人民法院强制执行，费用由违法者承担。"同时，《行政强制法》第44条规定："对违法的建筑物、构筑物、设施等需要强制拆除的，应当由行政机关予以公告，限期当事人自行拆除。当事人在法定期限内不申请行政复议或者提起行政诉讼，又不拆除的，行政机关可以依法强制拆除。"农村宅基地的所有权不属于农民个人私有，而是农村集体经济组织所有。宅基地分配给农村集体经济组织成员使用，但需遵循"一户一宅"原则。农村村民建房常用的农村宅基地占地面积不允许超过省、自治区、直辖市的统一规定。

第三十六条【法律援引】

违反本条例的规定，法律法规已作出处罚规定的，从其规定。

【主旨】本条为引致条款，对法律责任范围内没有涵盖的其他行为作出了援引性规定。

[导读与释义]

本条没有具体的规范内容，仅作出法的引致。立法中的引致条款，是指条款本身没有独立的规范内容，甚至不具有解释规则的意义，单纯引致到某一具体规范，法的适用者需要从所引致的具体规范的目的去确定其效果。

本条所称的"法律法规"是指全国人大及其常委会制定的法律、国务院制定的行政法规、广东省人大及其常委会制定的地方性法规以及最高人民法院和最高人民检察院颁布的有关司法解释等。引致条款的作用在于：首先，它有助于本条例构建一个完整的法律责任体系，具有宣示作用和指引作用；其次，它可以简化法律责任的表述，使法律文本更精简、更简洁；最后，它避免了地方性法规对上位法的简单重复。地方性法规可以在不与上位法相抵触的前提下，对上位法进行补充规定，但绝不是照搬照抄上位法已有的规定。对于上位法已有的明文规定，作为下位法的地方性法规无需再次重复规定。

第三十七条【农村住房概念界定】

本条例所称农村住房，是指农村村民在其宅基地上建设的住宅房屋。

【主旨】 本条是对农村住房进行概念界定，以确定农村住房这一概念的特定含义。

[导读与释义]

本条是关于农村住房的概念定义。

法律定义是指立法者以法之名明确法律之含义。从立法角度看，法律定义有两种基本分类，即直接定义和概念定义。直接定义是把一般语词确定为法言法语；概念定义是指典型的法律概念，诸如法人、犯罪、权利等，是对"概念所欲描述之特征，已经被穷尽列举的特征属于在该概念之涵摄上不可缺少、不可替代之特征"。[1]法律概念的定义是十分重要的，概念是构成法律本身的基石。没有概念的法律是不可想象的。"法律体系由内在体系和外在体系构成，前者主要指贯穿于具体概念与制度之间的法律思想体系，构成法律体系的灵魂；后者则指法律概念、规范和制度体系，构成法律体系的骨骼与肌肉。在理想状态下，法律体系应当是完整且和谐的统一体，所以法律体系化、科学化一直以来都是理论界和实务部门所共同追求的目标。要实现法律体系科学化，势必要求构成法律体系的基础概念、规则以及相应的制度，应采用明确、清晰、严谨的语言表达，概念、规则以及制度要明确显现出彼此的同异来，从而清晰展现彼此之间的逻辑关系，最终使包含这些要素的法律条文形成具体

---

〔1〕 陈金钊："法律定义的意义诠释"，载《江海学刊》2020年第4期。

的各司其职、彼此协调的法律部门。"〔1〕

在立法技术上，从语词表达方式看，有三种法律定义，即描述性定义、论断式定义和评价性定义。描述性定义是日常语言入法的方式。法律定义不是对具体生活事实的描述，而是对社会关系、生活事实进行抽象概括。这种概括，描述了行为方式和思维要求。"描述性概念就是指一种经由纯粹的感官知觉就能正确运用的概念，而无须对之进行精神上的理解。"〔2〕本条关于农村住房的概念定义属于描述性定义。

我国农村的住房是农户从事生产劳动与生活活动最基本的固定资产。农房是农民最主要的家庭财产，也是国家社会总资产的重要组成部分。农村的住房制度框架应当是在合作化以后就基本确立了。它是我国农村事业不断进步的重要组成部分。〔3〕农村住房是农村中主要供从事农业生产者居住的宅院，在组成上除了一般生活起居部分，还包括农业生产用房，如农机具化肥存放处、家禽家畜饲养场所和其他副业生产设施等。农村住房在岭南地区山区丘陵或水网地带布点相对分散。本条例所称的农村住房是指：农村村民在合法取得的宅基地上建造的供自己和家人生活居住的房屋。其特点是：第一，房屋建在集体所有的宅基地上；第二，房屋是自有居住；第三，只能拥有一处房屋；第四，房屋与宅基地是分离的。房屋属于村民所有，但宅基地属于集体所有。

农村住房"受到生产技术、生活方式的约束和影响，具有鲜明的时代性和社会性；同时，它又必然要体现特定民族或地区的人们的心理机制和内在情感"。〔4〕改革开放以来，我国农村住房的面貌发生了很大改变。一方面，农村住房在建筑材料、建造方式和设计水平等方面都得到了改善，岭南地区的泥砖房逐步转变为水泥结构的红砖房。农村住房除

---

〔1〕 朱晓峰："民法家庭概念论"，载《清华法学》2020 年第 5 期。
〔2〕 陈金钊："法律定义的意义诠释"，载《江海学刊》2020 年第 4 期。
〔3〕 李兵弟："农村住房制度构建与国家住房制度深化改革——城乡融合发展的顶层制度计"，载《城乡建设》2021 年第 1 期。
〔4〕 谢新华、郭娟娟："农村住房建筑形式趋同现象研究"，载《民族论坛》2010 年第 9 期。

体量之外与城市住房没有明显的区别。另一方面。农村住房过于模仿城市住房，城乡住房建筑趋同特性日益明显，农村住房建筑形式的独特性和个性逐渐丧失。农村住房与城市住房的区别之一是与自然环境有密切关系。传统农村住房在选址、布局、营建上，择水而居、依山就势，都充分反映了人与自然共生的理念。农村住房选址与建造充分尊重自然环境，有利于保护山水格局和生态环境。因而，应在不破坏自然生态环境和山水格局的前提下，做好村庄和住房选址与布局，做到住房与自然环境的协调统一，提升农村人居环境水平。

农村住房具有生活与生产的双重属性，除了居住空间还包含储物空间、生产空间。在住房设计时，应按照农民家庭所从事的不同产业需求提供相应的生产生活空间。现代农村住房应以人为本，在注重风貌提升的同时，更加注重住房功能提升，满足农村居民对现代生活的需求。改变传统农村住房占地面积大、功能分区不明确、人居环境差的问题，对农村住房进行基本功能分区，根据不同需求设置客厅、卧室、厨房、卫生间等，为满足生产需要，设置附属用房，生产工具存放、粮食存放等空间，有必要的设置停车房、停车位等空间。[1]农业产业现代化解放了大量的从事农业生产的劳动力，从播种、施肥、除草、浇灌以及最后的收割、打谷、入仓，都基本实现了机械化。偌大片土地的农业生产完全可以由很少的人完成，农业生产庄园式发展成为可能。因此，农村住房建设的基本理念要适度超前，适应时代发展变化特点，建设庄园式住房来满足农业新时代发展的需要。[2]

---

[1] 高宜程、李松竹："农村住房设计的六项基本原则"，载《城乡建设》2021年第5期。
[2] 刘敬疆："农村住房建设的思考"，载《住宅产业》2018年第Z1期。

第三十八条【城镇开发边界】

城镇开发边界是在国土空间规划中划定的，一定时期内因城镇发展需要，可以集中进行城镇开发建设，完善城镇功能、提升空间品质的区域边界，涉及城市、建制镇以及各类开发区等。城镇开发边界内可分为城镇集中建设区、城镇弹性发展区和特别用途区。城市、建制镇应划定城镇开发边界。

【主旨】本条是对城镇开发边界进行概念界定。

[导读与释义]

本条是关于《管理条例》所使用的"城镇开发边界"的概念界定和解释。

城镇开发边界，又称"城市空间增长边界"，这一概念最早出自20世纪40年代的英国，当时伦敦外围规划了16公里宽的绿带，以控制城市无序扩张。我国通常所称的"城镇开发边界"，是指根据地理空间的地形地貌、自然生态、环境容量和基本农田等因素划定的，可进行城市开发或禁止进行城市开发建设区域的空间界限，即允许城市建设用地扩展的最大边界。2019年6月，《城镇开发边界划定指南（试行，征求意见稿）》正式提出城镇开发边界概念。该指南提出：城镇开发边界是在国土空间规划中划定的，一定时期内指导和约束城镇发展，在其区域内可以进行城镇集中开发建设，重点完善城镇功能的区域边界。城镇开发边界内可分为城镇集中建设区、城镇弹性发展区和特别用途区。城市、建制镇应划定城镇开发边界。同年11月印发的《中共中央办公厅、国务院办公厅关于在国土空间规划中统筹划定落实三条控制线的指导意见》也指出：

"城镇开发边界是在一定时期内因城镇发展需要，可以集中进行城镇开发建设、以城镇功能为主的区域边界，涉及城市、建制镇以及各类开发区等"。[1]

关于"城镇开发边界"，在我国首次被提出是 2006 年《城市规划实施编制办法》。2014 年，住房和城乡建设部、原国土资源部联合确定全国 14 个城市开展划定开发边界试点工作，城镇增长边界开始从学术走向具体操作。2017 年，十九大报告提出"完成生态保护红线、永久基本农田、城镇开发边界三条控制线划定工作"；2019 年 5 月发布实施的《中共中央、国务院关于建立国土空间规划体系并监督实施的若干意见》再次强调科学划定"三条控制线"。可见，城镇开发边界，已经从单纯控制城市蔓延、保护耕地，转变为兼有控制城市扩张、促进城市转型发展、塑造新形势下国土空间的综合作用。

三条控制线中的城镇开发边界，是最需要划定和管控的线，也是与城镇乡村建设发展有紧密互动关系的一条控制线。城镇开发边界不仅仅是一根"空间线"，更是一条"公共政策线"。城镇开发边界一旦确定，地方政府就必须尽力地满足规划居住、工业、商业、娱乐及其他建设用地的需要。[2]

城镇开发边界是在国土空间规划中划定的，一定时期内因城镇发展需要，可以集中进行城镇开发建设，完善城镇功能、提升空间品质的区域边界，涉及城市、建制镇以及各类开发区等。城市、建制镇应划定城镇开发边界。城镇开发边界可分为城镇集中建设区、城镇弹性发展区和特别用途区三个层次。城镇集中建设区是根据规划城镇建设用地规模，为满足城镇居民生产生活需要，划定的一定时期内允许开展城镇开发和集中建设的地域空间。城镇弹性发展区是为应对城镇发展的不确定性，在城镇集中建设区外划定的，在满足特定条件下方可进行城镇开发和集

---

[1]　叶靖："我国城镇开发边界研究评述"，载《北斗城乡规划》2020 年 10 月 23 日。

[2]　位欣："城镇开发边界划定与管控研究"，载《城乡建设》2021 年第 7 期。

中建设的地域空间。在不突破规划城镇建设用地规模的前提下，城镇建设用地布局可在城镇弹性发展范围内进行调整，同时相应核减城镇集中建设区用地规模。特别用途区原则上禁止任何城镇集中建设行为，实施建设用地总量控制，原则上不得新增除市政基础设施、交通基础设施、生态修复工程、必要的配套及游憩设施外的其他城镇建设用地。

第三十九条【参照执行】

有农村宅基地管理职责的街道办事处参照本条例关于镇、民族乡人民政府职责的规定执行。

【主旨】本条是针对部分有宅基地和农村住房建设管理职责的街道办事处所作出的参照执行规定。

[**导读与释义**]

本条将街道办事处纳入农村宅基地管理主体范围，使其承担起与镇、民族乡人民政府相同的职责。"参照"一般用于没有直接纳入法律调整范围，但是又属于该范围逻辑内涵自然延伸的事项。它类似于类推适用。参照适用实际上是应当适用，不能理解为可以适用，也可以不适用。

街道办事处主要成立于 20 世纪 50 年代。《地方组织法》第 68 条规定："省、自治区的人民政府在必要的时候，经国务院批准，可以设立若干派出机关。"县、自治县的人民政府在必要的时候，经省、自治区、直辖市的人民政府批准，可以设若干区公所，作为它的派出机关。市辖区、不设区的市的人民政府，经上一级人民政府批准，可以设立若干街道办事处，作为它的派出机关。"可见，与乡、镇人民政府不同，街道办事处不是一级行政区划，而是市辖区、不设区的市的人民政府的派出机关。[1] 街道办事处主要是通过调解民间纠纷以及缓解民众的矛盾，尽可能地提升人民的生活水准和减少人民在日常生活中出现的问题。现在街道办事处已经成为我国最广泛的管理机关，通过最贴近民意的调查，可以充分

----

〔1〕 刘佩韦：《〈韶关市野外用火管理条例〉导读与释义》，中国政法大学出版社 2020 年版，第 45~46 页。

地反映民间的真实情况，并且可以充分地获得人民的意见，从而能够更好地完善我国的现有制度。并且现在的街道办事处通过利用更好的党员代表以及党员投票制度可以使得民众充分地发挥自己的投票表决权，从而充分地行使自己的权利来参与中国党政的选举，可以说，街道办事处如今已经成为一个全方位的综合性管理职能部门。[1]街道办事处虽然不是一级政府组织，但是它作为政府组织系统的基层管理机构是直接面对社会的。它在党委、政府的领导下，贯彻执行党的路线、方针、政策和国家的各项法律、法规，负责街区内的地区性、群众性、公益性、社会性的工作。街道办事处是市辖区人民政府或不设区的市人民政府的派出机关，受市辖区人民政府或不设区的市人民政府领导，行使市辖区或不设区的市人民政府赋予的职权。

本条之所以把街道办事处纳入农村宅基地管理主体范围是因为城中村的存在。城中村是我国城乡二元管理体制及土地的二元所有制结构的产物，随着城市化的快速发展，在韶关市，例如曲江区，有不少农村地区已经被纳入城镇范围，通过"撤村建居"，农民土地大部分被征用，土地所有权大部分转为国家所有，部分属于集体所有，但原农民未转为居民。也存在尚未"撤村建居"，但已列入城市框架范围，土地全部仍属于集体所有的情形。典型的"城中村"，行政管理属于街道办事处，因而这些区域的居民符合条件的，应当向街道办事处申请宅基地建设住房，街道办事处应全面履行监管职责。

---

〔1〕 张莹："对我国街道办事处社会管理职能定位的思考"，载《中小企业管理与科技（中旬性）》2019 年第 5 期。

第四十条【施行时间】

本条例自 2021 年 3 月 1 日起施行。

【主旨】本条是关于本条例实施时间的规定。

［导读与释义］

　　本条是《管理条例》生效和实施的时间规定。法律的生效时间是指一部法律从什么时候起正式具有法律效力，也就是该法律从什么时候起正式实施。法律生效的时间一般是根据它的性质和实际需要来决定的。法律生效的时间主要有以下几种形式：①自法律颁发之日起生效；②法律规定具体生效时间；③由专门法规定具体生效时间；④规定法律颁布后到达一定期限开始生效；⑤取决于另一配套法律的生效时间。《管理条例》的生效时间属于上述第二种。《立法法》第 72 条第 2 款规定："……设区的市的地方性法规须报省、自治区的人民代表大会常务委员会批准后施行。省、自治区的人民代表大会常务委员会对报请批准的地方性法规，应当对其合法性进行审查，同宪法、法律、行政法规和本省、自治区的地方性法规不抵触的，应当在四个月内予以批准。"因此，韶关市作为设区的市，其所制定的地方性法规应当在广东省人大常委会批准之后方可正式实施。《管理条例》自 2020 年 8 月 28 日由韶关市第十四届人民代表大会常务委员会第三十七次会议通过，2020 年 11 月 27 日经广东省第十三届人民代表大会常务委员会第二十六次会议批准。故，韶关市第十四届人民代表大会常务委员会于 2020 年 12 月 7 日发布第 16 号公告，宣布《管理条例》自 2021 年 3 月 1 日起施行。

　　从立法技术上讲，《管理条例》第 37 条、第 38 条、第 39 条和第 40

条均属于附则内容。作为地方性法规，附则是一部法律中作为总则和分则辅助性内容而存在的一个组成部分，虽然只是辅助性的内容，但其地位却不可忽视。因为，"其一，附则作为总则和分则的辅助性内容，它的存在对总则和分则的有效实施有重要意义。其二，附则未必是所有的法都需要的一个组成部分，但一般来说绝大多数法都需要有附则内容存在"。[1]

附则一般附在法规的最后，是规定非规范性内容的技术部分，可以包括有关名词术语的解释、有关解释权的规定、法规生效的日期、关于施行问题的规定等。此外，需要通过立法来作出授权性规定或者废止有关法规及其他规范性文件的，一般也规定在附则之中，但必须用专门条款作出表述附则作为总则和分则的辅助性内容，对总则和分则的实施有着重要的意义。附则并不是每个法规都具备的部分，但是大多数法规都需要有附则内容的存在。附则不仅应当保证内容的规定性或确定性，而且形式上要有正确的排列顺序。[2]附则不同于附件，因为附则是该法规的一个整体组成部分，而附件则是相对独立于该法规的、具有自身法律地位的相关文件。[3]

〔1〕周旺生：《立法学教程》，北京大学出版社 2006 年版，第 529 页。

〔2〕阮荣祥、赵泷：《地方立法的理论与实践》（第 2 版），社会科学文献出版社 2011 年版，第 272 页。

〔3〕阮荣祥、赵泷：《地方立法的理论与实践》（第 2 版），社会科学文献出版社 2011 年版，第 273 页。

主要参考文献

著作类

1. 石佑启、朱最新主编:《广东地方立法蓝皮书:广东省地方立法年度观察报告(2017)》,广东教育出版社 2018 年版。

2. [美] 罗斯科·庞德:《法理学》(第 1 卷),邓正来译,中国政法大学出版社 2004 年版。

3. [美] E. 博登海默:《法理学:法律哲学与法律方法》,邓正来译,中国政法大学出版社 2004 年版。

4. 中共中央文献研究室编:《习近平关于全面依法治国论述摘编》,中央文献出版社 2015 年版。

5. 周旺生:《立法学教程》,北京大学出版社 2006 年版。

6. 侯东德主编:《我国地方立法协商的理论与实践》,法律出版社 2015 年版。

7. 周旺生:《立法学》,法律出版社 2004 年版。

8. 喻泽芳:《〈韶关市制定地方性法规条例〉导读与释义》,中国政法大学出版社 2017 年版。

9. 张根大:《法律效力论》,法律出版社 1999 年版。

10. 张文显主编:《法理学》(第 3 版),法律出版社 2007 年版。

11. 李林:《立法理论与制度》,中国法制出版社 2005 年版。

12. [德] 伯恩·魏德士:《法理学》,丁小春、吴越译,法律出版社 2003 年版。

13. 阮荣祥、赵泡主编:《地方立法的理论与实践》(第 2 版),社会科学文献出版社 2011 年版。

14. 尹婷婷:《行政审判中的"较大的市地方性法规"公法研究》,浙江大学出版社 2014 年版。

15. 杜国胜:《〈韶关市烟花爆竹燃放安全管理条例〉导读与释义》,中国政法大学出版社 2017 年版。

16. 孙潮:《立法技术学》,浙江人民出版社 1993 年版。

17. [美] 哈罗德·伯曼编:《美国法律讲话》,陈若桓译,生活·读书·新知三联书店 1988 年版。

18. [美] 弗里德里克·肖尔:《像法律人那样思考:法律推理新论》,雷磊译,中国法制出版社 2016 年版。

19. 安建主编:《中华人民共和国城乡规划法释义》,法律出版社 2009 年版。

20. 周旺生:《立法原理总论》,北京大学出版社 2013 年版。

21. 施春风主编:《中华人民共和国土地管理法解读》,中国法制出版社 2019 年版。

22. 高铭暄、马克昌主编,赵秉志执行主编:《刑法学》(第 2 版),北京大学出版社、高等教育出版社 2005 年版。

23. 何立峰主编:《国家新型城镇化报告 2016》,中国计划出版社 2017 年版。

24. 孙国华、朱景文主编:《法理学》(第 4 版),中国人民大学出版社 2015 年版。

25. 《环境科学大辞典》编辑委员会编:《环境科学大辞典》,中国环境科学出版社 1991 年版。

26. 邓治凡主编:《汉语同韵大词典》,崇文书局 2010 年版。

27. 《中国百科大辞典》编委会编:《中国百科大辞典》,华夏出版社 1990 年版。

28. 吴山主编:《中国工艺美术大辞典》,江苏美术出版社 1999 年版。

29. 周珂主编:《环境与资源保护法》(第 3 版),中国人民大学出版社 2015 年版。

30. [爱尔兰] J. M. 凯利:《西方法律思想简史》,王笑红译,汪庆华校,法律出版社 2002 年版。

31. [英] 哈特:《法律的概念》(第 3 版),许家馨、李冠宜译,法律出版社 2018 年版。

32. 魏海军主编:《立法概述》,东北大学出版社 2013 年版。

33. 叶群声主编:《行政法律原理与实务》(第 2 版),中国政法大学出版社 2013 年版。

34. 刘莘:《中国行政法》,中国法制出版社 2016 年版。

35. 林鸿潮:《行政法与行政诉讼法案例研习》,中国政法大学出版社 2013 年版。

36. 王利明主编:《民法》(第 7 版),中国人民大学出版社 2018 年版。

37. 吕来明、祖鹏主编:《城乡土地纠纷案件法律实务》,法律出版社 2016 年版。

38. 曾凡昌:《中国住宅权保障法律制度研究》,华中科技大学出版社 2016 年版。

39. 张俊：《强制执行专题分析》，知识产权出版社 2016 年版。

40. 高圣平：《中国土地法制的现代化——以土地管理法的修改为中心》，法律出版社 2014 年版。

41. ［英］弗里德利希·冯·哈耶克：《法律、立法与自由》，邓正来、张守东、李静冰译，中国大百科全书出版社 2000 年版。

42. 瞿同祖：《中国法律与中国社会》，中华书局 2003 年版。

论文类

1. 马竞遥："设区的市地方立法权限的实践问题"，载《地方立法研究》2019 年第 5 期。

2. 卢护锋："设区的市立法的精准化路径：基于立法选题的思考"，载《政治与法律》2019 年第 3 期。

3. 涂青林："论地方立法的地方特色原则——以立法法修改后广东立法为例"，载《地方立法研究》2017 年第 6 期。

4. 郑清贤："设区的市增强地方立法特色研究"，载《地方立法研究》2017 年第 6 期。

5. 屈茂辉："我国上位法与下位法内容相关性实证分析"，载《中国法学》2014 年第 2 期。

6. 彭振："设区的市立法抵触问题研究"，载《河北法学》2019 年第 7 期。

7. 牛振宇："地方立法创新空间探析——以'不抵触'原则的解读为视角"，载《地方立法研究》2017 年第 6 期。

8. 余俊："从长三角湖泊保护立法看地方性法规的起草技术"，载《地方立法研究》2019 年第 2 期。

9. 汪全胜、张鹏："法的总则中的'法的效力'条款设置论析"，载《理论学刊》2013 年第 2 期。

10. 丁祖年："试论省级人大常委会对较大市地方性法规的批准权"，载《法学评论》1990 年第 6 期。

11. 陈源婷："论设区的市地方性法规与省级地方性法规的效力及其适用"，载《贵阳市委党校学报》2016 年第 5 期。

12. 冯威："关于地方立法中'主管机关'条款的思考"，载鲁、粤两省地方立法学研究会 2018 年年会暨广东省法学会地方立法学研究会换届会议《新时代地方立法的创新与发展论文集》。

13. 张莹:"对我国街道办事处社会管理职能定位的思考",载《中小企业管理与科技（中旬刊）》2019 年第 5 期。

14. 庄园、李睿:"浅谈村庄整治中的历史文化保护",载《科技促进发展》2010 年第 S1 期。

15. 余文唐:"法律文本:标点、但书及同类规则",载《法律适用》2017 年第 17 期。

16. 周旺生:"论法律但书",载《中国法学》1991 年第 4 期。

17. 黄良林:"设区的市政府规章权利减损规范的设定",载《地方立法研究》2018 年第 2 期。

18. 范拓源:"基于岭南文化特色的岭南建筑评析",载《广东科技》2013 年第 24 期。

19. 何海霞、张三明:"中国传统民居院落与气候浅析",载《华中建筑》2008 年第 12 期。

20. 谢浩:"以气候观点分析岭南民居建筑",载《门窗》2013 年第 11 期。

21. 袁雪石:"整体主义、放管结合、高效便民:《行政处罚法》修改的'新原则'",载《华东政法大学学报》2020 年第 4 期。

22. 王振华:"从行政许可法看行政法中的高效便民原则",载《法制与社会》2018 年第 13 期。

23. 周洪亮、陈晓筠:"从'一户一宅'的视角探讨农村宅基地使用权取得",载《中国农业大学学报（社会科学版）》2017 年第 1 期。

24. 黄辉:"中国不动产登记制度的立法思考",载《北京科技大学学报（社会科学版）》2001 年第 3 期。

25. 唐烈英:"论建筑企业资质对工程施工合同效力的影响",载《中国不动产法研究》2004 年第 2 期。

26. 刘李峰、牛大刚:"加强农民住房建设管理与服务的几点思考",载《城市规划》2009 年第 4 期。

27. 陈炜、邱祥云:"当前农村宅基地使用管理的对策与措施",载《国土资源》2004 年第 10 期。

28. 高圣平、吴昭军:"宅基地制度改革的试点总结与立法完善——以《土地管理法》修订为对象",载《山东社会科学》2019 年第 8 期。

29. 孙雪峰:"农村宅基地退出:主要模式、驱动机理与政策设计",南京农业大学

2016 年博士学位论文。

30. 刘守英、熊雪锋:"经济结构变革、村庄转型与宅基地制度变迁——四川省泸县宅基地制度改革案例研究",载《中国农村经济》2018 年第 6 期。

31. 黄健元、梁皓:"农村宅基地退出制度的源起、现实困境及路径选择",载《青海社会科学》2017 年第 6 期。

32. 汪莉、尤佳:"土地整治中宅基地的退出激励机制——以安徽省为例",载《政法论坛》2015 年第 4 期。

33. 赵保海、张会萍:"浅谈农村宅基地有偿退出的途径",载《农业经济》2019 年第 10 期。

34. 欧阳安蛟、蔡锋铭、陈立定:"农村宅基地退出机制建立探讨",载《中国土地科学》2009 年第 10 期。

35. 刘长兴:"我国相邻权规范的绿色解释——以相邻采光为例",载《政治与法律》2020 年第 10 期。

36. 王崇敏:"论我国宅基地使用权制度的现代化构造",载《法商研究》2014 年第 2 期。

37. 张鸣起:"《中华人民共和国民法总则》的制定",载《中国法学》2017 年第 2 期。

38. 吕军书、张晓:"论我国农村宅基地退出的立法构造",载《理论与改革》2020 年第 4 期。

39. 李兵弟:"农村住房制度构建与国家住房制度深化改革——城乡融合发展的顶层制度设计",载《城乡建设》2021 年第 1 期。

40. 谢新华、郭娟娟:"农村住房建筑形式趋同现象研究",载《民族论坛》2010 年第 9 期。

41. 高宜程、李松竹:"农村住房设计的六项基本原则",载《城乡建设》2021 年第 5 期。

42. 刘敬疆:"农村住房建设的思考",载《住宅产业》2018 年第 Z1 期。

43. 位欣:"城镇开发边界划定与管控研究",载《城乡建设》2021 年第 7 期。

44. 李小萍:"对设区市立法权限之'城乡建设与管理'的界定",载《法学论坛》2017 年第 3 期。

45. 李渡、汪鑫:"论村民委员会'依法行权'的现实困境与治理路径——析'村治'法治化与乡村振兴战略互动共维关系",载《山东社会科学》2019 年第 7 期。

46. 黄良林:"设区的市政府规章权利减损规范的设定",载《地方立法研究》2018 年第 2 期。

47. 孟勤国："物权法开禁农村宅基地交易之辩"，载《法学评论》2005 年第 4 期。

网上资料与报刊

1. "韶关：力争乡村振兴走在全省前列"，载 http://www.moa.gov.cn/xw/qg/201812/ t20181203_ 6164273.htm.

2. 王金贵："立法用语：规范才是核心"，载《检察日报》2015 年 8 月 1 日。

3. "五部门联合发文统筹推进村庄规划工作"，载 http://www.gov.cn/xinwen/2019-01/ 14/content_ 5357899.

4. 赵潇："村庄规划编制流程'七步走'"，载 https://blog.csdn.net/weixin_ 4461726 6/article/details/88391051.

5. "农村实施宅基地'一户一宅'制度，它给农民带来了哪些好处?"，载 https:// www.tuliu.com/read-66387.html.

6. "最高院：宅基地使用权可以由城镇户籍的子女继承并办理不动产登记"，载 https://baijiahao.baiducom/s? id=1687489741741099025&wfr=spider&for=pc.

7. 北京山合水易规划设计院："中国传统古村落的保护与开发"，载 https://www.taodocs. com/p-98719279.html.

8. 赵书博、薛长礼："论我国农村宅基地的社会保障性质"，载 https://www.chinacourt. org/article/detail/2015/09/id/1719902.shtml.

9. "2019 年农村宅基地最新政策 农村宅基地被征收补偿标准"，载 https:// www.zt5.com/zhishi/jinrong/427132.html.

政策类

1. 《中国共产党第十八届中央委员会第四次全体会议公报》。

2. 《中共中央关于加强党领导立法工作的意见》。

3. 《广东省农业农村厅、广东省自然资源厅关于规范农村宅基地审批管理的通知》。

4. 《国务院关于实行市场准入负面清单制度的意见》。

5. 《广东省人民政府关于全面推进农房管控和乡村风貌提升的指导意见》。

6. 《中共中央、国务院关于坚持农业农村优先发展做好"三农"工作的若干意见》。

7. 《农业农村部、自然资源部关于规范农村宅基地审批管理的通知》。

8. 《村镇建筑工匠从业资格管理办法》。

9. 《广东省人民政府关于乡镇街道综合行政执法的公告》。

10. 《自然资源部办公厅关于印发〈市级国土空间总体规划编制指南（试行）〉的通知》。

后 记

　　《韶关市地方性法规导读与释义》系列丛书，是韶关市人大常委会会同市人大常委会立法工作者、法律实务工作者以及韶关学院的专家学者共同编纂的系列丛书。

　　自 2015 年 5 月韶关市获得设区的市地方立法权以来，韶关市人大常委会根据韶关市地方经济与社会发展的需要，制定出一系列地方性法规，在地方立法方面取得了可喜的成就。随着经济与社会的发展，韶关市人大常委会根据韶关市发展的实际情况，将陆续出台新的地方性法规。大量地方性法规的出台，虽然解决了地方立法层面存在的一些问题，但是在这些地方性法规的实施过程中，难免会出现对法规内容的理解和把握不到位的情况。为了更好地促进执法者、司法者和守法者准确理解法规的具体内容，达到公正执法、正确运用和严格守法的目的，在韶关市人大常委会的领导和组织下，将会同法律方面专家学者陆续撰写《韶关市地方性法规导读与释义》系列丛书，并一一出版。

　　《〈韶关市农村住房建设管理条例〉导读与释义》一书，即为该系列丛书中的一本。由于时间紧迫、水平有限，书中难免有不足之处，敬请读者批评指正。

编　者

2021 年 8 月